RAPPORT

FAIT A LA COUR DES PAIRS

DANS LE PROCÈS SUIVI CONTRE

LOUIS-PIERRE LOUVEL.

RAPPORT

FAIT

A LA COUR DES PAIRS

LE 15 MAI 1820 ET JOURS SUIVANS,

PAR

M. LE COMTE DE BASTARD,

PAIR DE FRANCE,

PREMIER PRÉSIDENT DE LA COUR ROYALE DE LYON,

L'UN DES PAIRS COMMIS POUR L'INSTRUCTION

DU PROCÈS

SUIVI CONTRE

LOUIS-PIERRE LOUVEL.

—

A LYON,

DE L'IMPRIMERIE DE LA COUR ROYALE,

SEPTEMBRE 1820.

RAPPORT

FAIT A LA COUR DES PAIRS

PAR

M. LE COMTE DE BASTARD,

DANS LE PROCÈS

DE LOUIS-PIERRE LOUVEL.

PREMIÈRE PARTIE.

Messieurs,

L'attentat exécrable qui a enlevé à notre amour S. A. R. M. le Duc de Berri, a jeté un si douloureux désordre dans les esprits, et peut avoir sur notre avenir de si grandes conséquences, qu'il a paru juste et nécessaire d'investir le premier Corps de l'Etat du droit d'en rechercher et d'en punir les auteurs. Aussi, Messieurs, en l'absence d'une loi qui mette

en action et régularise pour tous les cas la
compétence de la Cour des Pairs, et établisse
auprès d'elle un Procureur du Roi chargé de
poursuivre les crimes dont la connaissance
vous est attribuée, le Roi, d'accord avec la
Charte et les autres lois du Royaume, vous
a-t-il appelés par son ordonnance du 14 février
dernier à juger l'assassin de M. le Duc de
Berri. Il a nommé, pour remplir les fonctions
du ministère public près la Cour des Pairs,
M. Bellart, son Procureur général à la Cour
royale de Paris.

Quand nous apprîmes ce fatal évènement,
quelque profonde que fût notre douleur, il
faut le dire cependant, nous avons dû rendre
grâce à la Providence qui ne permit pas que
l'auteur du crime se dérobât aux poursuites
de la justice. S'il en avait été autrement, si
l'assassin avait disparu dans le trouble d'un si
effroyable attentat, quelle horrible distraction
à la douleur publique ; quels nuages de craintes
et de soupçons odieux auraient erré sur la
France ! Combien de défiances injustes, invraisemblables auraient paru justifiées par le
tourment d'une telle incertitude et le sentiment d'un péril illimité ! Le deuil de notre
auguste Dynastie, ce deuil si loyalement partagé par la nation, aurait eu quelque chose

de plus affreux, et le cœur paternel du Roi
eût vu s'accroître et s'irriter les divisions pu-
bliques au nom d'une perte si cruelle et si
universellement déplorée.

. Mais ce malheur nous a été du moins
épargné. A peine l'auguste Prince que nous
pleurons venait d'être frappé, que déjà l'auteur du crime, arrêté par ceux qui en avaient
été les témoins, confessait son horrible forfait
et les circonstances qui l'avaient accompagné.

Dès l'instant, Messieurs, que nous fûmes
chargés de l'instruction de l'affaire dont nous
venons aujourd'hui vous rendre compte, nous
comprîmes toutes les difficultés de notre mission. Un pieux et profond attachement pour
ceux de nos Princes que l'assassin du fond de
sa prison semblait encore menacer, les montrait à un grand nombre d'entre nous comme
incessamment environnés des complices du
meurtrier. Au premier moment, on avait
peine à croire à l'existence de ce fanatisme
farouche qui, dénué de l'appui d'une immor-
telle espérance, aurait affronté seul un si
grand crime et de si grands périls, sans autre
récompense, s'il échappait à la justice humaine, que celle de sa propre complaisance
dans son forfait; sans autre perspective que
l'échafaud, s'il était découvert.

Cependant, un sentiment noble tout-à-fait national devait faire désirer que le coupable auteur de notre détresse fût seul et sans complices. Un Français, assez malheureux pour trouver parmi ses concitoyens une telle dépravation de crime, pouvait se refuser à l'idée que d'autres Français se fussent appliqués à la faire naître ou à la développer, et la nation presque entière et toute en larmes a dû s'écrier : Non, il ne peut avoir de complices, cet homme réprouvé du Ciel, qui a enfanté un si grand forfait !

Toutefois, Messieurs, quelles que fussent nos opinions personnelles, nous ne nous sommes laissé guider ni par nos craintes ni par nos désirs dans l'examen de l'affaire à l'instruction de laquelle nous avons été commis : accoutumés dès long-temps, comme Magistrats, à réprimer nos premières impressions, et à chercher avec persévérance la vérité quelquefois obscurcie par ce mélange insurmontable de trouble et d'horreur que fait naître le spectacle du crime, nous nous sommes pour ainsi dire mis en défense contre notre douleur; et pleins du sentiment de nos devoirs, nous pouvons assurer la Cour des Pairs, qu'une sévère impartialité a présidé à l'examen de chacun des faits qui nous ont été soumis : puissions-nous, Messieurs, y avoir porté la lumière et l'avoir rendue assez vive pour que chacun de vous et la France toute entière regardent comme vérité certaine et indubitable l'arrêt solennel que bientôt vous allez prononcer !

Nous avons eu, Messieurs, à vérifier un nombre infini de faits. Dans une affaire ordinaire, nous ne vous entretiendrions que de ceux qui, après un mûr examen, auraient présenté quelque gravité ; mais, Messieurs, ici tout est grave : la note la plus insignifiante a été l'objet de nos plus sérieuses recherches ; et nous croyons devoir, sans nous appesantir sur les détails, vous indiquer le résultat de notre investigation sur chacun de ces faits, de ces *on dit*, de ces bruits populaires qui, recueillis par le zèle et presque toujours détruits par l'examen, ont du moins fait éclater l'ardente sollicitude et le sincère dévouement des Français pour la Dynastie de nos Rois.

Notre rapport, Messieurs, en sera plus long ; mais chacun de vous a senti que, s'il est important de connaître et de suivre tous les fils d'un complot qui aurait été formé contre la Famille royale, il n'est pas moins important, si, pour le bonheur de la France, ce complot n'avait jamais existé, de mettre

*

cette vérité dans tout son jour, et d'en con-
vaincre ceux qu'auraient égarés une imagination trop ardente et une si légitime douleur.

Le dimanche 13 février, à huit heures du
soir, M. le Duc et Mme la Duchesse de Berri
se rendirent à l'Opéra. LL. AA. RR. étaient
accompagnées de Mme la comtesse de Betizy
et de MM. les officiers attachés à leur maison;
il n'y avait qu'un seul factionnaire à la porte
réservée aux Princes. Depuis long-temps M. le
Duc de Berri avait défendu au poste de service, de prendre les armes à son arrivée et à
sa sortie, et de se ranger en haie des deux
côtés de la portière de la voiture, de manière
à interrompre toute communication dans
cette partie de la voie publique, et à écarter
de sa personne la curiosité indiscrète ou la
fureur homicide. Ces précautions cependant
sont les seules qui puissent défendre un prince
du poignard d'un fanatique résolu d'avance à
mourir, pourvu qu'il immole sa victime ; toutefois, Messieurs, vous verrez qu'on n'avait
point négligé les autres mesures de sûreté que
la prudence pouvait réclamer.

Ces honneurs militaires et ces précautions,
hélas ! si nécessaires, importunaient M. le
Duc de Berri ; il n'y voyait que les marques
d'une défiance qui n'était pas dans son ame ;

plein d'amour pour nous, il croyait avoir fait naître, dans tous les cœurs, le même sentiment : il aimait mieux être environné, être serré par la foule, comme son auguste Aïeul, et trouver ainsi une occasion de plus de faire éclater la noble confiance et l'affection qui l'unissaient aux Français. On donna à haute voix l'ordre aux voitures de se retrouver à l'Opéra à onze heures moins un quart.

Ayant d'arriver à cette heure désastreuse où va tomber sous le fer d'un obscur assassin ce Fils de France sur lequel reposaient de si brillantes espérances, nous devons, Messieurs, vous faire connaître les mesures de sûreté qui avaient été prises ce jour-là même au théâtre de l'Opéra : il y avait d'abord un détachement de la garde royale, composé de dix-neuf hommes. Cinq hommes et un caporal occupaient un poste au bas de la loge du Prince ; l'un d'eux était en faction en dehors de la porte et contre la voiture de S. A. R. : il y avait de plus un officier de la garde royale appelé officier de visite. Quoique le poste de gendarmerie pour le service ordinaire de l'Opéra eût été fixé à vingt-un hommes, et que le 13 février fût un jour où il fallait veiller au bon ordre et au maintien de la tranquillité dans plus de quarante autres théâtres, bals et lieux de réunion publique, on avait pensé que la circonstance du dimanche-gras pouvait attirer un grand concours à l'Opéra, et le poste de gendarmerie fut porté à trente-deux hommes, savoir : un officier, deux adjudans de ville, trois sous-officiers, six gendarmes à cheval et vingt gendarmes à pied. Il y avait en outre huit agens civils, un commissaire de police, un officier de paix attaché spécialement au Ministère de l'intérieur, un second officier de paix attaché à la Préfecture de police, et cinq inspecteurs de police.

Il n'aurait dû y avoir dans la rue Rameau que les deux voitures de LL. AA. RR. M. le Duc et M.me la Duchesse de Berri ; mais l'on n'a jamais pu parvenir à faire exécuter avec rigueur cette mesure de police. On conçoit que les officiers des Princes, dont le devoir est de les accompagner, aient voulu que leurs voitures ne s'éloignassent pas de celle de LL. AA. RR. Quoi qu'il en soit, à dix heures et demie, l'officier de paix Davierres descendit dans la rue Rameau ; il trouva les consignes parfaitement observées ; point de réunion dans la rue ; il y vit bien quelques voitures qui, d'après les règlemens de police, n'auraient pas dû s'y trouver ; il remarqua surtout au dessus de la voiture du Prince, un cabriolet contre lequel Louvel est resté quelque temps appuyé; mais ces voitures appartenaient à des personnes de la maison du Roi. L'officier de paix ne demanda pas leur éloignement; tout d'ailleurs lui parut dans l'ordre, il rentra dans la salle.

Un neuvième officier de police civile, le sieur Rivoire, qui se trouvait de ronde dans les différens spectacles, était arrivé après dix heures pour voir si, autour de l'Opéra et à l'Opéra même, il ne se passait rien qui pût mériter l'attention de l'autorité. L'autre officier de paix attaché particulièrement au Ministère de l'intérieur, le sieur Joly, se rendit avec un inspecteur de police rue Rameau, peu avant la sortie de S. A. R. M. le Duc de Berri; il entra dans un café, en ressortit, s'arrêta un instant dans la rue, et la voyant déserte et déblayée (ce sont ses expressions), il remonta à son bureau au moment où l'on plaçait les vedettes de gendarmerie.

L'inspecteur de police Rousseau se rendit un peu avant onze heures dans la rue Rameau pour assister au départ du Prince; mais, comme le piqueur venait à peine de monter à cheval et qu'il ne se faisait aucun mouvement autour de la voiture, il crut avoir le

temps d'aller à l'autre extrémité de l'Opéra
où se trouvait la voiture de Mme la Duchesse
d'Orléans. Il revint presque immédiatement
sur ses pas ; il arrivait au milieu de la façade
de l'Opéra, lorsqu'il aperçut un homme qui
fuyait, c'était Louvel ; il fut un des premiers
à l'atteindre : presqu'au même moment où
l'inspecteur de police Rousseau avait quitté
la salle, un autre inspecteur de police voyant
du mouvement dans la loge de LL. AA. RR.,
et se doutant qu'elles allaient quitter le spectacle, courut pour se rendre, dans la rue
Rameau, à la sortie de l'Opéra réservée aux
Princes. Il avait vu ce mouvement d'une loge
au troisième où son service l'avait appelé.
Cette loge était en face de celle de M. le Duc
de Berri : quelque promptitude qu'il eût mise
à descendre, le Prince fut plutôt que lui à la
porte de sortie ; il venait d'être frappé lorsque
l'inspecteur de police arriva.

L'adjudant de ville, Meunier, commençait
sa ronde pour le placement des gendarmes et
des vedettes ; il entrait dans la rue Rameau
pour en visiter de nouveau les postes, lorsqu'il entendit crier, *arrêtez !* Il se mit à la
poursuite de Louvel, et a été véritablement
le premier qui l'ait saisi.

Le commissaire de police Ferté était aussi

à l'Opéra pour veiller au maintien de la tranquillité publique ; elle n'avait pas été troublée
pendant tout le cours du spectacle embelli
par la présence de LL. AA. RR. M. le Duc
de Berri avait parcouru la salle et adressé les
paroles les plus affectueuses aux personnes
qu'il avait rencontrées. Ce soir-là même il
s'occupait des moyens de réunir plus souvent
autour de lui l'élite de la nation, de resserrer
davantage les liens qui l'unissaient à elle, et
de recevoir, dans des communications nobles
et simples à la fois, ces lumières, ces renseignemens et cette connaissance des besoins du
peuple, si nécessaires à un Prince qui veut
travailler à son bonheur.

Cependant S. A. R. M.me la Duchesse de
Berri, fatiguée de la longueur du spectacle,
désira se retirer ; elle sortit avec M. le Duc
de Berri qui lui donnait le bras. Un seul factionnaire était à la porte extérieure de l'Opéra,
il tournait le dos à la rue de Richelieu au
moment où la voiture de S. A. R. M.me la
Duchesse de Berri s'ouvrait pour la recevoir.
Les chevaux étaient tournés vers la rue de
Richelieu ; M. le Duc de Berri tenait la main
gauche de M.me la Duchesse de Berri, M. le
comte de Menars, sa main droite : elle monta
en voiture ; M.me la comtesse de Betizy la sui-

vit, le Prince lui donna également la main
ainsi que M. le comte de Menars. M. le Duc
de Berri, qui presque jamais ne restait à
l'Opéra après que Mme la Duchesse de Berri
en était partie, désira voir la fin du spectacle,
cela lui était à peine arrivé trois ou quatre
fois depuis un an ; il adresse alors un tendre
adieu à Mme la Duchesse de Berri : « Adieu,
Caroline, lui dit-il, je te reverrai bientôt. »
La portière de la voiture était encore ouverte,
et le temps nécessaire pour que M. le Duc de
Berri pût y entrer, s'il l'eût voulu, était déjà
passé ; il se retourne alors ayant M. le comte
de Menars à sa gauche ; à sa droite se trouvait
M. le comte de Choiseul qui, suivant le mouvement du Prince, mais le faisant avec plus
de promptitude et ayant l'intention et le devoir
de le devancer, se trouvait le dépasser d'un
très-léger intervalle de quelques pouces tout
au plus. M. le comte de Clermont–Lodève,
gentilhomme d'honneur de M. le Duc de Berri,
était en avant des trois sur le seuil même de
la porte ; la gauche de M. le comte de Menars
était occupée par les gens de service de LL.
AA. RR., et par ceux des officiers de leur
maison ; la portière encore ouverte et tenue
par le valet de pied, se développait au delà du
trottoir et le laissait entièrement libre. A la

droite de M. le comte de Choiseul, il n'y avait qu'un seul homme, c'était le factionnaire qui dans ce moment présentait les armes ; et comme il ne pouvait occuper seul tout le trottoir, il y avait entre sa gauche et les chevaux un passage libre ; il en laissait autant entre sa droite et l'Opéra. Le léger mouvement de M. le comte de Choiseul découvrait l'épaule droite de M. le Duc de Berri ; à l'instant se précipite, entre le factionnaire et le valet de pied, un homme qui tombe sur le Prince, appuie sa main gauche sur l'épaule gauche de S. A. R., et de la main droite le frappe violemment entre la cinquième et la sixième côte du côté droit. Le Prince chancelle et s'appuie sur M. le comte de Menars ; il croit n'avoir reçu qu'un coup de poing. M. le comte de Choiseul, qui a aperçu le choc violent qu'a reçu S. A. R., en repousse l'auteur qui, s'étant retourné, s'enfuit vers la rue de Richelieu ; M. le comte de Choiseul le poursuit, ignorant encore le crime qu'il a commis. Le Prince porte sa main sur son côté, il y trouve le poignard et s'écrie : « Je suis assassiné ! » Ses fidèles serviteurs l'entourent, le soutiennent, l'asseyent sur la banquette qui se trouve dans le passage même. M.me la Duchesse de Berri, au premier cri de son époux, se précipite hors de la voiture ;

elle arrête de sa main le sang qui jaillit de la
plaie, elle en est bientôt couverte ; mais son
courage semble s'élever au dessus même de
son malheur. Les premiers mots de M. le Duc
de Berri sont pour son Dieu et la noble et
malheureuse compagne qu'il lui a donnée ; il
sent que déjà la mort est dans son sein : « C'est
dans tes bras, Caroline, que je veux mourir,
lui dit-il. » Toutefois il monte soutenu par ses
gens dans cette petite chambre où le Fils des
Rois devait consommer le plus déplorable
sacrifice.

Nous ne vous retracerons pas ici, Messieurs,
le tableau de cette nuit désastreuse ; de nombreux témoins en ont déjà publié le récit ; ils
ont dit ce mélange d'horreur et de sublime,
cette illustre victime demandant avec instance
la grâce de son assassin, l'admirable courage
de l'amour conjugal, la puissance de la Religion, nos Princes toujours si grands en face
du malheur et de la mort, enfin la présence
imposante de ce Roi éprouvé par tant d'il-
lustres infortunes ; d'un Roi qui voulut, au
mépris peut-être de la prudence humaine,
apporter lui-même sa bénédiction et fermer
les yeux à cet Héritier de son trône, dont il
avait tout récemment reçu, avec tant d'espérance, la jeune postérité.

Il nous est défendu, Messieurs, de chercher
à émouvoir vos souvenirs au moment où le
meurtrier va paraître devant vous, la justice
doit imposer silence à la douleur. Hélas ! les
soins les plus tendres de cette royale Famille
consacrée à tant de larmes, les secours les
plus prompts des hommes les plus habiles,
les plus ardentes prières, rien ne peut sauver
M. le Duc de Berri : Chrétien dévoué, il reçoit
les dernières consolations de la Religion. Ses
vertus semblent briller d'un nouvel éclat ; les
faiblesses même de sa vie sont ennoblies par
la plus belle mort ; jamais il ne parut plus
digne de notre amour ce Prince que nous ne
devions plus revoir. Il regrette de ne pas
mourir pour la France, pour cette patrie
qu'il a tant aimée, qu'il est bien loin d'accuser du coup qui vient de le frapper, et à
laquelle il laisse encore quelque consolation
en lui révélant une trop fragile, mais bien
chère espérance.

Enfin, le lundi 14 février, un peu après six
heures du matin, S. A. R. Charles-Ferdinand
d'Artois, Duc de Berri, fils de France, avait
rendu le dernier soupir.

Au moment où S. A. R. s'écria : « Je suis
assassiné, » le soldat Desbiez, entraîné par
son zèle, quitta son poste pour courir après

l'assassin. Il fut devancé par l'adjudant de
ville, Meunier, qui saisit Louvel au moment
où il tombait dans les bras du garçon de café,
Paumier, qui, aux cris qu'il avait entendus,
s'était jeté au devant de l'homme poursuivi,
pour tâcher de retarder sa course. Desbiez
et plusieurs gendarmes arrivèrent en même
temps. Louvel fut conduit au corps-de-garde
de l'Opéra ; il fut fouillé, et l'on trouva sur lui
la gaine du poignard dont il venait de se servir,
et un second poignard dans sa gaine, ou plutôt
une forte alêne de sellier (1). Ces deux instrumens, Messieurs, seront mis sous vos yeux.

M. le comte de Clermont - Lodève fut le
premier qui adressa la parole à Louvel :
« Monstre, lui dit-il, qui a pu te pousser à
» commettre ce crime horrible ? »

« Ce sont, répondit-il, les plus cruels en-
» nemis de mon pays. » Cette réponse fut
bientôt expliquée par Louvel, soit à M. le

---

(1) M. le comte de Clermont-Lodève qui fit fouiller
devant lui Louvel, et qui reçut en mains propres les
pièces à conviction saisies sur lui, a attesté aux débats
devant la Cour des Pairs, qu'on n'avait point trouvé
de papiers dans les poches de l'assassin ; et que s'il y
en avait eu, il n'eût pas manqué de les recueillir pour
les remettre aux premiers Magistrats instructeurs.

comte

comte de Clermont-Lodève, soit aux Magistrats qui l'interrogèrent dans la nuit même. Ce n'était pas une réponse directe qu'il faisait à la question qu'on lui avait adressée ; mais, négligeant les idées intermédiaires, il répondait qu'il avait frappé M. le Duc de Berri, parce que les Bourbons étaient les plus cruels ennemis de son pays.

Il n'est pas inutile de faire observer ici, nous reviendrons d'ailleurs plus tard sur ce fait, qu'au moment où Louvel venait de consommer son crime et cherchait à échapper à ceux qui le poursuivaient, la rue de Richelieu était déserte ; qu'alors, comme avant ce fatal instant, on n'a vu dans cette rue et dans les rues adjacentes, ni rassemblement, ni groupe même de quelques hommes qui aient pu éveiller la prudence la plus timide.

Bientôt les Magistrats furent à l'Opéra, ils se livrèrent aux premières informations ; pendant qu'on interrogeait Louvel, et au fur et à mesure de ses réponses, on s'assurait du sieur et de la dame Dubois, chez qui il mangeait habituellement : il y avait déjeûné et dîné, le 13. On arrêta aussi leur domestique. On n'obtint aucune lumière, soit de la perquisition qu'on fit dans leur domicile, soit de leurs déclarations. Ils ne connaissaient Louvel que parce qu'il prenait ses repas chez eux ; on leur rendit aussitôt la liberté.

On recevait en même temps les déclarations de ceux qui avaient vu Louvel commettre son crime, de ceux avec qui Louvel avait passé une partie de la journée, ou du moins qui l'avaient vu ce jour-là.

Une perquisition fut faite dans sa chambre, et l'on interrogea sur-le-champ ceux qu'on devait supposer, par suite de ses réponses, avoir eu plus de rapports avec lui. On interrogea sa sœur, à Paris, et l'on fit un examen attentif de tous ses papiers. On interrogea également, à Versailles, une autre de ses sœurs, et le sieur Labouzelle, son cousin, maître sellier du Roi, pour le compte duquel Louvel travaillait à Paris, aux écuries de Sa Majesté.

En un mot, Messieurs, il est impossible d'apporter plus de zèle, d'intelligence et de rapidité, que n'en mirent les Magistrats saisis de cette affaire. Ils connaissaient toute l'importance de la première instruction. C'est d'ordinaire dans les premières réponses des accusés, et au moment de la première information, qu'on recueille ces lumières d'abord incomplètes et peu distinctes, mais qui, plus tard, mettent la vérité dans tout son jour.

Aussitôt que la Cour royale de Paris eut

appris le crime de la nuit, elle s'était empressée d'évoquer l'instruction de cette affaire, et d'ordonner qu'elle se ferait par des Magistrats pris dans son sein. Personne, Messieurs, vous le savez, ne pouvait y apporter un dévouement plus éclairé; mais, le même jour, une ordonnance du Roi vous investit du droit exclusif de juger le meurtrier de M. le Duc de Berri.

Cependant, avant que cette ordonnance et l'arrêt de la Cour des Pairs eussent dessaisi les Juges ordinaires, on confronta Louvel avec le corps de S. A. R. Il vit, d'un œil sec, la profonde blessure qu'il avait faite. Ce spectacle, si déchirant et si plein d'horreur, le laissa dans une effrayante insensibilité. Au nom d'un Prince, qui, jusqu'à son dernier souffle, n'avait cessé de demander sa grâce, on l'adjura de faire connaître ses complices d'exécution et ceux qui lui avaient suggéré cet horrible projet. « Je n'en ai aucun, répondit-il. » On lui demanda qui l'avait porté à commettre ce crime, et cet homme, dont la dépravation passe toute pensée, répondit : « C'est un exemple que j'ai voulu montrer aux grands de mon pays. » Epouvantable exemple, en effet, de la perversité de l'homme qui repousse les vives clartés de la morale unie à la religion ! (1)

---

(1) Lire ici la note qui est à la page 77.

On procéda enfin à l'ouverture du corps.
On reconnut que le coup avait été si violent,
que la longueur de la blessure dépassait la
longueur même du poignard. L'assasssin avait
fait ployer, sous le choc, les parois de la
poitrine, et le fer était arrivé jusqu'au cœur.
Le procès-verbal de l'ouverture du corps est
joint aux pièces du procès. Nous avons reçu
la déposition de la plupart de ceux qui ont
assisté aux derniers momens du Prince. Nous
avons tout recueilli sur ce déplorable évène-
nement; et il serait sans doute inutile, Messieurs, d'entrer avec vous dans tous ces détails
qui semblent s'éloigner du fait principal dont
nous avons à vous entretenir; mais nous avons
cru devoir au Prince que nous pleurons, à la
douleur de la Nation et à la postérité qui sera
si avide de tout savoir sur cette grande catastrophe, de laisser, dans un dépôt public, des
documens certains que l'on puisse toujours
consulter.

Louvel fut interrogé pendant toute la nuit
du dimanche au lundi. Son interrogatoire,
fait avec le plus grand soin, occupa encore
une partie de la journée. Depuis, il a été par
nous interrogé plusieurs fois. Nous vous donnerons connaissance, Messieurs, de tous les
interrogatoires, quoique la lecture doive en

être fort longue, et entraîner à de nombreuses répétitions; mais nous pensons que chacun de vous doit connaître toutes les questions qui ont été adressées à Louvel, et toutes ses ré- ponses, afin de bien apprécier ce qui a été fait, ce qui pourrait avoir été négligé, et ce qui reste encore à faire. Nous croyons cependant qu'une analyse rapide de ces interrogatoires, en vous faisant saisir l'ensemble de la vie et du caractère de cet homme, facilitera les obser- vations de détail que vous ferez ensuite sur ses interrogatoires même. Cette connaissance préliminaire est enfin nécessaire pour mieux comprendre la suite des faits du procès.

Louis-Pierre Louvel est né à Versailles, le 7 octobre 1783, de Jean-Pierre Louvel et de Françoise Montier, sa seconde femme. Il lui reste un frère et une sœur du premier lit, et une sœur du second lit.

Son frère Jean-Pierre Louvel est jardinier à Fécamp, où il est marié; il n'a pas l'entière jouissance de ses facultés intellectuelles, et il paraît s'occuper surtout de politique dans ses momens d'aberration. Cependant le caractère de ce dérangement d'esprit n'a rien de grave ni de bien déterminé.

Voici, Messieurs, comment Louis-Pierre

Louvel parlait à sa sœur de l'état de leur frère, dans une lettre datée de Paris, le... 1818 :

« J'ai vu la lettre de notre neveu qui nous
» fait connaître que notre frère est toujours
» malade d'esprit, et qu'il aurait grand désir
» de nous voir. C'est peut-être une honnêteté
» de la part de notre neveu et de la famille :
» cependant, si je savais que ma présence
» puisse le mettre dans son bon sens, je n'hé-
» siterais pas à faire le voyage.

» Avant d'entreprendre le voyage, qui se-
» rait peut-être plutôt nuisible qu'utile, je
» serais d'avis que nous écrivissions ; car si
» notre présence en personne doit le sauver,
» aussi notre présence par écrit doit le guérir
» ou du moins l'aider.

» J'ai bien vu la lettre de notre neveu qui
» parle de la maladie de son père, mais il ne
» dit pas ce qui en est la cause. Jusqu'à pré-
» sent, nous en avons nous-mêmes attribué
» la cause à la perte de sa fille. Nous sommes-
» nous trompés ? C'est peut-être d'autres mal-
» heurs ou l'effet des évènemens politiques,
» de tous les malheurs : respectons-les, par-
» lons en peu et sagement. »

Louvel, de Fécamp, a conservé très-peu de rapports avec son frère ; il a été interrogé, tous ses papiers ont été visités ; on s'est assuré que, depuis un grand nombre d'années, il n'avait point vu son frère, qu'ils ne s'écrivaient que rarement, qu'il n'y avait enfin, entre eux, aucune intimité. Les renseignemens donnés sur son compte par les autorités locales, lui sont favorables. Dans cet état, la commission d'instruction n'a pas cru devoir le faire arrêter, ni même décerner contre lui un mandat d'amener ou de comparution : cette rigueur a paru inutile, quoiqu'elle pût être justifiée par d'anciens et de grands exemples.

La sœur aînée de Louvel, nommée Thérèse Louvel, n'est pas mariée; elle habite Versailles, où elle est marchande mercière. Sa réputation est bonne; beaucoup plus âgée que son frère Louis-Pierre Louvel, elle lui a servi de mère, car il perdit la sienne à l'âge de trois ans. Thérèse Louvel fit apprendre un état à son frère, l'environnant de ses conseils, jusqu'au moment où il partit pour faire son tour de France, il y a environ dix-huit ans.

Dans le cours de ses voyages, Louis-Pierre Louvel n'a pas mis un grand empressement à revoir sa sœur, quoiqu'il ait plusieurs fois passé auprès de Versailles, et quoique cette sœur aimât tendrement son frère. Depuis 1815, ils se sont vus davantage. Nous vous parlerons avec détail de ce temps; il suffit de savoir pour le moment que, le 13 février, il y avait sept mois que Thérèse Louvel n'avait vu son frère, n'en avait reçu de lettres ; il lui avait même paru qu'il craignait de la rencontrer ; quand ses affaires l'amenaient à Paris, elle n'allait pas le voir, elle se contentait de savoir de ses nouvelles par le maître sellier du Roi, le sieur Labouzelle, son cousin, qui demeure à Versailles, et pour le compte duquel, comme nous vous l'avons déjà dit, travaillait Louis-Pierre Louvel.

La seconde sœur de Louis-Pierre Louvel se nomme Françoise Louvel; elle est ouvrière en corsets et demeure à Paris. Pendant son enfance et pendant le reste de sa vie jusqu'en 1816, elle a très-peu vu son frère auquel du reste elle paraît fort attachée. Depuis que Louvel habite Paris, il voyait sa sœur ordinairement le dimanche. S'il faut en croire Françoise Louvel, et nous vous dirons, Messieurs, que rien ne nous fait suspecter sa véracité, la politique n'était jamais le sujet de leurs entretiens. La différence très-prononcée de leurs opinions ne leur permettait pas de traiter, sans s'aigrir, les questions qu'elle fait naître; ils voulaient vivre unis, ils n'en parlaient point. Les bons témoignages qui nous ont été rendus sur les deux filles Louvel, sur celle surtout qui habite Paris, et qui eût pu être l'objet d'une plus grande sévérité, puisqu'elle voyait son frère bien plus souvent, son attachement à la Famille royale qui ne paraît pas douteux, toutes ces raisons nous ont fait penser qu'il était inutile et même injuste de les arrêter, quelque rapprochées par le sang qu'elles fussent du meurtrier de S. A. R. M. le Duc de Berri.

Nous vous donnerons lecture, Messieurs, de leurs deux déclarations dans leur entier.

La famille de Louis-Pierre Louvel se compose encore d'un oncle, marchand à Paris, qu'il n'avait pas vu depuis deux ans. Cet oncle, frère de son père, n'a appris le crime de son neveu que lorsqu'il a dû comparaître devant la commission d'instruction. Jusque-là, sa famille le lui avait caché, craignant que sa tête affaiblie par une maladie récente, ne pût soutenir le poids de cette accablante nouvelle. Il a été interrogé, et n'est resté en butte à aucun soupçon.

Enfin, Messieurs, le sieur Labouzelle, qui était maître sellier du Roi, est le cousin de Louis-Pierre Louvel : il est inutile de vous faire connaître ses autres parens.

Louis-Pierre Louvel, le plus jeune de sa famille, perdit sa mère en très-bas âge. Son

père et sa sœur aînée qui lui servait de mère,
le firent entrer, à Paris, dans un établissement
gratuit, appelé alors l'*Institution des enfans
de la patrie;* c'est aujourd'hui *la Pitié :* c'est là
qu'il apprit à lire. On exerçait sa mémoire
par l'étude de la *déclaration des droits de
l'homme,* et de la *constitution.* Ses exercices religieux se composaient de *prières républicaines.*

Après avoir passé quelques années dans cette
école, il revint chez sa sœur, à Versailles;
son père était déjà mort ou mourut peu de
temps après. Il fut placé à Montfort-l'Amaury,
chez un de ses parens, sellier-bourrelier, afin
d'y apprendre cet état. Il y resta environ trois
ans : à l'âge de quinze à seize ans, il revint
à Versailles; il logeait chez sa sœur et travaillait chez son cousin Labouzelle, maître
sellier dans cette ville. Alors les temples catho-
liques étaient depuis long-temps fermés, et
les pasteurs cachés ou dispersés. Quoique les
parens de Louvel paraissent avoir eu des sentimens religieux, son instruction chrétienne
semble cependant avoir été fort négligée, et
c'est, n'en doutons pas, Messieurs, dans cette
ignorance de la religion, dans cet affranchis-
sement impie de ses divins préceptes, que
nous trouverons la première origine du crime
que nous pleurons.

Pendant le séjour de Louvel à Versailles se place l'existence éphémère, je dirai même ridicule de la théophilantropie. Louvel suivit avec exactitude les exercices de ce culte nouveau; nous ne prétendons pas en induire qu'il ait reçu de ses fondateurs impuissans , les principes qui, un jour, devaient engendrer le plus horrible attentat; loin de nous cette pensée, nous nous bornons seulement, Messieurs, à vous faire connaître les faits.

Ces exercices théophilantropiques paraissent avoir fait une profonde impression sur Louvel. Nous n'avons point découvert quelles ont été les lectures de sa première jeunesse. On voit cependant qu'il lut alors un ouvrage qui renfermait la morale et les dogmes des théophilantropes; c'est le seul livre que Louvel et sa sœur aient pu nous indiquer. Il lisait aussi le soir, après son travail auquel il était très-assidu, soit les feuilles volantes qui servaient à enfermer les objets vendus par Thérèse Louvel, soit enfin quelques autres ouvrages sans importance, et qui n'ont point laissé de traces dans son esprit : sa sœur ni lui n'ont pu se les rappeler. Cette sœur, chez laquelle il vivait, n'a point aujourd'hui de livres chez elle; il ne paraît pas qu'autrefois elle en eut davantage.

Après un séjour, à Versailles, de six ou huit

mois, Louvel vint travailler à Paris, d'où il partit, à l'âge de dix-huit ans, pour faire son tour de France. Il n'a point conservé d'amis de son enfance : peut-être même n'en a-t-il jamais eu. Il n'a entretenu aucune liaison avec les premiers compagnons de sa jeunesse : il nous a du moins été impossible de le découvrir. Jusqu'à cette époque de dix-huit ans, comme dans tout le reste de sa vie, Louvel paraît avoir été sobre, laborieux, probe, mais sombre, taciturne, aimant à se promener seul dans les lieux écartés, et fuyant la société même de ses camarades et des ouvriers avec lesquels il travaillait. On ne voit point que l'amour ait eu sur lui un grand empire. Cependant il paraît qu'une fois il fut tellement dominé par la jalousie, que l'objet de ses affections put craindre pour sa propre vie. Prévoyant qu'il pourrait être contrarié dans son désir de parcourir la France, Louvel n'instruisit ni sa sœur, ni son oncle, de son projet; il n'écrivit à sa sœur aînée que d'Orléans, où d'abord il s'arrêta. Nous ne le suivrons pas, Messieurs, dans ses courses multipliées, et faites en tous sens au milieu de la France. La seule chose que nous ayons à remarquer, c'est qu'il n'alla pas à Calais avant 1814.

En 1806, il était à Cusset. Le sieur Michelet, chez qui travaillait Louvel, a déclaré « qu'il

était très-assidu à son travail; qu'il occupait ses
momens de loisir à lire ou à faire de petits
ouvrages pour son compte personnel; que les
dimanches il se promenait seul; qu'il ne fréquentait point les cabarets, et n'avait de relations avec personne, si ce n'est avec une ouvrière en robes, celle qui lui inspira une si
violente jalousie. » Le sieur Michelet a de plus
déclaré « qu'il s'était aperçu que Louvel n'a-
vait aucun principe de religion, et que, pour
cette raison même, il était sur le point de le
renvoyer, au moment où une maladie le força
d'entrer à l'hôpital. »

Pendant sa convalescence, les sœurs de St-
Vincent-de-Paul lui prêtèrent quelques livres.
Louvel ne se rappelle pas leurs titres; il s'est
souvenu que dans un autre temps il avait lu la
Pucelle; et notre désir de tout connaître dans
la vie de cet homme, nous a fait recueillir avec
soin des détails qui, au premier abord, paraissent bien peu importans. Il fut à cette époque
atteint par la conscription, et placé dans un
régiment du train d'artillerie de la garde; il
obtint, au bout de six mois, son congé, par
suite d'une infirmité qui ne lui permit pas de
rester au service. Vainement le maître sellier
du régiment voulut le retenir près de lui, son
amour pour l'indépendance et son humeur er-

ranté l'entraînèrent à de nouveaux voyages.
Il arriva à Metz à la fin de l'année 1813.

Nous avons entendu un très-grand nombre
de témoins sur tous ces faits; il nous semble
inutile de vous donner lecture entière de leurs
dépositions. Ces faits d'ailleurs n'ayant pas une
très-grande importance, nous pensons que
l'analyse que nous vous en avons présentée
est plus que suffisante.

Nous sommes arrivés, Messieurs, à cette année
de malheur où la France inondée de soldats
étrangers, se vit menacée de la vengeance de
vingt peuples qu'elle avait si long-temps humi-
liés et vaincus. Les Bourbons seuls, dont les
vertus avaient laissé dans le cœur de tous les
Français de si tendres et si profonds souvenirs;
les Bourbons, qui pendant leur exil s'étaient
concilié le respect de l'Europe entière; les Bourbons seuls pouvaient s'interposer au nom de la
royauté et de la France entre les récriminations
des peuples, terminer une guerre destructive
sans compromettre notre indépendance, et
consolider enfin la paix de l'Europe en nous rendant ces libertés dont la gloire des champs de
bataille ne remplace jamais la perte. Mais le jour
de cette miraculeuse restauration ne s'était
pas encore levé, nous étions en proie à tous
les maux de la guerre; il n'appartenait pas

à tout le monde d'en prévoir dès – lors le remède.

Metz fut investi par les troupes étrangères. S'il en faut croire Louvel, c'est alors qu'il aurait su que S. A. R. MONSIEUR était à Nancy; il l'aurait pris pour un Général autrichien; mais bientôt apprenant ou se rappelant que c'était le fils et le frère de nos Rois, et cette clarté lui parvenant au bruit du canon ennemi, il aurait tout à coup conçu la pensée de détruire des Princes que, dans son ignorance, il supposait conduire les soldats étrangers au sein de la patrie.

Si Louvel forma dès-lors cet affreux projet, il ne le confia à personne. Du moins, c'est ce qu'il dit, et nos efforts ont été vains pour découvrir s'il avait eu des confidens. Nous avons fait entendre à Metz un grand nombre de témoins, tous ceux qui ont pu avoir quelques rapports avec Louvel. Toutes leurs dépositions s'accordent à donner, de son caractère, l'idée que déjà nous vous en avons présentée.

Trois de ces dépositions seules méritent de fixer votre attention : c'est d'abord celle de Pierre Dumont, sellier à Metz, avec qui Louvel s'était lié; ils allaient ensemble au spectacle, ils se promenaient ensemble. Dumont avait fait partie de l'expédition d'Egypte, et parlait souvent à Louvel de ses voyages et de ses lectures.

Voici textuellement sa déposition :

« Depuis le mois de décembre 1813, jusqu'à
» la levée du premier blocus de Metz, j'ai
» connu un ouvrier sellier qui portait le nom
» de Louis. Cet individu, qui s'est dit de Ver-
» sailles, m'a intéressé par les connaissances
» qu'il paraissait avoir sur bien des choses. Il
» était très-réfléchi et parlait peu. Nous nous
» voyions tous les jours de repos, et allions
» ensemble nous promener. Je me rappelle
» que, lors de l'arrivée de la première malle
» après la levée du blocus, nous sommes sortis
» ensemble de la ville, et nous trouvant avec
» beaucoup de personnes dans une auberge,
» il y fut question de la déchéance de Bona-
» parte. Chacun, dans cette circonstance,
» disait sa façon de penser. J'ai entendu Louis
» dire que, quand on a promis fidélité, fût-ce
» à un brigand, on doit tenir son serment.
» Il m'a dit, depuis, qu'il avait versé des
» larmes sur son ouvrage, lorsqu'il avait ap-
» pris la déchéance de Bonaparte.

» Louis s'étant décidé à quitter Metz, je
» lui ai fait la conduite, dans les premiers
» jours de mai 1814, jusqu'au village de la
» Gravelotte. Il m'a conté que son intention
» était

» était de se diriger vers Calais, espérant d'y
» trouver de l'ouvrage, et qu'alors il s'y fixe-
» rait. Quinze jours ou trois semaines après, le
» sieur Henri me fit part d'une lettre qu'il avait
» reçue de Louis, qui lui disait que s'il était
» arrivé quelques jours plutôt, il serait parti
» pour l'île d'Elbe. Dans nos différentes pro-
» menades, il montrait beaucoup d'enthou-
» siasme pour Bonaparte : il me disait aussi
» qu'il aimait mieux s'occuper d'affaires poli-
» tiques que de fréquenter les cabarets. »

Un sieur Bernard, ouvrier sellier, entendu à
Metz, a dit de Louvel « qu'il était très-assidu à
son travail ; qu'il parlait fort peu ; que jamais
il ne l'avait entendu converser sur les affaires
du temps ; qu'après la levée du blocus, il était
parti, annonçant se diriger sur Paris, et de là
vers les côtes où il trouverait de l'ouvrage. »

Enfin, le sieur Henri, logeur et sellier, a déclaré « qu'il lui avait reconnu un air pensif, et
qu'il causait cependant quelquefois ; qu'il était
très-assidu à son travail, et ne se livrait pas à
la débauche ; qu'environ quinze jours après son
départ, il en avait reçu une lettre datée de
Fontainebleau, dans laquelle il lui mandait qu'il
était arrivé trois ou quatre jours trop tard ; que
sans cela il serait parti pour l'île d'Elbe. »

Ces dépositions, Messieurs, sont impor-

tantes sous deux rapports : elles établissent,
d'une part, le projet formé par Louvel d'aller à
Calais ; de l'autre, son aveugle entraînement
pour l'homme dont les funestes victoires livrèrent la France à tant de malheurs.

Louvel partit de Metz, le 7 ou 8 de mai 1814,
avec le projet, dit-il, d'aller à Calais tuer le Roi
au moment où il mettrait le pied sur le sol
français.

Le Roi était arrivé en France le 23 avril,
il était entré à Paris le 3 mai ; il était impossible que Louvel ne le sût pas le 7 à Metz où
le télégraphe, indépendamment des courriers
ordinaires, l'avait annoncé depuis long-temps.

Nous avions donc d'abord douté non-seulement du projet d'assassinat si anciennement
conçu, mais de la vérité même du voyage de
Calais.

Cependant, Messieurs, en voyant l'exactitude des indications données par Louvel sur la
route qu'il dit avoir suivie de Metz à Calais, et
de Calais à Paris, en songeant que cet homme,
absolument étranger aux premières notions de
la géographie, n'en connaît que ce que ses
voyages lui en ont appris ; quand, d'un autre
côté, on a par son livret la presque certitude
qu'il n'alla point à Calais avant 1814, et
lorsqu'enfin l'on se rappelle la confidence qu'il

avait faite à Metz de son dessein d'aller dans cette ville et sur les côtes, il paraît difficile de mettre en doute ce voyage, confirmé encore par les remarques que fit Louvel, tant à Calais que sur sa route, et qu'il n'a pu faire que depuis le retour de nos Princes. Mais en entreprenant ce voyage, Louvel évidemment n'avait pas pour but d'attenter aux jours du Roi. Pressé par les conséquences que l'on tirait des faits que nous venons de vous exposer, il a prétendu que, poursuivi toujours par la pensée de son projet criminel, il avait voulu, pour s'y affermir ou pour y renoncer, parcourir les lieux que venait de traverser le Roi de France, et juger par lui-même des impressions que son retour avait faites sur le peuple.

Si ce que dit Louvel est vrai, comment son bras parricide ne fut-il pas désarmé à l'aspect de la joie et du bonheur de la Flandre, de l'Artois, de la Picardie, de tous ces beaux et riches départemens qui saluèrent d'un si unanime et si vif enthousiasme le retour de la famille aimée de nos Rois.

De Calais Louvel se rendit à Paris où il ne passa qu'un jour. Sa sœur Françoise y habitait. Les grands évènemens qui venaient de s'y passer, la probabilité que le travail ne lui manquerait pas, tout devait l'engager à rester

dans cette ville qu'il n'avait pas revue depuis
long-temps. Cependant il ne fit que la traverser,
importuné, dit-il, de la joie publique, et pressé
de se trouver dans les lieux encore pleins des
derniers souvenirs de Bonaparte ; il était à
Fontainebleau à la fin de mai.

Son premier soin fut de se procurer les
adieux de l'ex-empereur à ses soldats. Louvel
raconte que, témoin dans cette ville de l'ivresse
qu'y fit naître l'arrivée de M. le Duc de Berri,
il eut un moment la pensée de renoncer à son
funeste dessein. Cependant follement idolâtre
de Bonaparte, il s'irritait des trop justes reproches que les Français adressaient à cet
homme qui, en abusant de toutes les faveurs de
la fortune, laissa au monde un grand exemple
de la nécessité d'affermir au milieu de nous ces
institutions généreuses qui garantissent à la fois
la stabilité des trônes légitimes, les libertés et le
bonheur des peuples. Louvel ne parlait jamais
de lui qu'avec l'intérêt le plus vif, et paraissait
sans cesse occupé de l'île d'Elbe, dont le nom
se retrouvait dans tous ses discours.

Enfin, vers la fin de juillet 1814, il quitta
Fontainebleau et prit la route de Paris, en
laissant croire qu'il allait dans cette ville ;
mais, lorsqu'il eut été quitté par ceux de ses
camarades qui, suivant l'usage, l'avaient

accompagné, il prit la route de Lyon, et se rendit par Marseille et la Corse à l'île d'Elbe où il arriva au commencement de septembre.

Nous avons fait entendre à Fontainebleau tous ceux qui paraissaient avoir eu quelques relations avec Louvel : nous n'en avons obtenu que bien peu de lumières. Lorsque sa sœur aînée s'alarmant, vers la fin de 1814, sur le sort de son frère, dont elle n'avait pas de nouvelles depuis long-temps, écrivit au sieur Dulis chez lequel il avait travaillé pendant son séjour à Fontainebleau ; Dulis répondit qu'il ignorait ce que Louvel était devenu ; mais cependant que son extrême chaleur, en parlant de l'île d'Elbe, lui faisait soupçonner qu'il avait pu aller de ce côté.

Arrivé à l'île d'Elbe, Louvel travailla chez le sieur Vincent, maître sellier de Bonaparte. Quelque soin que nous ayons pris pour connaître toutes les particularités de son séjour dans cette île, nous n'avons rien appris de remarquable, et nous croyons pouvoir dire à la Cour que Louvel n'a point eu de rapports directs, soit avec Bonaparte, soit avec ses premiers officiers ; il était même peu connu des gens de sa maison, et il ne paraît pas que placé ainsi près de l'objet de ses affections les plus vives, il ait perdu cette tristesse sombre et solitaire que jusqu'à présent nous avons remarquée en lui, et que nous retrouverons toujours.

Après deux mois de séjour dans l'île d'Elbe, le sellier Vincent ne pouvant plus l'occuper, le renvoya. Louvel, pour rentrer en France, prit sa route par l'Italie : ce fait n'est pas douteux. Il arriva à Chambéri au commencement de décembre. Nous disons, Messieurs, qu'il n'est pas douteux que Louvel ne soit revenu par le nord de l'Italie, quoique des documens qui semblaient mériter toute notre confiance, eussent paru établir qu'il était revenu par Hières, apportant avec lui un grand nombre de lettres qui annonçaient, pour le printemps suivant, le retour de Bonaparte.

Nous ne vous rendrons pas compte des nombreuses dépositions que nous avons reçues, de l'instruction détaillée qui a eu lieu sur ce fait; il suffit de savoir qu'elle démontre que Louvel revint en France par la Toscane, le Piémont et la Savoie ; vérité d'ailleurs qui ressortira jusqu'à l'évidence, des détails qu'il a donnés sur son voyage, et que vous lirez dans ses interrogatoires.

Louvel resta à Chambéri jusqu'au jour où l'on apprit dans cette ville le retour de l'homme qui appela sur la patrie tant de calamités nouvelles. Voici comme le maître sellier chez qui il travaillait alors, le sieur Monnier, retrace et les impressions que Louvel éprouva et les circonstances de son départ ; vous les

trouverez encore rapportées avec fidélité par
Louvel lui - même , dans ses interrogatoires.

Monier raconte d'abord comment il connut
Louvel , et combien sa sobriété et son assi-
duité le satisfirent : Il ajoute « qu'un lundi de
» mars 1815, on donna, au milieu de la nuit,
» la nouvelle que Bonaparte était à Grenoble.
» Le matin, lorsque Louvel vint à la bou-
» tique pour travailler , j'étais hors de chez
» moi ; à ma rentrée , je ne trouvai pas l'ou-
» vrier ; j'en demandai compte à ma femme ;
» elle me dit qu'elle avait donné la nouvelle
» au susdit ouvrier, de l'arrivée de Bonaparte
» à Grenoble ; que celui-ci, sans dire mot ,
» après s'être frotté le front, avait décroché
» son tablier, l'avait accroché à l'endroit or-
» dinaire, à côté de l'établi, et était sorti.
» J'ai su de la Faguet , chez laquelle Louvel
» couchait , qu'il n'avait pas même emporté
» son bonnet de nuit. Il disparut ce jour-là ,
» quoiqu'il plût à verse et fît un temps abo-
» minable. Je n'eus plus de ses nouvelles jus-
» qu'à environ trois semaines après, qu'il
» m'écrivit de Paris , et me disait d'envoyer
» ses hardes à Versailles, chez sa sœur , ce
» que je fis en joignant au paquet 23 francs
» que je lui devais encore de ses journées. Il
» parlait quelquefois du séjour de Bonaparte

» à l'île d'Elbe, des travaux qu'il y faisait
» faire. Il disait que Bonaparte s'ennuyait fort
» dans cette île, que lui Louvel l'aimait beau-
» coup, et il n'avait pas besoin de le dire ;
» car toutes les fois qu'il en parlait, il tres-
» saillait de joie, et l'horrible temps par le-
» quel il décampa sans dire adieu à personne,
» exprime mieux que tous les discours, ses
» sentimens à cet égard. Il n'était loquace
» que sur le chapitre de Bonaparte, et jus-
» qu'à l'ennui. Si c'est le même qui a fait le
» coup, cela m'étonne; car, à part son en-
» thousiasme exalté pour Bonaparte, c'est un
» assez brave garçon. »

La femme Monier interrogée, a donné,
sur Louvel et sur son départ, des détails semblables à ceux que son mari avait fournis.

De Grenoble Louvel vint à Lyon où il retrouva Vincent et les autres personnes qu'il
avait connues à l'île d'Elbe. Il accompagna
Bonaparte à Paris. Placé plus tard dans sa
maison comme garçon sellier, il fit la campagne de Flandre, revint avec l'armée, la
suivit au delà de la Loire; il était attaché aux
équipages de Bonaparte qui furent envoyés à
la Rochelle. Il resta environ trois mois dans
cette ville. Les renseignemens que nous avons
obtenus et les réponses de Louvel, peuvent

faire croire que dans quelques circonstances,
il refusa de joindre ses vœux aux vœux ex-
primés autour de lui pour la longue pros-
périté du Roi, et qu'il ne voulut pas prendre
part à la joie que le retour de nos Princes
faisait naître.

S'il faut en croire Louvel, préoccupé toujours
du projet de tremper ses mains dans le sang
des Bourbons, il aurait fait faire à la Rochelle
l'instrument dont il a frappé S. A. R. M. le Duc
de Berri. Il prétend avoir commandé une forte
alêne ; que l'ouvrier l'ayant trop aplatie, lui
donna la forme d'un poignard; qu'en la recevant il lui en fit l'observation. Mais, comme
elle pouvait encore lui servir dans son état, il
la garda, prévoyant d'avance l'horrible emploi
qu'il en ferait. Louvel a désigné la boutique du
coutelier qui lui a, dit-il, fait l'instrument
meurtrier dont il s'est servi, et l'on a trouvé à
la Rochelle la boutique d'un coutelier dont la
description, ainsi que le signalement de ceux
qui l'habitent, répondent assez bien aux indications données par Louvel. L'ouvrier qui
aurait eu le malheur et le tort de se prêter
à fabriquer un pareil instrument, n'est pas
convenu de la part, même innocente, qu'il
aurait pu y prendre; mais on conçoit que si
le fait était vrai, et qu'il s'en soit souvenu,

*

il ait craint de faire un aussi pénible aveu (1).

Louvel revint au mois d'octobre à Versailles; il ne fut pas conservé dans la maison du Roi. Il travailla alors et pendant sept mois dans les ateliers du sieur Labouzelle, son cousin, maître sellier du Roi. Dans le même atelier se trouvait aussi un de ses parens, Aubry, avec lequel il a conservé si peu de rapports que, lorsque celui-ci s'est marié, il y a peu de temps, il n'a point invité Louvel à ses noces. Il y avait encore dans le même atelier, un autre de ses cousins, Antoine Louvel, aujourd'hui militaire dans le 5.e régiment de la garde, et rempli, à ce qu'il paraît, des meilleurs sentimens; il avait cru et avait dit à ses chefs que son cousin Louis-Pierre Louvel lisait souvent les journaux. Antoine a été interrogé sur ce fait important; il a répondu en ces termes : « J'ai toujours cru que Louvel, à cause de son humeur sombre et taciturne, et parce qu'il ne venait jamais avec nous, lisait ou allait au spectacle; c'était là mon opinion. »

Il ne paraît point en effet que jamais Antoine ait vu de journal entre les mains de Louvel, que jamais il l'ait vu entrer dans aucun café:

(1) Le coutelier Berton auquel paraissait se rapporter la plupart des indications données par Louvel, a été entendu dans les débats. Il a soutenu qu'il n'avait point fabriqué l'instrument dont Louvel s'est servi.

cependant il n'en est pas moins certain, Messieurs, que Louvel alla assez souvent, pendant les cent jours au café Montansier, signalé par l'exagération et la violence de ceux qui s'y réunissaient. Mais, à quelque recherche que nous nous soyons livrés, nous n'avons pu découvrir si, à Versailles, Louvel lisait beaucoup, s'il lisait même quelquefois; et il a persisté à dire que, dans ses jours de repos, il allait se promener seul; qu'il ne lisait jamais, et que dès lors il suivait souvent la chasse des Princes lorsqu'elle avait lieu dans les environs de Versailles; qu'il la suivait avec le dessein toujours existant de leur ôter la vie. Louvel resta à Versailles jusqu'au 7 mai 1816: pendant ces sept mois, on ne lui a découvert aucune liaison suspecte, et surtout il n'a point paru qu'il connût Desbans, ni ses complices, qui, quelque temps après, furent condamnés à mort pour avoir formé le projet d'assassiner les Princes.

Les camarades de Louvel et sa sœur, chez qui il demeurait, n'ont jamais aperçu le poignard dont il s'est servi : l'avait-il réellement fait faire à la Rochelle ? l'avait-il alors à Versailles ? ne l'a-t-il eu que depuis ? C'est un mystère qu'on n'a pu entièrement éclaircir; et cependant, au milieu des tristes idées qui nous assiégent, il est doux de voir que tout concourt à prouver que Louvel ne trouva autour de lui aucun Français auquel il osât jamais confier son exécrable projet, ou même qui pût, à ses paroles, en concevoir le soupçon.

Le sieur Labouzelle ayant remarqué l'exactitude au travail et la régularité de Louvel, le plaça dans les écuries du Roi à Paris, pour y surveiller les objets de sellerie qu'il devait toujours tenir en bon état. Il ne paraît pas qu'alors Louvel se soit lié avec aucun ouvrier ou avec aucun des gens de service : il était exact, serviable, mais on le voyait toujours seul. Nous avons entendu un grand nombre de témoins aux écuries du Roi : tous ceux, et c'est le petit nombre, qui ont eu quelques rapports avec Louvel, s'accordent à dire qu'il les entretenait de ses promenades éloignées et solitaires, annonçant y trouver bien plus de plaisir, par cela même qu'il les faisait seul. Jamais il ne parlait, ni de celui qu'il avait été chercher à l'île d'Elbe, ni de la haine qu'il portait aux Bourbons; du moins nous n'en avons trouvé aucune trace, et il explique qu'il eût craint de se compromettre en parlant de l'île d'Elbe. Louvel avait retrouvé à Paris sa sœur Françoise; il allait la voir assez ordinairement le dimanche; il allait assez souvent se promener avec elle; mais, nous vous l'avons déjà dit, la politique était bannie de leurs entretiens. Louvel ne souffrait pas que sa sœur fît éclater devant lui son amour et son dévouement pour des Princes tout occupés du bonheur de leur patrie. Françoise prêta à son frère l'*Hermite de la chaussée d'Antin*, et un volume dépareillé de l'*Essai sur les Mœurs* de Voltaire.

Louvel étant toujours resté à Paris depuis le 7 mai 1816, il était de la plus haute importance de connaître sa vie toute entière pendant ces quatre années, de rechercher s'il avait été poussé par des suggestions étrangères, et, dans ce cas, d'avérer quels hommes et quelles doctrines l'avaient affermi dans ses parricides projets, que cependant il fut plusieurs fois tenté d'abandonner. Louvel a-t-il eu besoin de la perversité d'autrui pour s'enfoncer plus profondément dans sa propre perversité? Quel moyen a-t-on employé pour exalter ce fanatisme d'un genre nouveau, qui, en invoquant le nom de la patrie qui le désavoue, s'arme du poignard assassin, et parle de vertu en s'abandonnant au parricide?

A toutes ces questions, Messieurs, nous n'aurons rien de positif à répondre, et l'instruction nous fournit bien peu de lumières;

nous vous l'avons déjà dit, Louvel vivait seul.
Nous avons entendu tous ceux qui, aux écuries du Roi, avaient quelques rapports avec
lui ; nous avons reçu les déclarations de tous
ceux qu'il connaissait, de tous ceux dont il
était connu et qui ont eu avec lui des relations,
quelque fugitives qu'elles aient été. Les moyens
administratifs n'ont point été oubliés pour
découvrir ceux qui, rarement ou souvent,
ont pu voir Louvel. Nous n'avons rien négligé,
et nous n'avons rien découvert qui méritât
votre attention.

Nous devons ajouter enfin, Messieurs, que
parmi ceux qui connaissaient Louvel, il ne
s'est pas même trouvé d'homme dont les opinions coupables et ennemies aient dû réveiller
notre sollicitude et provoquer notre sévérité.
Oui, s'il est une vérité qui semble démontrée
au procès, c'est l'isolement de Louvel et son
amour pour la solitude ; il allait se promener
dans les lieux écartés ; il dînait toujours seul,
et se laissait très-rarement entraîner par ses
camarades : cependant il s'était un peu plus
lié avec Richer et Barbey, employés comme lui
à la sellerie du Roi, qui, pénétrant le septi-
cisme de Louvel, voulaient le rappeler à des
sentimens religieux et à des pratiques chrétiennes. Mais Louvel repoussait toujours ces

inspirations du Ciel : Je suis théophilantrope était sa seule réponse.

Malgré son amour pour la solitude, Louvel allait souvent le soir au Palais-Royal ; on ignore qui il y rencontrait. Mais dans les nombreuses promenades qu'il a faites avec sa sœur, jamais, dit celle-ci, ils n'ont été abordés par personne. Cette sœur, pressée de s'expliquer sur les moyens que devait employer son frère pour se procurer des livres, a répondu que sans doute il entrait dans des cabinets de lecture. Louvel l'a nié constamment.

Lorsque, en 1815 et pendant les cent jours, Vincent fit placer Louvel aux écuries de Bonaparte, celui-ci y connut Vaquelin, garçon d'attelage, et sa femme, qui blanchissait le linge des gens de la maison ; elle devint sa blanchisseuse ; il semblerait qu'une liaison assez intime se serait établie entre Vaquelin, sa femme et Louvel ; mais leurs rapports paraissent avoir été moins fréquens depuis assez long-temps.

Vaquelin et sa femme ont été interrogés, et toute leur conduite a été l'objet d'un examen administratif fait avec le plus grand soin ; on n'a rien trouvé qui pût faire soupçonner qu'ils eussent reçu de Louvel la confidence de son affreux projet, et encore moins qu'ils fussent les intermédiaires de Louvel et de ceux qui auraient pu le faire agir.

Au nombre des dépositions faites par les gens des écuries du Roi, une seule mérite, Messieurs, de fixer votre attention, c'est celle de la femme Rasse : pour la bien comprendre il faut connaître les dispositions des lieux habités par cette femme et par Louvel.

Dans une des cours des écuries du Roi, se trouve, au levant, la porte d'entrée d'un escalier qui conduit à un entresol. Le premier palier est éclairé, sur la cour, par une petite fenêtre. Les greniers à foin sont à droite ; à gauche se trouve une très-petite pièce éclairée par une grande croisée cintrée, fermée par des barreaux de fer : c'était la chambre et l'atelier de Louvel. Le long de la fenêtre, et de manière à empêcher qu'on ne l'ouvrît, était une grande table ou établi sur lequel il travaillait. Cependant, pour avoir de l'air, et au dessus de l'établi, s'ouvrait un seul carreau faisant vasistas ; pour ouvrir la fenêtre, il fallait reculer l'établi qui alors empêchait la porte de s'ouvrir. Le même escalier conduisait à la lingerie qui est au dessus. Il paraît que Louvel laissait souvent la porte de sa chambre ouverte, de manière que les allans et venans, et ils étaient en très-grand nombre dans cet escalier, l'apercevaient alors assis et travaillant au devant de son établi. Vis-à-vis cette

aile

aile de bâtiment et au couchant, s'élève un
corps de logis de cinq étages, séparé du corps
de logis du couchant, par une grande cour.
Au cinquième étage loge la femme Rasse qui,
de sa fenêtre, plonge dans la cour, et aperçoit
la grande croisée cintrée et grillée de l'atelier
de Louvel, ainsi que la petite croisée du palier
et la porte d'entrée du petit escalier qui des-
cend jusque dans la cour. La femme Rasse
rapporte qu'elle a vu plusieurs fois passer
par cet escalier un garçon boucher ; qu'elle
l'a aperçu à la fenêtre du premier palier, et
enfin, qu'elle l'a vu dans l'atelier même.
Elle fut étonnée de voir un garçon boucher
entrer dans un lieu aussi étroit, et où elle ne
supposait pas qu'une famille pût habiter ; elle
demanda à son mari, charron dans les écuries
du Roi, quels étaient ceux qui pouvaient
loger dans un local aussi exigu : c'est par lui
qu'elle apprit qu'il était occupé par Louvel
seul. Les détails qu'elle a donnés semblent
démontrer qu'elle ne s'est pas trompée dans
ce qu'elle a cru voir.

Votre commission, Messieurs, a été sur les
lieux ; de la fenêtre de la femme Rasse, elle
a reconnu qu'il était possible de voir un
homme dans l'atelier de Louvel, mais seulement lorsque la fenêtre cintrée était ouverte ;

par l'ouverture du seul vasistas, on peut l'apercevoir, mais très-difficilement. Pour ouvrir la
fenêtre, vous n'avez pas oublié qu'il fallait
déranger l'établi qui alors fermait la porte ; il
faut donc supposer que c'est après que Louvel
et le garçon boucher étaient entrés dans l'atelier, qu'on déplaçait l'établi, et alors aussi
comment les gens de la maison, qui avaient
sans cesse affaire à Louvel, auraient-ils pu
l'aborder ?

Nous n'avons pas pu résoudre toutes ces
difficultés. Tous les garçons bouchers qui
viennent aux écuries du Roi, ont été confrontés avec la femme Rasse, elle n'en a reconnu aucun.

Les employés aux fourrages, qui passaient
cent fois par jour devant la porte si souvent
ouverte de l'atelier de Louvel, n'y ont jamais
vu de garçon boucher ; jamais les ouvrières
de la lingerie, qui travaillent au dessus, n'en
ont aperçu. Louvel enfin affirme que jamais il
n'est entré chez lui de garçon boucher, qu'il
n'en connaît aucun. La femme Rasse aurait-
elle pris pour un garçon boucher un des
gens de la maison, qui, les bras nus et vêtu d'un
tablier blanc, allait chez Louvel lui porter à
raccommoder les objets à l'entretien desquels
il était commis ? c'est, Messieurs, ce que nous

n'avons pu découvrir. La femme Rasse affirme n'avoir pas commis l'erreur dans laquelle cependant nous supposons qu'elle peut être tombée, d'autant plus que, par le même escalier, passait quelquefois un garçon charcutier qui, dépassant l'entresol, allait dans la lingerie où il portait les objets qu'on lui avait demandés.

M. l'abbé de Lanoue, aumônier de S. A. R. M.me la Duchesse de Berri, se trouvant, il y a quelques années, en démêlé d'intérêts avec les actionnaires d'une société de survivance et d'accroissement, s'était rendu à une de leurs assemblées, il y fut violemment menacé, il assure même que ses jours furent en danger. Au moment de la confrontation de Louvel avec le corps de S. A. R. M. l'abbé de Lanoue crut retrouver en lui l'homme dont il avait redouté les violences; mais après un mûr examen il a reconnu son erreur.

Toujours poussé par ses idées de meurtre, il paraît que Louvel allait souvent dans les lieux où les Princes devaient chasser, espérant y trouver l'occasion d'accomplir son crime. Il dit avoir été vingt, trente, quarante fois dans la forêt de Saint-Germain. Il est difficile qu'il n'exagère pas le nombre de ses courses; il est cependant certain qu'il y a été rencontré un jour de chasse par un témoin qu'il nous a

lui-même désigné, et qui a confirmé la vérité
de ce fait.

Louvel avait parlé à ses gardiens d'une
chasse à Saint-Germain, où il s'était trouvé
en 1818, et lors de laquelle la compagnie des
chasses était arrivée au rendez-vous après la
Famille royale. L'importance dont il était de
vérifier si, comme il l'a soutenu dans tous ses
interrogatoires, il avait effectivement suivi
plusieurs fois la chasse des Princes, a déterminé à faire quelques recherches pour reconnaître si la circonstance dont il avait parlé
était réelle; mais aucune des personnes auxquelles on s'est adressé, et qui pouvaient
donner sur ce point des renseignemens, n'en
avaient conservé de souvenir.

On avait également cru que Louvel s'était
trouvé, lui troisième, à cheval sur le passage
des Princes, un jour de chasse. Ce fait était
très-important, puisqu'il eût pu indiquer qu'il
n'était pas sans complices dans l'affreuse conception et dans l'exécution de son crime; mais
l'examen qui en a été fait en a démontré la
fausseté : d'abord Louvel l'a nié, et il paraît
vrai que jamais il n'est monté à cheval depuis qu'il est aux écuries du Roi; en outre,
un piqueur qui fut envoyé par les Princes,
pour avertir ces trois personnes à cheval,

que la chasse n'aurait point lieu à courre
mais à tir, a été confronté avec Louvel, et
il ne l'a reconnu pour aucune des trois personnes auxquelles il avait parlé dans la circonstance dont il s'agissait. On avait dit aussi
que Louvel allait quelquefois dans les environs de l'Elysée-Bourbon, et sans doute
pour saisir le moment où S. A. R. M. le Duc
de Berri en sortait ou y rentrait seul et sans
suite, comme il le faisait souvent. Louvel a
été rencontré une fois de ce côté. Cependant
le commissaire de police du quartier, dont
la surveillance était, dit-il, active, continuelle autour de ce palais, assure n'y avoir
jamais aperçu Louvel.

Louvel, de son côté, affirme n'avoir jamais
cherché à entrer au service du Prince, ce qui
aurait pu, ce semble, rendre plus facile l'exécution de son affreux projet. Si jamais Louvel
ne fut employé dans la maison de S. A. R. M.
le Duc de Berri, si jamais il n'eut de part à
ses bienfaits, jamais non plus lui, ni aucun
des siens, n'eut le moindre sujet, le plus léger
prétexte de ressentiment personnel contre
S. A. R.; et cependant, Messieurs, la malveillance n'a pas manqué de le répéter sur divers
points de la France, et les mots de vengeance
particulière n'ont que trop souvent été mur-

murés en même temps que la fatale nouvelle. Commece bruit coupable a passé nos frontières, comme les feuilles étrangères, et entr'autres un journal d'Amsterdam, n'ont pas craint de lui donner une perfide publicité, nous avons cru de notre devoir de le démentir formellement, pour que la vérité fût aussi publique que l'a été l'imposture.

Entraîné par ses criminelles pensées, Louvel allait tous les soirs rôder autour des spectacles jusqu'à ce qu'il se fût assuré que S. A. R. M. le Duc de Berri ne devait pas y venir. La manière dont était placée la porte du théâtre de l'Opéra-Comique par laquelle le Prince passait, ne laissait aucune espérance à Louvel d'y exécuter son crime, et il semble qu'il n'allait guère dans le voisinage de ce théâtre. Cependant, on a répandu le bruit que Louvel avait été signalé depuis long-temps à la police, comme parcourant le soir le quartier Feydeau et annonçant, soit par ses gestes, soit par son retour périodique dans les mêmes lieux ses homicides projets. Le fait est dénué de vérité: le commissaire de police du quartier, indiqué pour avoir infructueusement éveillé les soupçons de l'autorité supérieure, a été entendu et a déclaré n'avoir jamais eu occasion de remarquer Louvel avant son arrestation. L'honorable Député, de qui ces bruits étaient d'abord émanés, ce qui y donnait quelque consistance, a déclaré les avoir recueillis dans le monde, sans pouvoir en indiquer la source ; ce qui du reste a pu leur donner naissance, c'est que plusieurs fois l'autorité a été obligée d'éloigner des environs du théâtre Feydeau, un individu atteint d'une aliénation mentale, et qui, dans sa folie, s'attachait aux pas d'une actrice de ce théâtre, et l'obsédait de ses soins importuns et même dangereux.

Le commissaire de police, dans l'arrondissement duquel se trouve le théâtre Français, a déclaré reconnaître Louvel ; il l'a vu, dit-il, souvent près de ce théâtre, et l'en a fait éloigner, supposant qu'il trafiquait de billets de spectacle.

Interrogé sur ce fait, Louvel a soutenu n'avoir jamais été éloigné de la porte ordinaire de ce théâtre, mais bien de la porte particulière du Roi, et cela seulement par le factionnaire ou les gens du Prince, au moment où tout le monde était écarté par l'arrivée ou le départ de S. A. R. M. le Duc de Berri.

Des documens, qui semblaient aussi commander toute confiance, annonçaient que, quelques jours avant le 13 février, Louvel avait été rencontré, à deux ou trois heures du matin, près de la porte Saint-Denis, et que, reconnu par un sieur Loiseau, il lui avait dit aller de ce pas à Vincennes.

Quelle pouvait être la raison de cette course nocturne? Louvel allait-il dans ce lieu, chercher l'ordre ou les moyens d'exécuter son crime?

Louvel a été interrogé sur ce point; il a affirmé que la rencontre n'avait eu lieu le jour indiqué qu'à deux ou trois heures de l'après-midi.

Loiseau, appelé, a de même attesté qu'il n'avait rencontré Louvel qu'à l'heure indiquée par ce dernier : les preuves qu'il en a données sont irrécusables. Loiseau demeure dans le faubourg Saint-Germain; le matin même du jour où il rencontra Louvel, son beau-père, malade depuis long-temps, sentit son dernier moment approcher. Loiseau, après l'avoir soigné toute la nuit, sortit de chez lui à cinq heures du matin, pour aller chercher aux Missions étrangères, les derniers secours de la religion. A sept heures, son beau-père n'était plus. Il fut occupé, jusqu'à midi, à consoler sa femme, à faire dresser les actes de l'état-civil, et à remplir les autres formalités exigées par sa position nouvelle. Enfin,

à une heure ou deux, il se rendit du côté de
la porte Saint – Denis, pour commander le
convoi du lendemain, et c'est alors qu'il trouva
Louvel, rue Basse-d'Orléans.

Au café des Deux-Philibert, rue St-Thomas-
du-Louvre, se réunissent tous les jours, entre
cinq et six heures du soir, les personnes qui
obtiennent ou distribuent les billets d'auteurs
pour les pièces jouées au théâtre du Vaudeville
ou au Théâtre-Français. Cette réunion avait
été présentée comme une réunion politique, à
laquelle Louvel avait assisté le vendredi 11.
Mais les recherches, auxquelles votre commission s'est livrée, ont constaté, d'une part,
que Louvel n'avait point paru dans ce café,
et de l'autre, que la politique n'est nullement
le but de la réunion qui s'y forme.

Un sieur Ravesson, logé dans la rue Saint-
Thomas-du-Louvre, avait, le vendredi 11,
trouvé dans cette rue, vers onze heures et
demie du soir, deux hommes dont l'air et les
gestes lui inspirèrent quelques craintes. En
passant près d'eux, il crut entendre ces mots :
« Etait-il au spectacle ? » Le samedi à la même
heure, il retrouva ces mêmes hommes dans le
même lieu. Enfin, le lundi 14, il crut reconnaître l'un d'eux dans la cour du Louvre, et
apercevoir une altération sensible sur les traits

de son visage. Il imagina alors que l'homme
qui s'était trouvé le soir avec celui qu'il venait
de rencontrer, pouvait être Louvel ; mais ,
ayant été confronté avec lui, il ne l'a reconnu
ni à son visage, ni à ses habits, dont il avait
indiqué la couleur, et qui n'est pas celle des
habits de Louvel. Il est constant d'ailleurs que
Louvel était rentré aux écuries du Roi avant
l'heure à laquelle le sieur Ravesson croyait
l'avoir rencontré.

Les sieur et dame Guilpain, limonadiers,
rue Neuve-du-Luxembourg, avaient déclaré
que le dimanche 13 février, plusieurs ouvriers
qu'ils avaient jugés être des selliers , étaient
venus déjeûner dans leur café, vers huit ou
neuf heures du matin ; que l'un d'eux avait
tenu, pendant le temps qu'il y était resté, des
propos extraordinaires et de nature à exciter
l'attention de ceux qui les entendaient. Il avait
dit que les plus faibles étaient souvent les plus
forts ; que s'il ne payait pas sa dépense de ce
jour-là, il ne pourrait peut-être pas la payer
le lendemain ; que, s'il le voulait, il trouverait
bien dix mille francs dans la journée, et que
le jour n'était pas passé. Tous ces propos ,
dont l'ensemble pouvait faire soupçonner qu'ils
avaient été tenus par Louvel, ont rendu nécessaire sa confrontation avec les sieur et dame

Guilpain ; elle a eu lieu, et tous deux ont déclaré ne pas le reconnaître pour l'individu désigné dans leurs dépositions. Louvel interrogé sur ce fait, et sans qu'il pût connaître la cause de nos recherches , a persisté à soutenir qu'il n'avait point été, ni le 13, ni les jours précédens, au café des sieur et dame Guilpain.

On assurait enfin qu'un sieur Vulpian avait raconté dans le monde que, le jour du crime, Louvel, se trouvant au cabaret avec plusieurs autres individus , ils avaient dit entr'eux : « Ne buvons pas trop, nous avons ce soir de l'ouvrage. »

Le sieur Vulpian a été entendu ; il a déclaré avoir ouï dire que le cordonnier Bechet s'était trouvé dans un cabaret, le 13 février, avec deux hommes qu'il sut depuis être de la connaissance de Louvel ; que, les ayant engagés à boire, ces deux hommes avaient répondu : « Nous ne pouvons pas boire , parce que nous avons quelque chose à faire ce soir. » Le sieur Vulpian déclarant tenir ce fait d'une femme de chambre qui le tenait d'une portière qui, elle-même, l'avait appris d'un cordonnier nommé Roy, auquel Bechet l'avait raconté, ces deux individus ont été appelés. Roy a déclaré qu'il avait d'abord appris le fait de la femme de Bechet, et qu'alors il l'avait mal compris, ce qui s'explique facilement par la surdité dont cet homme est atteint ; mais que le lendemain Bechet lui avait raconté comment les choses s'étaient passées ; et ce récit rapporté par le témoin Roy était conforme en tout point à la déclaration faite par Bechet lui-même, et de laquelle il résulte seulement que, le lundi 14 février, Bechet, étant allé boire avec deux autres personnes dans un cabaret de la rue Aumaire, y trouva deux hommes assis à une autre table, qui parlaient de l'évènement du dimanche : il entendit l'un d'eux dire que la veille, dimanche, à huit heures et demie, Louvel était encore chez un marchand de vin à faire une partie de cartes, et qu'alors il avait pris son chapeau comme s'il avait quelque chose d'important à faire. Bechet s'étant approché de celui qui tenait ce discours, lui demanda quelle espèce d'homme était ce Louvel, et il lui fut répondu que c'était un homme d'une taille ordinaire, et qui avait l'air sournois. Cette déclaration de Bechet a été confirmée par celle de deux personnes qui se trouvaient à boire avec lui ; mais il n'a pu être obtenu aucun renseignement sur l'individu qui avait parlé de Louvel, et celui-ci, interrogé sur ce fait, a soutenu n'avoir joué aux cartes avec personne dans la soirée du 13. Il est certain qu'il était à huit heures et un quart à la porte de l'Opéra; il ne pouvait donc être resté dans un cabaret jusqu'à huit heures et demie, d'autant qu'après avoir fini de dîner, il était rentré chez lui et avait été de là à l'Opéra : cependant il est possible que deux hommes, ayant vu Louvel au cabaret de Dubois, où il a dîné, aient ajouté à ce fait des circonstances qui lui étaient étrangères, et qui paraissaient rendre leur rencontre et leur récit plus piquans.

Dans la soirée du 13 février, un homme se présenta à l'hôtel d'Espagne, rue de Richelieu, demandant une chambre pour une nuit seulement; elle ne lui fut pas donnée; on avait pensé que ce pouvait être Louvel, qui voulait s'assurer une retraite après l'exécution de son crime; mais il a été confronté avec la portière de cet hôtel garni, et on a reconnu qu'il n'était pas celui qui était venu le soir du 13 audit hôtel.

On avait aussi annoncé que le dimanche Louvel était entré dans la salle de l'Opéra; que, placé au parterre, il ne l'avait quitté qu'au moment où il avait vu sortir S. A. R. M. le Duc de Berri. La fausseté de ce renseignement a été établie par la déposition même de l'homme qu'on supposait s'être trouvé au parterre de l'Opéra près de Louvel.

Deux dominos, loués le 13 février par un garçon sellier, qui avait dit s'appeler Louvais, n'avaient point été rapportés le lendemain au marchand, ainsi qu'on l'avait promis. Personne ne s'étant trouvé à l'adresse indiquée, on supposa que Louvel s'était muni de deux dominos, ignorant encore la voie qu'il prendrait pour exécuter son crime, et pensant que, peut-être, S. A. R. M. le Duc de Berri irait au bal masqué. L'on trouvait, dans cette circonstance, la présomption qu'il avait au moins un complice de son crime. Louvel a été confronté avec les marchands de dominos; ils ont positivement dit que ce n'était pas lui; qu'il n'était pas venu dans leur boutique. Louvel, interrogé plusieurs fois sur ce point, a affirmé n'avoir pas loué de dominos le dimanche 13. On n'en a point trouvé chez lui.

En général, les funestes facilités que pouvait offrir à Louvel, pour le succès de son odieuse résolution, l'époque de plaisir et de désordre qu'il a choisie pour l'accomplir, ne paraissent pas être entrées dans son calcul; et nous saisissons, Messieurs, cette occasion de vous dire que rien n'indique qu'il ait su que le 12 au soir, il dût y avoir chez un

noble Pair, que depuis nous avons perdu, une
fête brillante à laquelle devaient assister LL. AA.
RR. M. le Duc et M.me la Duchesse de Berri;
nous pourrions, Messieurs, entrer ici dans le
détail de toutes les particularités, fausses ou
mal observées, qui ont paru d'abord se rattacher au crime de Louvel; mais nous vous en
rendrons compte dans la seconde partie de ce
rapport, lorsque nous analyserons les faits
si nombreux qu'il nous a fallu examiner et
discuter pour tâcher de découvrir si Louvel
avait des complices, ou s'il avait seul conçu,
seul exécuté son crime.

Après avoir scruté la vie de Louvel pendant
les quatre années qu'il est resté à Paris, aux
écuries du Roi, il ne nous reste plus qu'à vous
faire connaître l'emploi des derniers jours qui
ont précédé celui du meurtre.

Depuis quelques jours, Labouzelle avait
mandé à Louvel qu'il le rappellerait à la fin
du mois à Versailles, et que son travail serait
autrement distribué. Cette nouvelle paraît
avoir fort contrarié Louvel, et elle lui fit
prendre, dit-il, la résolution de hâter l'exécution de son crime, qu'après avoir quitté
Paris il aurait trouvé bien moins souvent l'occasion de commettre.

Le jeudi, il sortit pour aller chez sa sœur;

il ne paraît pas qu'il y ait eu entre eux ce jour-là de discussion politique. Françoise Louvel engagea son frère à venir dîner avec elle le mardi suivant, qui devait être le mardi-gras. En sortant de chez sa sœur, Louvel alla chez Vaquelin. Il y a lieu de croire qu'il y alla seul, et qu'il n'y vit personne que Vaquelin et peut-être sa femme. Le vendredi, il travailla jusqu'au soir ; et on ne voit pas que personne de dehors soit venu le demander aux écuries. Il sortit vers les huit heures, comme c'était son habitude, et, armé de son poignard, il alla dans les environs de l'Opéra pour voir s'il pourrait s'approcher du Prince. Le samedi se passa comme le vendredi, et ce fut dans les environs du théâtre de l'Opéra-Buffa que Louvel alla attendre S. A. R. Louvel a expliqué que, pour ne pas être remarqué et soupçonné, il allait surtout dans les rues par où les voitures du Prince devaient arriver, de manière à ne rester près des théâtres que pendant le temps nécessaire à S. A. R. pour monter en voiture ou pour en descendre. Le dimanche, il entra chez un sieur Barbey, employé aux écuries du Roi. Nous avons entendu tous ceux qui s'y trouvaient ; il ne fut rien dit de remarquable. Louvel rendit compte, peu de momens après son crime, de tout ce qu'il avait

fait

fait dans cette journée du dimanche. Deux mois après il l'a répété presque dans les mêmes termes, et cette confession porte le cachet de la vérité. On interrogea sur-le-champ et nous avons interrogé depuis le nommé Bismont, employé dans les écuries du Roi, et près duquel Louvel avait dîné chez Dubois. Rien dans ce que dit alors Louvel n'avait de rapport avec le crime qu'il devait si prochainement exécuter. Dubois, sa femme, sa servante qui pendant tout le temps du repas aperçurent Louvel, n'ont pu nous fournir aucune lumière. Profondément enveloppé dans ses criminelles pensées, rien ne trahit son horrible secret. Il revint chez lui, s'arma du fatal instrument, et présumant que le spectacle extraordinaire de ce jour attirerait S. A. R. M. le Duc de Berri à l'Opéra, il s'y rendit pour consommer son crime. Bientôt en effet le Prince arriva ; lorsqu'il descendit, Louvel était près de la voiture, mais en proie à toutes les hésitations d'un cœur qui se débat contre le crime, il s'arrêta au moment où son bras s'armait pour frapper. L'ordre fut donné au cocher de revenir à onze heures moins un quart. Louvel l'entendit, et se souvenant que la règle des écuries du Roi oblige ceux qui y sont employés de rentrer avant onze heures, que

par conséquent, s'il attendait le Prince jusqu'à
l'heure indiquée, son retour tardif pourrait
être remarqué, il se décida à retourner chez
lui. Il reprit la rue de Richelieu jusqu'au
théâtre Français. « Là, dit-il, et je répète,
Messieurs, ses propres paroles, « je réfléchis
» de nouveau que, devant quitter Paris à la
» fin du mois, je n'aurais plus de facilité pour
» exécuter mon projet, et qu'il était néces-
» saire que j'en finisse ; il se fit alors en moi
» une nouvelle révolution, et je me dis : Ai-je
» tort ? ai-je raison ? Si j'ai tort, pourquoi ces
» idées ne me quittent-elles pas ? si j'ai raison,
» pourquoi le courage me manque-t-il ? Et à
» l'instant je me décidai pour le soir même,
» et me promenai au Palais-Royal dans l'in-
» tervalle. » Louvel, Messieurs, retourne en
effet à l'Opéra, il marque d'avance l'heure et
la place où il immolera sa victime ; il par-
court, en attendant les voitures du Prince,
les rues qui environnent le théâtre et celles
que les voitures doivent prendre à leur retour ;
elles arrivent bientôt. Louvel s'appuie alors
sur le cheval d'un cabriolet qui était dans la
rue Rameau, vis-à-vis l'Opéra, à l'angle de la
rue de Richelieu ; au mouvement que font
les voitures pour se rapprocher de la porte
de sortie, il traverse la rue ; S. A. R. M. le

Duc de Berri paraît, Louvel s'élance, frappe
le Prince d'un coup mortel, et se retourne
pour s'enfuir par la rue de Richelieu. Il lui
eût été impossible de gagner la rue Ste-Anne;
la portion de la rue Rameau qu'alors il lui eût
fallu traverser, se trouvait occupée par tous
les gens du Prince. Ce fut sans motif, dit
Louvel, qu'il prit à gauche dans la rue de
Richelieu; il est certain du moins que de ce
côté il n'y avait ni embarras, ni groupe, ni
réunion qui pût favoriser sa fuite. Et c'est ici
que nous devons revenir sur ce que nous
avons déjà dit, qu'avant le crime, que pendant
le crime, qu'après le crime, il n'y eut autour
de l'Opéra et dans toutes les rues voisines
aucun rassemblement qui puisse donner à
penser que des complices de Louvel se soient
réunis pour protéger son évasion. A l'instant
du crime, le commissaire de police Ferté
constata qu'il n'y avait aucun groupe autour
de l'Opéra. Quelques momens auparavant et
à différens intervalles de la soirée, les officiers de paix Davierres et Joly, les inspecteurs de police Rivoire et Rousseau, et un
troisième inspecteur avaient fait leurs rondes
dans la rue de Richelieu, dans la rue de
Louvois, dans la rue Rameau, et nulle part
ils n'avaient aperçu de rassemblement, de

réunion, même de quelques individus. Le rapport de ces officiers de police n'a été contredit
par aucun fait, par aucun renseignement, par
aucune de ces notes vagues qui nous ont été
transmises et dont l'examen a presque toujours démontré la fausseté, mais qui cependant, appuyées d'une sorte de vraisemblance,
ont dû mériter notre attention.

Non, la tranquillité de Paris ne fut pas
troublée un seul instant pendant cette nuit
fatale; nulle part on n'entendit de ces cris horribles qui auraient révélé la joie des complices
du meurtrier. Avec la nouvelle du crime se
répandit dans Paris une consternation sou-
daine. Dès le premier moment on sentit toute
la grandeur de la perte qu'on allait faire, et
dès lors l'unanimité de la douleur isola le coupable. Peu de temps après qu'il eut été arrêté,
et avant qu'on procédât à son premier interrogatoire, un choc assez violent eut lieu à
l'Opéra ; ce bruit provenait peut-être d'une
décoration qui était tombée, ou d'une porte
fermée avec force. M. le maréchal duc de
Bellune paraît avoir seul entendu Louvel dire
à voix basse, et comme se parlant à lui-même :
« C'est le canon, je crois. » Ce fait, comme
tant d'autres, avait été fort altéré. On disait
qu'à ce bruit Louvel avait manifesté, par un

grand mouvement et une vive exclamation, l'espérance d'être bientôt délivré par ses com- plices qui venaient de donner le signal de son crime et de l'insurrection qui devait le suivre. M. le duc Bellune, appelé comme témoin dans l'instruction, a rapporté le fait dans toute sa simplicité, en ajoutant que Louvel avait parlé si bas, qu'il ne devait avoir été entendu de personne autre que de lui déposant. Louvel interrogé sur ce propos, a déclaré ne pas se le rappeler, en convenant toutefois qu'il était possible qu'il eût dit, s'il avait entendu un grand bruit : « C'est comme un coup de canon. »

Tel est le fait sans doute qui a donné lieu de répéter partout que, dans la nuit du 13 fé- vrier et dans la journée suivante, des boîtes d'artifice avaient été tirées dans plusieurs quar- tiers de Paris; on en inférait qu'elles étaient le signal d'un mouvement qui se liait au crime, et que les mesures de sûreté prises à l'instant même avaient empêché d'éclater. Des re- cherches très-multipliées ont été faites à cet égard, et n'ont absolument rien produit, si ce n'est l'indication d'un seul témoin qui af- firme avoir entendu du côté du boulevard du Temple l'explosion d'une arme à feu ; mais d'après les explications données par ce témoin et les détails dont elles sont appuyées, il est demeuré constant que c'est le lundi 14, vers les huit heures du soir, que cette explosion s'est fait entendre, sans que l'on ait pu en connaître la cause ni déterminer l'endroit où elle avait eu lieu. Le témoin a dit cependant qu'il croyait qu'elle venait de l'intérieur de quelque spectacle. Il en a comparé le bruit à la détonation d'un pistolet fortement chargé.

Louvel a été mis dans la prison de la Conciergerie. Depuis l'instant où il fut arrêté, jusqu'à ce moment, il a été gardé à vue par un officier de paix et un brigadier de gendarmerie; chaque officier de paix, après avoir passé trois heures avec le prisonnier, rendait compte par écrit de ce que Louvel avait fait et de ce qu'il avait dit de remarquable pendant ce temps. Tous ces bulletins sont joints à la procédure. La Cour voudra bien observer que l'on n'a pu mettre Louvel au secret et l'abandonner seul à la funeste possibilité d'attenter à ses jours; il était d'un trop grand intérêt qu'il vécût pour qu'il confessât devant le premier Tribunal de la nation son attentat et toutes les circonstances qui l'environnent; mais, Messieurs, on a du moins pris toutes les précautions possibles pour qu'il n'eût au-

cune communication avec le dehors. Il n'a
vu que le médecin de la Conciergerie, et un
prêtre dont il a jusqu'ici repoussé le chari-
table ministère ; il n'a écrit à qui que ce soit ;
il n'a reçu de lettres ou de billets de personne. La fidélité éprouvée des officiers de
paix qui ont fait ce service en est une sûre
garantie, augmentée encore, s'il en était
besoin, par la présence des sous - officiers
de gendarmerie, qui rendaient également
compte de tout ce dont ils avaient été témoins. Enfin, Messieurs, malgré l'horreur
qu'inspirait son crime, Louvel a reçu dans
sa prison tous les soins que réclamaient la
justice et l'humanité.

Nos rapports avec M. le Procureur général
ont été presque continuels, non que ce Magistrat ait été présent à toute l'instruction ; mais
comme la loi lui donne le droit de demander
en communication chacune des pièces de la
procédure, nous nous sommes empressés de
les lui fournir sans attendre sa réquisition.
L'instruction a duré long-temps, elle eût été
plus lente encore si la Commission n'eût
communiqué que par écrit et par la voie du
greffe avec M. le Procureur général. Du reste,
Messieurs, nous avons eu pour guides des
précédens qui seuls aujourd'hui doivent faire

*

notre règle. Mais puisse bientôt la Chambre
des Pairs s'occuper d'une loi qui fixe son
organisation en Cour de justice, et la modifie
de telle manière qu'elle offre à ses justiciables
des garanties équivalentes à celles que d'autres coupables trouvent devant les Tribunaux
ordinaires !

Lors de la perquisition faite chez Louvel,
on trouva cent quatre-vingts francs tant en
or qu'en argent ; les autres objets saisis chez
lui étaient sans importance, si ce n'est quelques livres ou brochures que nous devons
vous faire connaître : c'est d'abord la Constitution de 1791 ; le 2.ᵉ ouvrage porte le titre
de *Victoires et Revers des Armées françaises,
ou Abrégé historique des Campagnes des
Français, depuis le commencement de la révolution jusqu'en* 1815. Nous n'y avons rien
trouvé de répréhensible ; le 3.ᵉ volume est
intitulé : *Les Crimes secrets de Napoléon
Bonaparte, faits historiques recueillis par une
victime de sa tyrannie.* Le titre seul indique
dans quel esprit l'ouvrage est écrit. Il y avait
de plus un Almanach de Liége pour l'année
1820. Nous avons remarqué qu'il renferme
plusieurs articles dictés par l'amour du Roi
et de son auguste Famille. On a aussi trouvé
quelques chansons insignifiantes et imprimées ;

un petit écrit sur l'Éducation, composé par
M. Rendu, ouvrage fort estimable ; et enfin
les deux Discours du Roi, à l'ouverture des
sessions de 1818 et 1819.

Il est sans doute difficile, il est impossible de
croire que Louvel ne s'occupât pas beaucoup
de politique, son crime est un crime politique ; et combien d'efforts ne lui a-t-il pas fallu
pour parcourir l'espace immense qui sépare
la première conception de l'exécution d'un
assassinat ? Son esprit a dû retourner en cent
façons l'idée dont il était obsédé ; et si personne n'a directement et par ses discours
excité ce misérable, on conçoit qu'alors on
ait pu croire qu'il avait puisé dans de pernicieux écrits son exécrable résolution et la dé-
solante insensibilité qui lui fait aujourd'hui
considérer sans remords le crime qu'il a commis. Sans doute des écrits pernicieux ont été
publiés, et s'ils n'ont pas directement poussé
au meurtre, s'ils n'ont pas conseillé le parricide, on ne peut toutefois se dissimuler que
des insinuations odieuses , échappées à la
plume d'un écrivain imprudent ou coupable,
peuvent, comme autant de semences empoi-
sonnées, germer profondément dans une ame
perverse ou désordonnée, s'y fortifier par une
sombre manie, et porter enfin des fruits de

mort. Savons-nous jusqu'à quel point ce qui n'est que folie, scandale et mensonge aux yeux d'un homme éclairé, en tombant dans une imagination fanatique, y peut devenir une inspiration indirecte de violence et de meurtre ? Combien donc seraient coupables envers la société, ces écrivains qui, en se jouant de l'impuissance de la loi, livreraient à la dérision publique les noms les plus augustes et les objets les plus sacrés ! Mais indépendamment de ces réflexions, ce qu'il importe surtout de bien constater ici, ce sont les faits tels qu'ils ressortent de la procédure ; et il ne paraît point par les habitudes de Louvel, par la disposition de son temps, d'après tous les témoignages que nous avons réunis, qu'il s'occupât à démêler dans les écrits multipliés qui naissent et meurent chaque jour, ceux qui auraient pu avoir quelque rapport même éloigné avec ses sinistres pensées. Louvel était laborieux, c'est par cette raison que Labouzelle l'avait envoyé seul à Paris, loin de toute surveillance, certain qu'il donnerait tout son temps à son travail, augmenté encore par l'usage où il était de faire lui-même une partie de ses vêtemens et de sa chaussure.

Dans l'incertitude où nous jette le peu de lumières que nous fournit l'instruction sur les habitudes de Louvel, il faut bien consulter, quoique avec défiance, sa propre confession, qui du reste n'est contredite par aucun fait.

Louvel affirme n'avoir lu quelques journaux qu'en 1816 ; depuis cette époque, dit-il, il y est resté complètement étranger, et bien plus encore à ces autres écrits politiques répandus de nos jours avec tant de profusion. On ne voit pas que Louvel ait eu des rapports avec des hommes livrés habituellement à ces lectures parfois dangereuses. Louvel vivait seul ; c'est dans la solitude qu'il allait puiser ses parricides inspirations. Et nous avons eu le bonheur de ne trouver personne que l'on puisse accuser de les avoir fait naître ou de les avoir excitées. Une de ses réponses pouvait faire croire que son fanatisme s'était enflammé en lisant l'Histoire Romaine; qu'il connaissait du moins ces traits d'un patriotisme exalté dont l'imitation dans les sociétés modernes serait presque toujours criminelle. Louvel affirme n'en avoir aucune notion, et n'avoir appris que par le pinceau de David le sacrifice de Brutus immolant ses enfans infidèles à leurs nouveaux sermens. Nous avons quelque peine à croire que Louvel confesse ici la vérité toute entière. Vous trouverez, Messieurs, dans Louvel un homme dont les idées ne manquent

ni de force ni de suite, mais qui n'a pas appris
à se servir de l'instrument qui les met en va-
leur. Les mots arrivent avec peine et révèlent
le peu de culture de ses facultés intellectuelles. Son ame endurcie dans le crime ne
s'est ouverte à aucun sentiment de repentir ;
et puisque ce n'est pas dans une aliénation
mentale que se trouve la cause de son horrible
forfait, on ne peut l'attribuer qu'à un caractère dépravé, qui, n'étant combattu par aucun
sentiment moral et religieux, armait son bras
contre des Princes auxquels son délire imputait des maux qui précédèrent leur rentrée,
et que seuls ils pouvaient suspendre et réparer.
Détestable égarement d'un esprit fanatique et
borné ! phénomène d'une scélératesse aveugle
quoique raisonnée, qui à différentes époques
de l'histoire, s'est reproduit sous diverses formes dans quelques individus bizarrement pervers, qui ont commis de grands crimes sans
espérance et sans intérêt ! Les nations indignées
de tels attentats se serrent alors avec amour
auprès des Princes dont la famille est désolée
par ces odieux parricides : quand un fanatique
frappa le cœur du grand Henri, la France
éplorée entoura d'une affection plus vive son
jeûne Héritier. Et combien ne dòit-elle pas nous
être chère cette auguste Dynastie éprouvée

par tant de malheurs et prodigue de tant de
bienfaits! Restaurateurs de toutes nos libertés,
les Bourbons en apparaissant sur le sol de la
France, désarmèrent vingt Rois nos ennemis.
C'est à nous, que la raison et la vérité éclairent,
de dissiper les erreurs ou les préventions qu'en-
fante la malveillance, et de développer dans
le cœur des peuples cet amour pour le Roi, ce
respect pour nos Princes, tous ces sentimens
enfin que la reconnaissance impose aux Français, comme un véritable devoir. Les nations
aussi, Messieurs, sont tenues d'être justes.

NOTE DE LA PAGE 19.

PEU de jours après le crime, on répéta dans Paris, que Louvel
avait dit, au moment de sa confrontation avec le corps de S. A. R.:
« *Dieu n'est qu'un mot.* » Le procès - verbal dressé par M. le Juge
d'instruction, en présence de M. le Procureur du Roi et de son subs-
titut, n'ayant point constaté ce fait, aucun témoin, dans l'instruction,
n'en ayant déposé, quoique plusieurs fussent entrés dans tous les détails
de cette scène déchirante, un des officiers du Prince, qui se trouvait
au Louvre au moment de la confrontation, ne se souvenant plus de
ce blasphème, et ayant dit dans le monde, que Louvel ne l'avait pas
proféré, rien enfin dans les réponses de cet homme ne conduisant à
l'idée qu'il eût étouffé toute croyance d'un Dieu créateur, rémuné-
rateur et vengeur, on trouva inutile d'entretenir la Cour des Pairs de
cet *on dit.*
  Pendant les débats, M. le Comte de Nantouillet rapporta qu'au
moment où le Juge d'instruction cherchant à émouvoir l'ame insen-
sible ou endurcie de Louvel, lui rappelait la mort sublime du
Prince, ses héroïques et chrétiennes instances pour obtenir la grâce
de son meurtrier; qu'au moment où, lui peignant l'horreur qu'un
lâche assassinat inspire toujours, il lui montrait les châtimens iné-
vitables que Dieu réserve aux criminels : Louvel répondit : « *C'est un
mot* ou *Dieu n'est qu'un mot.* » Un autre officier de S. A. R. a également assuré que Louvel avait prononcé ces paroles sacriléges avec
assez d'indifférence et presque à voix basse.

DEUXIÈME PARTIE.

———

Vainement, Messieurs, voudrions-nous bannir de notre Rapport toute considération générale, l'influence que l'attentat du 13 février a déjà exercée sur notre situation, le rang du Tribunal qui doit en connaître ne nous le permettent pas. En devenant Juges pour quelques jours, vous ne pouvez, Messieurs, entièrement dépouiller votre caractère permanent. Comme Pairs du Royaume, les circonstances politiques qui précédèrent et suivirent le crime ne peuvent vous être inconnues. Comme Jurés, elles ne sauraient vous rester indifférentes ; car, bien appréciées, elles servent à circonscrire le crime dans ses véritables limites.

Permettez-nous donc, avant de passer à la seconde partie de ce Rapport qui se compose de l'analyse de tous les autres faits qui ont été soumis à l'examen de la Commission d'instruction des Pairs, de jeter un coup-d'œil rapide sur l'état de la France à l'époque où le crime fut commis. On ne peut se le dissimuler, cette inquiétude vague, signalée par la cou-

ronne à l'ouverture de la présente session,
avait fait des progrès nouveaux; la pensée de
changemens prochains, mais douteux encore,
préoccupait les imaginations; le projet de remettre en question quelques-unes des lois
auxquelles une partie de la nation attachait
ses espérances et sa sécurité, ce projet annoncé
depuis long-temps et sans cesse ajourné par
d'impérieuses, mais inopinées circonstances,
avait jeté les esprits dans une agitation réelle;
et peu connu dans sa nature, peut-être mal
compris dans son but, le mystère qui l'enve-
loppait encore laissait le champ libre à toutes
les suppositions de la crainte, comme à
toutes les insinuations de la malveillance;
quelques citoyens qui croyaient menacées
leurs garanties les plus chères, ne pouvaient
penser que la nation se les vît enlever sans
murmurer. Les uns redoutaient une résistance
comme funeste, les autres la prévoyaient
comme nécessaire, quelques-uns sans doute
la désiraient comme utile à leurs coupables
projets; de là ce bruit presque universellement répandu, ce bruit accueilli par les ti-
mides, autorisé par les habiles, accrédité par
les mécontens, que dans le mois de février
dernier, terme fixé pour les modifications
projetées, un mouvement populaire viendrait

effrayer le pouvoir et déconcerter ses desseins ;
que du moins une secousse quelconque boule-
verserait le pays ou affermirait ses destinées.
D'un autre côté, un grand nombre de Français
dévoués au trône, mais qui depuis long-temps
ne voyaient pas sans effroi la marche rapide de
l'opinion et du Gouvernement lui-même vers
un système qu'ils regardaient comme sub-
versif de l'ordre légitime, désiraient, sollici-
taient, appelaient de tous leurs vœux des
changemens qui seuls leur paraissaient pouvoir prévenir l'explosion terrible qu'ils avaient
prédite mille fois. Mais chacune de leurs espérances servait de prétexte ou d'argument aux
craintes de leurs adversaires ; et plus les uns
mettaient d'ardeur à provoquer des mesures
législatives auxquelles ils attachaient leur salut,
plus les autres travaillaient à préparer contre
ces mesures ce mouvement d'opposition, ou
plutôt ce frémissement universel de l'opinion
qui éclaire le pouvoir sur ses erreurs et lui
montre les écueils qu'il doit éviter.

Entre tant de craintes confuses et de vues
opposées, les esprits ne paraissaient réunis
qu'en un point : la certitude d'une crise quelconque vers le milieu de l'hiver qui vient de
s'écouler. De là ces propos répétés en tant
de lieux divers depuis le commencement de
l'année :

l'année : *Au moment de la crise ; lors de l'explosion ; quand le mouvement éclatera*, et mille
autres phrases du même genre. Qu'entendait-
on par ces mots : *Le moment , la crise , l'évènement ?* N'était - ce que la présentation des
lois annoncées ? Etait-ce le mouvement d'opposition ou d'insurrection qu'elles devaient oc-
casioner ? Etait-ce enfin le déplorable attentat
du 13 février ? Depuis ce malheur on y a peut-
être appliqué des paroles qui ont semblé alors
s'y rapporter, lorsque cependant celui qui les
avait prononcées n'avait aucune prévoyance
du crime , et n'exprimait qu'un effroi sans
motif et sans indication particulière, ou qu'une
malveillance sans moyens et sans but. Si, portant nos regards au delà de quelques désirs
aussi vagues que coupables, nous supposons,
et , Messieurs, ce n'est qu'une supposition
autorisée toutefois par l'examen attentif de
la procédure ; si nous supposons qu'il ait été
réellement formé un complot dans le dessein
d'organiser une résistance active et criminelle
à la proposition royale ; si, poussant plus loin la
supposition, nous regardions comme certaine
l'existence d'un complot ayant pour but d'o-
pérer le renversement de la Maison régnante,
mais sans admettre cependant l'emploi des
exécrables moyens du poison et de l'assassinat,

6

on comprendrait encore qu'il ait pu échapper
aux conjurés quelques-unes de ces phrases
énigmatiques qui, en annonçant un évènement
prochain, une catastrophe inévitable, auraient
paru plus tard contenir une allusion directe à
la mort de M. le Duc de Berri ; cependant ces
propos recueillis par des royalistes trop juste-
ment inquiets, leur auront paru annoncer la
prochaine destruction de nos Princes ; bientôt
le Roi sera tué, son auguste Frère, les Princes
ses fils, et avec eux une Famille si chère, pé-
riront sous le fer des assassins ; ces craintes du
dévouement alarmé, répétées par l'indifférence
et recueillies quelquefois par la malveillance,
ont paru après le jour fatal l'indice certain
d'un complot formé pour assassiner M. le Duc
de Berri, et connu de tous ceux dont les conjectures vagues parurent autant d'involon-
taires confidences. Vous sentez d'après cela,
Messieurs, avec quel scrupule nous avons dû
examiner les faits, et surtout les discours criminels qui nous ont été dénoncés. La parole
est si fugitive, elle reçoit de la voix et du geste
de telles modifications, que ce n'est pas sans
une grande réserve que l'on ose porter un jugement sur des phrases souvent isolées que
l'on n'a pas entendues, dont le sens a été saisi
d'une manière différente par différens audi-

teurs, lorsqu'on ne connaît ni celles qui les ont amenées, ni celles qui les ont suivies, pour en apprécier la culpabilité ou l'innocence, il faut entrer dans l'examen si incertain des opinions et des intérêts de ceux qui ont parlé ; et quelque soin que l'on y apporte , quel risque ne court-on pas de tomber dans l'erreur et de s'abandonner à d'injustes préventions ?

Vous excuserez, Messieurs, ces réflexions ; mais comme elles ont précédé l'examen des faits dont nous allons vous rendre compte , nous avons cru qu'elles devaient précéder aussi l'analyse que nous vous en présentons.

A mesure que les renseignemens nous sont parvenus, ils ont reçu dans la procédure un numéro d'ordre. Dans le tableau que nous allons vous en offrir, nous avons cherché à réunir autant que possible les faits qui ont entre eux quelques rapports ; l'ordre des numéros sera donc interverti (1). Mais, Messieurs , à chaque fait nous vous indiquerons le numéro qu'il porte ; nous vous prierons d'en prendre note ; et s'il arrivait qu'un des nobles Pairs qui m'écoutent eût trouvé notre analyse trop incomplète et dé-

_____

(1) En imprimant ce Rapport, on a cru qu'il serait mieux de présenter l'analyse de tous ces faits dans l'ordre même qu'ils occupent dans la procédure. Tous les numéros se suivront sans interruption.

sirât connaître avec plus de développement la circonstance qui l'aurait frappé, nous serions sur-le-champ en état de le satisfaire, et de lire en entier la portion de l'instruction qui a eu lieu sur ce point.

Nous avions d'abord voulu, Messieurs, ne vous entretenir que des faits qui ont quelque gravité, mais après de plus sérieuses réflexions, nous avons cru devoir vous faire tout connaître, quelque peu importantes, quelque étrangères même qu'aient été souvent à l'affaire les notes que nous avons reçues et sur lesquelles a porté notre instruction (1).

---

(1) Le premier dossier du procès a pour titre, *Procédure générale.* Il ne renferme que des déclarations relatives, soit à Louvel seul, soit aux circonstances matérielles qui ont précédé, qui ont accompagné, ou qui ont suivi le crime. L'analyse de ce dossier forme la première partie de ce Rapport. Dans cette première partie est également entrée l'analyse de quelques autres dossiers que l'on va retrouver sous plusieurs des numéros suivans; et si on en donne une seconde fois l'analyse sous leurs numéros respectifs, c'est pour qu'il n'y ait pas apparence même de lacune dans l'extrait général de la procédure, on a mieux aimé se répéter, que de donner occasion de penser que l'on aurait négligé de faire connaître un seul fait, une seule circonstance, une seule déposition qui offrait quelque intérêt.

N.º 1.

Une note envoyée à la Commission d'instruction annonçait que, le 13 février au matin,
un imprimeur dont on ignorait le nom, était
entré dans la boutique du barbier Vallette,
et qu'après s'être répandu en invectives contre
la personne du Roi, il avait ajouté : « J'avais
» imprimé dix mille exemplaires du Pros-
» pectus des fêtes du carnaval, et voilà qu'on
» me défend de le répandre, ce qui me fait le
» plus grand tort...... (Le Roi)..... finira-t-il
» de nous faire du mal ? » On disait aussi que,
dans un propos atroce, il semblait prophétiser
le cruel évènement du soir.

Le barbier Vallette entendu, a déclaré que
celui auquel on attribuait le propos n'était pas
un imprimeur, mais un crieur public qu'il
ne connaissait pas, et qui, en se plaignant de
ne pouvoir pas vendre son Prospectus, avait
ajouté : « .... (Le Roi).... nous empêche de
» gagner notre vie ; il faudra bien que cela
» finisse, quelque chose qu'il en coûte. » Va-
lette a ajouté que le crieur paraissait avoir bu
et que ses propos n'avaient pas de suite. Vallette
enfin est connu par son attachement à la Fa-

mille royale ; il n'a donc pu altérer la vérité pour atténuer le tort d'un colporteur que du reste il ne connaît pas.

C'est dans l'indignation que lui avait fait éprouver le propos tel qu'il est réellement, que le 14 février il l'avait raconté à M. de Cormeilles, caissier du théâtre Français, et à M. le sous-intendant militaire, comte de Montbrun. C'est par eux que le propos avait été connu. Altéré ensuite par d'autres, il était arrivé à la connaissance de M. le Procureur général et de MM. les Pairs chargés de l'instruction.

M. de Cormeilles a été entendu ainsi que M. le comte de Montbrun ; ils ont déclaré que ce que Vallette leur avait dit le 14 février était conforme à ce qu'il avait déclaré dans l'instruction.

Dans cet état, le fait étant dépouillé de la circonstance par laquelle il paraissait se rattacher à l'assassinat de S. A. R. M. le Duc de Berri, et le colporteur qui avait tenu dans un lieu public ces propos coupables, étant inconnu, on n'a pu donner aucune suite à ce fait qui avait d'abord paru si grave.

N.º 2.

Le 14 février on crut savoir que la veille 13, des officiers étaient entrés chez la dame Prévôt, marchande de fleurs au Palais-Royal; qu'ils y avaient tenu d'horribles propos sur la Famille royale, surtout sur S. A. R. M. le Duc de Berri, et même sur M.me la Duchesse de Berri; que sur les observations de la bouquetière et les éloges qu'elle donnait à cette jeune Princesse dont la bonté et la bienfaisance étaient sans bornes, les officiers, se regardant avec colère, lui avaient cependant dit : « Eh bien ! nous la ménagerons dans l'occasion, ou quand la crise arrivera. » Ce fait avait même été présenté avec encore plus de gravité.

La dame Prévôt fut appelée : elle déclara qu'un seul officier était venu chez elle le 13 février; qu'il avait voulu avoir une fleur destinée à M.me la Duchesse de Berri, et que, commençant à en mal parler, elle, dame Prévôt, l'interrompit en lui disant : « N'en dites » pas de mal, c'est une bonne Princesse ; elle » est bien humaine et fait beaucoup de bien. » Alors l'officier répondit : « Le Duc de Berri » n'est pas la même chose; et si elle est comme

» cela, dites-lui de ma part qu'au moment
» de la crise un officier du Champ-d'Asile la
» sauvera. » Les propos et le ton de cet officier étaient si violens que la dame Prévôt en
éprouva un subit dérangement.

On sut bientôt que cet officier, nommé
Androphile Mauvais, arrivé récemment du
Champ-d'Asile, avait été, avant son départ,
condamné à la prison pour ses propos séditieux. Ses papiers furent saisis, et l'on y trouva
cette note extraordinaire : *Légion du Nord
(Côtes)*, 40 *officiers portés pour la bonne
cause.* On sut enfin par des renseignemens
particuliers et par sa correspondance de famille, que Mauvais avait, du vivant de ses
père et mère, dévoré le patrimoine qu'il devait
un jour recueillir, et que sa conduite privée
était loin de le recommander à la bienveillance
publique. Il subsistait à Paris d'un secours
de 1,000 fr. qu'il avait reçu de l'administration de la souscription ouverte en faveur des
officiers qui avaient été à la colonie du Champ-
d'Asile : dans les premiers momens de l'instruction du procès dont nous avons l'honneur
de vous rendre compte, et dans l'ignorance
de tout ce que l'instruction pouvait révéler,
on crut devoir décerner un mandat de dépôt
contre Mauvais, qui du reste a déclaré ne pas

connaître Louvel ; il ne paraît pas qu'il en fût connu.

Androphile Mauvais a été interrogé ; il a repoussé avec force, nous pourrions dire avec violence, l'imputation d'avoir trempé dans un complot dont l'un des effets eût été d'assassiner M. le Duc de Berri. Il a déclaré que « mar-
» chandant une fleur chez la dame Prévôt,
» celle-ci lui dit qu'elle était destinée à M.me la
» Duchesse de Berri ; qu'alors il avait demandé
» des nouvelles de cette Princesse, et si, ve-
» nant d'Italie, elle aimait beaucoup les prê-
» tres. Que la dame Prévôt lui avait répondu
» que non ; qu'au contraire elle ne pouvait les
» souffrir, et qu'elle aimait beaucoup à rire
» et beaucoup les militaires. Qu'à cela il avait
» dit : C'est dommage que M. le Duc de Berri
» n'ait pas toujours été comme elle, qu'il ait
» brusqué un grand nombre de militaires.
» Mais au résumé, il peut être mauvaise tête
» et bon cœur. Dans ce moment où deux
» partis se trouvent en présence, si l'on vou-
» lait renverser la Charte, si une crise fatale
» arrivait, il était très-content des renseigne-
» mens qu'elle, dame Prévôt, lui donnait, et
» qu'il serait le premier à sauver la famille
» des mains d'une faction effrénée. »

Interrogé sur la faction dont il entendait

parler et sur la crise qu'il prévoyait, il a répondu « que c'était de la faction des *ultrà*, et
» que la crise résulterait de la lutte entre les
» deux partis, dont l'un veut dominer le peu-
» ple, tandis que l'autre veut la conservation
» du Roi et la sienne propre. »

Interrogé sur les rapports qu'il peut avoir
avec la légion des Côtes-du-Nord, il a répondu
« qu'il en connaissait deux officiers, mais ne
» savait le nom que d'un seul ; qu'ils s'étaient
» connus tout nouvellement à Paris, s'étant
» rencontrés dans un café du Palais-Royal et
» chez un payeur de rentes ; qu'alors il s'était
» informé de l'esprit des officiers et sous-offi-
» ciers de cette légion, et qu'on lui avait dit
» qu'il y en avait quarante-deux portés pour
» la bonne cause, dévoués au Roi, à la Charte
» et à la nation. »

On lui a demandé pourquoi il avait pris
note de ce renseignement ; il a répondu que
« c'était uniquement par l'intérêt qu'il portait
» à la Charte, son désir de la voir maintenue,
» et le vœu de la voir soutenue par des hom-
» mes forts de leur conscience, amans de la
» patrie et du Roi. »

On a entendu l'officier de la légion des
Côtes-du-Nord qui avait eu quelques rapports
avec Mauvais. Cet officier nommé Ulrich est

connu dans son régiment par ses bons sen‑
timens et son attachement sincère à la cause
royale. Il n'a vu Mauvais que deux fois :
une première fois il l'a rencontré chez un
homme d'affaires, nommé Belot ; une seconde
fois il l'a revu au Palais-Royal dans un café.
Mauvais lui demanda combien il y avait d'of‑
ficiers de l'ancienne armée dans son régiment;
et en apprenant qu'ils étaient au nombre de
quarante-deux, il supposa sans doute que seuls
ils étaient attachés à nos lois fondamentales,
comme si aujourd'hui les officiers français
n'étaient pas tous unis dans les mêmes senti‑
mens d'amour pour nos institutions, de fidélité
et de dévouement à l'auguste Dynastie de nos
Rois.

L'instruction n'ayant point aggravé les char‑
ges qui pesaient sur Androphile Mauvais,
vous aurez à juger, Messieurs, si c'est le cas
d'ordonner qu'il soit mis hors de procès et
rendu à la liberté, ou renvoyé devant les
tribunaux ordinaires.

N.º 3.

La fille Gérard, cuisinière chez M.me Quatre-
Mère, a déclaré, le 14 février, que la veille,
étant entrée, vers cinq heures et demie du

soir, dans la boutique d'un charcutier, rue St-Honoré, pour demander la rue Neuve-St-Augustin, elle y avait trouvé un homme et une femme debout ; dans le comptoir se trouvaient aussi un homme et une femme, qu'elle prit pour le maître et la maîtresse de la boutique ; elle entendit l'homme qui était dans la boutique dire à celui qui était dans le comptoir : « Dites donc, on dit qu'on as-» sassinera , peut - être bien , le Roi cette » nuit ; » l'homme qui était dans le comp-toir répondit : « Il y a long - temps que je » l'entends dire ; cela n'est pas vrai. » Pen-dant ce colloque, la femme qui était au comptoir avait indiqué à la fille Gérard la rue Neuve - Saint - Augustin où elle avait été. Il n'existe que deux boutiques de char-cutier dans la portion de la rue St-Honoré, désignée par la fille Gérard. Menée dans la boutique du sieur Hamelin, elle a affir-mé, à plusieurs reprises, être certaine que c'était dans cette boutique, qu'elle avait en-tendu les propos par elle déclarés ; mais elle a dit ne reconnaître ni la dame Hamelin, ni sa fille, ni personne de sa maison. La dame Hamelin a déclaré que personne ne lui avait demandé, le dimanche 13 février, la rue St-Augustin ; qu'elle n'avait point entendu les propos rapportés par la fille Gerard ; que son mari , qui travaille toujours dans son arrière-boutique à préparer les viandes , ne se met au comptoir que le matin , avant le lever d'elle dame Hamelin , et que jamais il ne s'y met le soir , étant alors occupé dans sa cuisine ; qu'ainsi , il est impossible qu'on l'y ait vu , le dimanche 13 , entre cinq et six heures du soir ; qu'il n'y a qu'une place à son comptoir, et que quand sa fille vient s'y placer, elle y apporte un siége.

On a entendu avec la dame Hamelin , son mari, sa fille et ses trois garçons de boutique ; toutes leurs déclarations sont à peu près conformes à celle qu'elle a faites.

Il paraissait régner une grande sincérité dans la déclaration de la fille Gérard. Mais cette fille persistant à dire qu'elle ne reconnaissait personne de la famille Hamelin qui a continué à soutenir n'avoir point vu , le 13 au soir , la fille Gerard , ce fait n'a pu avoir d'autre suite.

N.º 3 (*bis*).

Le lundi 14 février , un sieur Malpel se présenta chez un Pair de France , et lui dit que, la veille 13, ayant eu les révélations les plus importantes à faire, il s'était adressé au sieur Azaïs, pour obtenir par lui d'être introduit auprès du Ministre de l'intérieur; que M. Azaïs lui avait donné une lettre pour M. Ichon, secrétaire particulier du Ministre, mais que vainement il avait cherché à le voir; qu'il n'avait jamais pu être reçu. Pour établir la vérité de ces faits, le sieur Malpel remit au Pair de France une lettre de M. Azaïs à M. Ichon, lettre où M. Azaïs disait que M. Malpel venait de lui faire des confidences d'une importance extrême, qu'il priait M. Ichon de l'écouter. La lettre adressée à M. Ichon, avec cette suscription : *Très - pressée*, était datée de ces mots : *Paris, dimanche, à cinq heures du soir.* Au bas de cette lettre, et en la remettant au Pair de France, le sieur Malpel écrivit : Cette lettre m'a été remise par M. Azaïs. Paris, ce 14 février. Signé Malpel. Le sieur Malpel prétendit toujours qu'il avait à faire les révélations les plus importantes, qu'il reviendrait le lendemain. Le lendemain il ne reparut pas. Le sieur Malpel réclama les secours du Pair de France, qui lui donna 10 fr. Il ajouta qu'il s'était adressé à lui par suite de l'éclat de son royalisme.

Le sieur Ichon a déclaré que le dimanche 13,

il ne se rappelait pas être sorti du Ministère de toute la journée, et qu'il pouvait affirmer que le sieur Malpel ne l'avait point demandé, car on ne lui eût pas refusé de l'introduire.

Le sieur Azaïs a parfaitement reconnu sa lettre, mais il a déclaré qu'elle était du dimanche 16 janvier; qu'il était sûr de cette date, parce que ce jour même le sieur Malpel vint l'entretenir de l'exaspération de plusieurs Députés, à cause de la séance de la veille 15 janvier, où l'on avait passé à l'ordre du jour sur un nombre considérable de pétitions qui réclamaient le maintien de la loi des élections. Le sieur Malpel avait ajouté qu'ayant été secrétaire du général Carnot, il avait des amis pensant en politique comme ce général; qu'il avait été appelé, le matin 16, par l'un d'eux, général et député distingué, qui, après lui avoir développé un plan vaste de conspiration, l'avait engagé à y prendre part. Dans ce plan entrait l'assassinat de M. le duc De Cazes et de quatre autres personnes marquantes; c'est par suite de ces confidences faites à M. Azaïs, le 16 janvier, à cinq heures du soir, qu'à l'instant, il adressa à M. Ichon le sieur Malpel avec un billet qui n'avait de date que ces mots : Paris, dimanche, à cinq heures du soir. Le sieur Malpel n'ayant sans doute rien à révéler, n'avait point fait usage de la lettre, et un mois après, il avait espéré tirer parti de l'équivoque que la date pouvait faire naître. Il est bon de noter que le sieur Malpel réclama et obtint quelques secours de M. Azaïs.

On a eu beaucoup de peine à trouver le sieur Malpel qui se qualifie d'ancien officier. On a su que cet individu recommandé en 1816 par un homme honorable qu'il avait trompé, fut employé dans la police ; chassé bientôt pour ses escroqueries, il a deux fois été condamné à plusieurs années de prison. On a su que les faits qui ont motivé ces condamnations, sont loin d'être les seuls qui pouvaient les provoquer ; qu'en un mot, c'est un homme qui ne mérite aucune foi. Il a cependant été entendu ; il a déclaré ne rien savoir de positif sur l'assassinat de M. le Duc de Berri, et quant aux autres faits dont il a parlé, ils sont trop évidemment controuvés pour mériter quelque attention ; cependant la police en a été instruite, pour y avoir tel égard que de raison. Depuis ses premières déclarations, le sieur Malpel a été confronté avec deux personnes qu'il accusait d'avoir tenu de très-coupables propos ; elles ont soutenu qu'il n'y avait que mensonge et imposture dans son récit.

N.° 4.

N.º 4.

On assurait que Thérèse Louvel, sœur du prévenu, demeurant à Versailles, avait reçu la nouvelle de l'assassinat de M. le Duc de Berri, par un individu qui lui avait été dépêché de Paris, le lundi matin, et qui était arrivé à Versailles avant huit heures.

Une commission fut donnée au juge de Versailles, pour instruire sur ce fait qui pouvait avoir quelque importance. L'instruction faite avec soin a établi que Thérèse Louvel avait appris la première nouvelle de cet évènement, entre sept et huit heures du matin, sans savoir alors quel était l'assassin, qu'elle n'avait su, que vers onze heures, que la mort du Prince était certaine, et que l'assassin était le compagnon sellier des écuries du Roi, ce qui lui donna un triste pressentiment que ce pouvait être son frère, qui seul travaillait en cette qualité aux écuries, pressentiment qui ne tarda pas à être vérifié par la descente de la justice chez elle.

Nous croyons inutile, Messieurs, d'analyser chacune des dépositions obtenues sur ce fait (1).

_____

(1) La même cote renferme quelquefois l'instruction qui a eu lieu sur plusieurs faits différens ; on fera alors

*

N.º 4.

Renseignemens détaillés donnés par Thérèse Louvel sur la vie de son frère, depuis son enfance jusqu'au jour du crime.

N.º 4.

Renseignemens donnés par Fromont sur Louvel. On a extrait de ces renseignemens et de tous ceux obtenus sur Louis-Pierre Louvel tout ce qui pouvait offrir quelque intérêt. Ce travail est entré dans la première partie de ce Rapport ; on se dispensera donc de répéter ici ce qui a été dit ailleurs, et il suffit d'indiquer que telle cote renferme des renseignemens sur Louis-Pierre Louvel ; ce qui se renouvellera souvent, puisque l'on a interrogé toutes les personnes que l'on a pu supposer avoir eu des relations avec cet homme.

N.º 4.

Renseignemens donnés par Charpentier.

---

l'extrait séparé de chaque instruction, en répétant le numéro sous lequel elle se trouve classée.

N.º 4.

Le nommé Charpentier, piqueur aux écuries du Roi à Versailles, était présenté dans diverses notes comme ayant eu avec Louvel des rapports fréquens et suspects. Charpentier a été interrogé, tant à Paris qu'à Versailles, et de ses interrogatoires, ainsi que des renseignemens fournis par l'instruction, il est résulté qu'il n'avait connu Louvel qu'au moment où, par ordre du Roi, il avait ramené de la Rochelle les équipages de Bonaparte, dont Louvel faisait partie ; que depuis il n'avait eu avec lui quelques relations qu'à raison de l'emploi qu'il occupait aux écuries à Paris, mais qu'il avait entièrement cessé de le voir depuis trois ans, époque à laquelle lui Charpentier avait été placé à Versailles. Charpentier paraissant d'ailleurs avoir toujours eu de nobles sentimens, aucune poursuite ultérieure n'a été exercée à son égard.

N.º 4.

Labouzelle, maître sellier des écuries du Roi, est le cousin germain de Louvel ; c'était

*

à cause de cette parenté qu'il l'avait placé aux écuries à Paris pour veiller à l'entretien journalier des objets de sellerie. Aucune prévention défavorable ne s'est élevée contre lui dans l'instruction, et il a seulement été entendu comme témoin pour donner des renseignemens sur Louvel.

N.º 4.

Autres renseignemens donnés sur Louvel par Labouzelle, son cousin germain.

N.º 4.

Renseignemens donnés par Lacour sur Louvel.

N.º 5.

Le jeudi 17 février, on écrivit sur les murs du vestibule du Louvre, vis-à-vis du pont des Arts, ces mots :

PROJET DE DECAZES.

Bourbons, mon intérêt doit vous sacrifier ;
Le Roi dont j'ai besoin périra le dernier.

Ces deux lignes furent effacées, et repa-
rurent encore le samedi 19 ; cette fois le titre
portait : *Projet de Decazes l'inaccusable.* Cette
inscription fut vue par le suisse du Louvre et
par le nommé Laurès dit Cocambo, qui ont été
entendus. Ce dernier n'ayant lu que le dernier
vers de cette inscription, le rapporta comme
paraissant annoncer un projet formé contre
le Roi.

N.º 6.

Une fille Ouvrard a déclaré que se trouvant,
le lundi 14, dans la maison du sieur......,
commissionnaire de roulage, elle l'avait entendu dire, en parlant du cruel évènement
de la nuit et entre autres propos criminels,
« que la France était sauvée ; que l'on en
» ferait autant au Roi et au reste de la Fa-
» mille, et qu'enfin on en serait débarrassé. »
Le sieur.......... et deux autres témoins
indiqués comme ayant entendu ces propos,
ont nié qu'ils eussent été tenus. L'accent de
la fille Ouvrard était plein de vérité, et cependant il était difficile de ne pas ajouter foi
aux dénégations du sieur......, dont les an-
técédens et la famille entièrement dévouée

*

au Roi, doivent faire croire à des sentimens tout-à-fait éloignés de ceux que manifesteraient les discours rapportés par la fille Ouvrard. L'impossibilité d'établir la vérité de ces propos, dont l'authenticité même ne prouverait nullement que le crime commis le 13, eût pour complices le sieur .... et son associé, n'ont pas permis de donner d'autre suite à la déposition de la fille Ouvrard.

N.º 7.

Des renseignemens parvenus à M. le Procureur général, annonçaient que, dans le mois de novembre dernier, un frotteur nommé Savary, rentrant chez lui, vers les dix heures du soir, avait été arrêté par deux hommes enveloppés de manteaux ; que l'un d'eux l'avait saisi au collet, et levant un poignard, lui avait dit : « Coquin, il faut que je te tue, puisque tu m'as manqué de parole et que tu n'as pas tué le Duc de Berri. » Savary effrayé s'était laissé tomber ; l'autre assaillant avait dit à son camarade : « Tu te trompes, ce n'est pas lui ; » tous deux alors s'étaient retirés.

Après des recherches assez longues, on a

découvert que le fait dont il était question
dans les renseignemens donnés à M. le Procureur général , s'appliquait en partie à un
nommé Antoine Sabattier et non Antoine Savary. Sabattier appelé a déclaré que, vers la
fin de novembre dernier, à onze heures et
demie du soir, sortant de chez M. Regley,
aide-naturaliste au jardin des Plantes, et étant
dans la rue Grenelle-St-Honoré, il vit venir
un homme qui avait l'air d'être très-ivre, et
qui parlait tout seul et tout haut ; quand il
fut à sa hauteur, il crut l'entendre dire : « Oui,
coquin, oui, scélérat, tu m'avais promis d'enfoncer un couteau dans le cœur *ou de tuer*
M. le Duc de Berri. » Ces mots causèrent à
Sabattier une frayeur horrible, et malgré une
pluie assez forte, il ferma son parapluie et
s'enfuit. Arrivé dans la rue St-Honoré, il se
retourna et entendit le même homme parler
seul d'un ton élevé. Sabattier fut tellement
troublé de ce qu'il avait entendu, que quatre
jours après, étant allé chez M. Regley,
celui - ci remarqua de l'altération sur son
visage ; il lui en demanda la cause, et Sabattier lui raconta son aventure. M. Regley a
déclaré que, vers la fin de novembre, trouvant un jour la figure de Sabattier altérée, celui-
ci lui avait rapporté les faits précisés plus haut

dans sa déclaration. M. Hémar, jugé au Tribunal de la Seine, a aussi attesté que M. Regley, son cousin, lui avait conté cette histoire bizarre, il y a environ trois mois.

Quoique le fait, tel que d'abord il avait été présenté, fût dépouillé d'une partie de sa gravité, il était cependant trop grave pour que l'instruction n'en fût pas poursuivie, si l'on avait connu l'homme ivre qui, en pleine rue, avait tenu ces étranges propos. Il paraît, d'après la déclaration de Sabattier, que c'était un homme de la lie du peuple. Comment cet homme avait-il pu recevoir des promesses? que pouvait-il donner pour prix d'un si grand crime, et comment aurait-il pu séduire un assassin? Dans l'état de déraison où il était, sa voix racontait-elle une affreuse vérité ou ne peignait-elle que les images fantastiques d'une imagination troublée par d'infâmes excès. L'impossibilité de découvrir cet homme n'a pas permis d'"éclaircir ce fait qui, dans la procédure, ne s'est rattaché à aucun autre.

N.º 8.

Le dimanche 13 février, un homme loua deux dominos au sieur Harche, costumier,

rue St-Denis ; il déclara s'appeler Louvais, et
demeurer rue St-Roch, n.º 14. Cet homme
n'ayant pas reparu, on envoya à l'adresse qu'il
avait donnée, mais on n'y trouva personne de
ce nom. Les filles de boutique du costumier,
confrontées avec Louvel, ont affirmé ne pas
le reconnaître pour celui qui, le dimanche 13,
était venu louer deux dominos ; on n'en a
point trouvé chez lui.

N.º 9.

On avait donné comme certain que le portier de la maison située vieille rue du Temple,
n.º 130, était tombé en démence antérieurement à la mort de S. A. R., et que dans ses
accès, il répétait souvent qu'on assassinerait
M. le Duc de Berri. Cet homme avait été guéri,
mais on disait que depuis l'assassinat il était
retombé dans ses accès de folie ; qu'il semblait
craindre que la gendarmerie ne vînt l'arrêter,
et qu'on ne lui fît souffrir des maux inouïs.
On ajoutait que cet individu faisait beaucoup
de dépense, et devait être l'objet d'une juste
défiance.

Il a été constaté par l'instruction que ce
portier avait eu quelques accès de fièvre

chaude dans les derniers jours de janvier ;
qu'à la vérité, il avait paru craindre alors
d'être arrêté par les gendarmes, mais que jamais il n'avait prononcé le nom de M. le Duc
de Berri ; que depuis le 1.er ou 2 février, il se
portait à merveille et n'avait point éprouvé
de nouvelles rechutes. Son médecin a été entendu, et il a déposé de tous ces faits ; il a
expliqué d'ailleurs que cet homme qui a une
bonne réputation, se trouvant sans ouvrage,
était fort tourmenté de l'idée de ne pouvoir
fournir aux besoins de sa famille. C'est à cette
crainte qu'il a attribué la maladie qui a affligé
ce malheureux.

D'autres renseignemens de la plus grande
authenticité établissent la vérité de tous ces
faits, et la bonne renommée de ce portier et
de sa famille.

N.º 10.

Un garçon boucher, de la rue St-Honoré,
s'était trouvé, disait-on, le soir du crime,
assis dans le parterre de l'Opéra, pendant
toute la représentation, à côté de Louvel.
Louvel, ajoutait-on, s'en était allé au moment

où il avait vu M. le Duc de Berri sortir de
sa loge. Ce garçon boucher, qui se nomme
Boursier, a été entendu ; il a déclaré n'avoir
point été le 13 au parterre de l'Opéra ; mais
frère d'un employé à ce théâtre, il est entré
dans la salle, et est resté dans les corridors ;
il n'a point vu Louvel pendant le spectacle,
et ne l'a aperçu qu'après son arrestation.

N.º 11.

On avait raconté dans plusieurs salons, que
le sieur Théaulon passant, le dimanche 13 février, au coin de la rue des Colonnes, vers
neuf heures du soir, y avait trouvé trois
hommes de sinistre apparence, à l'un desquels il avait entendu dire : « Il est en ce
moment à l'Opéra ; » propos qui, rapproché
du fatal évènement, pouvait avoir de l'importance. Le sieur Théaulon fut appelé, et
déclara qu'effectivement il avait rencontré, à
la place et à l'heure indiquées, trois hommes,
dont la tournure lui avait paru suspecte, et que
même l'un des trois l'avait suivi de manière
à lui donner quelque inquiétude ; mais qu'il
ne leur avait entendu tenir aucun propos ; et
qu'il devait à la vérité de dire que s'il avait

ajouté à son aventure cette circonstance, c'était afin de la rendre plus intéressante. M. Théaulon, connu par son royalisme, mérite que l'on accorde à sa déposition une entière confiance.

N.º 11 (*bis*).

La veille du repas du Cirque olympique, le sieur Vasselin se trouvant au café Feydeau, entendit quelques hommes, qu'il ne connaît pas, dire entre eux, après avoir parlé de ce repas et des affaires du temps : « Tout cela ne finira qu'avec 60,000 têtes de moins, dont 27,000 ganaches et 23,000 prêtres. » Le sieur Vasselin, à qui cette conversation déplut, se leva en disant : « Votre calcul n'est pas juste, » 27 et 23 ne font pas 60 ; mais l'air n'en » est pas meilleur ici, et je m'en vais. » Ce qu'il fit. On n'a pu ni dû donner de suite à ce renseignement.

N.º 12.

Le domestique de M. le comte de Boigelin étant dans la rue du faubourg St-Honoré, le lundi 14, vers sept heures du matin, entendit un homme dire : « Il y a un Prince de moins. » On avait cru que ce propos avait été tenu le 13, dans la journée, et que l'on avait dit : « Il y aura demain un Prince de moins. » Ce fait ainsi éclairci n'a donné lieu à aucune recherche.

N.º 13.

On avait assuré que M. Attale de Montagu se trouvant au bal de l'Odéon, à onze heures et demie, le jour du crime, avait entendu dire à quelqu'un : « Pendant que vous vous amusez ici, on assassine le Duc de Berri à l'Opéra. » Cette anecdote a été formellement démentie par M. de Montagu qui ne se trouvait même pas à l'Odéon ce jour-là.

N.º 14.

Un homme et une femme sur lesquels il n'existe aucun autre renseignement, faisaient ensemble, le lundi 14 février au matin, quelques emplettes chez la femme Dadure, marchande de nouveautés; quelqu'un ayant parlé du fatal évènement qui jetait la consternation dans Paris, l'acheteur, après s'être enquis s'il était certain, se promena d'un air pensif pendant quelques instans, et sortit ensuite avec précipitation; on crut le voir rire au moment de son départ.

N.º 15.

Un sieur Ledoux-Desgenets était indiqué comme ayant eu occasion de voir Louvel dans différentes réunions à Paris, et notamment chez le sieur D.....

Ledoux entendu a déclaré ne pas se rappeler qu'il eût vu personne du nom de Louvel chez le sieur D....., chez qui cependant il croit avoir vu entrer un homme dont le nom lui parut se rapprocher de celui de Louvel.

Le sieur Ledoux-Desgenets a été confronté avec Louvel, et ne l'a point reconnu pour l'avoir vu soit chez le sieur D........, soit ailleurs.

Le sieur Ledoux ayant affirmé que D..... lui avait tenu les plus coupables propos sur la Famille royale, ils ont été mis en présence l'un de l'autre : D..... a nié avec force qu'il y eût rien de vrai dans les propos qu'on lui prêtait.

N.º 16.

Trois ou quatre jours avant l'attentat du 13 février, le sieur Dacheux avait entendu deux personnes de sa maison dire, en causant ensemble : « Tout marche, et il y aura du nouveau. » La veille de l'assassinat, il entendit encore l'une d'elles dire à l'autre : « Je pourrai vous en dire davantage demain. »

Ces propos auraient eu la plus grande importance s'ils s'étaient rattachés, ainsi qu'on l'avait soupçonné d'abord, au crime du dimanche ; mais le sieur Dacheux appelé dans l'instruction, a déclaré qu'à en juger par le surplus de la conversation, ils se rapportaient uniquement aux affaires d'Espagne dont causaient alors les deux personnes qu'il avait entendues.

N.º 17.

On imputait au nommé Nicod d'avoir dit, quelques jours avant le 13 février : « Les Bourbons n'ont qu'à bien se tenir si l'on touche à la Charte, » et d'avoir tenu encore d'autres propos dont l'ensemble pouvait paraître se rattacher à l'assassinat de M. le Duc de Berri.

Nicod, entendu dans l'instruction, a déclaré avoir dit effectivement « qu'il ne fallait toucher ni à la Charte ni à la loi des élections ; » mais il a nié formellement les autres propos qui lui étaient attribués et qui n'ont point été formellement établis.

Aucune autre suite n'a dû être donnée à cette affaire qui d'ailleurs avait été soumise à l'examen de la justice ordinaire.

N.º 18.

Une lettre anonyme adressée à M. Bertrand, commandant de la garde nationale d'Avignon, et contenant des menaces contre lui, avait été transmise à M. le Procureur général.

Elle a été renvoyée au Ministre de la justice, comme étrangère au procès.

N.º 19.

Un voyageur revenant de Nanci à Bar-le-Duc, dans la voiture publique dite Toulousine, s'était trouvé avec un militaire qui, disait-on, était

était porteur d'une lettre adressée à Louvel, sellier à Paris, par un autre Louvel, sellier de son régiment. Ce fait qui pouvait donner, s'il eût été vrai, quelques lumières sur les relations de Louvel, a été vérifié ; et l'instruction a établi que le nom du signataire de la lettre et de celui auquel elle était adressée, était Louvais et non Louvel.

N.º 20.

Cette note a été réunie au N.º 4.

N.º 21.

La demoiselle Lecomte avait rapporté que se trouvant, le lundi 14 février, chez les demoiselles Beyer, lingères, et ses amies, la conversation s'était engagée sur le malheur de la veille, et que l'une des demoiselles Beyer avait dit, en parlant d'un nommé Philippe qui habite leur maison et qui passe pour être employé dans la police : « Ah ! le coquin le » savait sûrement ; car hier, en me serrant » la main, il me dit : Les affaires vont mieux, » nous aurons ce soir bal à l'Opéra. » Ce propos qui, dans le sens où il était rapporté, pouvait n'être pas étranger au procès qui nous occupe, a été l'objet d'une instruction détaillée. La demoiselle Beyer, dont les bons et pieux sentimens, ainsi que la véracité, n'ont paru pouvoir être l'objet d'aucun doute, a formellement nié le propos qui lui était attribué, et a soutenu n'avoir parlé de Philippe qu'à une occasion qui ne se rattachait en rien au procès et qu'elle a expliquée. La demoiselle Lecomte, de son côté, a soutenu que son récit était exact ; mais il est résulté des explications qui ont eu lieu entre elles, devant la Commission des Pairs, que la conversation du lundi était fort animée, et qu'ayant lieu entre plusieurs personnes au moment où le propos avait été tenu, il n'était pas impossible que la demoiselle Lecomte eût mal compris ce qu'elle avait entendu.

Dans ces circonstances, le propos attribué à Philippe ne se trouvant établi par aucun témoignage direct qui pût mettre à même d'apprécier sa gravité, s'il existait, l'instruction n'a pu avoir d'autres suites.

N.º 22.

Le lundi 14, la femme Couteux se trouvant chez la portière de l'hôtel des Maréchaux-des-logis du Roi, un individu y entra pour demander une personne de la maison, et en apprenant qu'elle était sortie, il dit : « Cela n'est pas étonnant, c'est aujourd'hui un jour de fête. » Ce propos était-il l'expression d'une joie féroce, ainsi que le soupçonna la femme qui en fut témoin ? ou n'avait-il rapport qu'à la suspension de travail que les jours gras entraînent ordinairement ? c'est ce qu'on n'a pu éclaircir, l'adresse de cet homme n'ayant point été découverte, et l'instruction n'ayant fourni sur son compte aucun renseignement, si ce n'est qu'il venait quelquefois mettre à contribution la charité bien connue d'un noble Pair, habitant dans cet hôtel. La tête de cet homme a d'ailleurs paru toujours un peu égarée.

N.º 22 (*bis*).

Il avait été rapporté que le dimanche 13, pendant la représentation d'une pièce donnée au théâtre de l'Ambigu et au moment où des conjurés délibérant sur la scène forment entre eux le projet d'assassiner le roi, une voix des loges s'était écriée : « Dans une heure et demie cela sera fait. » On est remonté à la source de ce rapport, et il a été vérifié qu'au moment où, dans la pièce intitulée *Diégo*, les mendians qui en sont les principaux acteurs, délibèrent sur le sort de leur chef, et où l'un d'eux ouvre l'avis de l'assassiner, une voix des loges s'écria : *Certainement*. Cette exclamation donna lieu à quelques spectateurs du parterre de demander l'expulsion de celui qui troublait l'ordre. Le spectacle ne fut point interrompu, car à l'instant chacun se tut.

N.º 23.

On assurait que des caractères tracés sur la porte de la maison du sieur Mouchy, rue du faubourg St-Martin, avaient paru annoncer un grand évènement pour le dimanche-gras. Le sieur Mouchy, appelé comme témoin, a déclaré que le mardi-gras il avait effectivement trouvé sur sa porte une inscription conçue à peu près en ces termes : *Quel beau jour pour la France que dimanche !* mais qu'aucune inscription de ce genre n'avait eu lieu antérieurement au crime.

N.º 24.

La femme Rack, pâtissière, rue Caumartin, avait, disait-on, reçu de Reims une lettre dans laquelle son fils lui mandait qu'à une époque voisine de l'assassinat, un sellier de cette ville avait annoncé que M. le Duc de Berri n'avait pas long-temps à vivre. La femme Rack, entendue dans l'instruction, a déclaré qu'elle n'avait reçu aucune lettre récente où il fût question de M. le Duc de Berri ; mais qu'il y avait cinq ans que son fils qui se trouvait alors à Metz, où il ne demeure plus depuis long-temps, lui avait effectivement écrit que le bruit courait alors dans cette ville qu'un officier avait menacé d'assassiner M. le Duc de Berri. Ce fait raconté par elle à une personne qui se trouvait dans sa boutique, et qui l'avait mal compris, était devenu la source d'un bruit public qui a été rapporté successivement à la Commission d'instruction par plusieurs voies différentes et avec des circonstances qui n'étaient pas entièrement les mêmes, mais qui avaient évidemment pour origine commune le récit de la femme Rack sur l'exactitude duquel aucun doute ne s'est élevé dans l'instruction.

N.º 25.

Louvel avait assisté, assurait-on, à une réunion qui avait eu lieu le vendredi 11 février, au café des Deux-Philibert. La déclaration de la femme du propriétaire du café a établi qu'il n'y avait eu ce jour-là aucune réunion chez elle. Ce qui peut avoir donné lieu à ce bruit, c'est que tous les soirs à cinq heures, on distribue dans ce café des billets d'auteur pour le théâtre Français et pour quelques autres théâtres. Louvel enfin a dit n'être jamais entré dans le café des Deux-Philibert.

N.º 26.

Un témoin déclarait tenir de la famille de la fille Richard, ouvrière lingère chez le nommé Scordet, que cet homme, le samedi, veille de l'évènement, avait dit : « Il y aura du nouveau lundi », et que sur l'observation qui lui fut faite que sans doute il voulait parler de la présentation projetée de la loi des élections, il avait répondu « qu'il y aurait bien autre chose que cela. » La fille Richard, entendue dans l'instruction, a déclaré que Scordet avait dit seulement « qu'il y aurait du bruit le lundi au sujet de la loi des élections, » et trois personnes de la famille de la fille Richard ont affirmé que c'était bien en ces termes que le propos de Scordet leur avait été rapporté par cette fille le lendemain du jour où il avait été tenu.

D'après cet éclaircissement il n'a pas été procédé ultérieurement contre Scordet, dont la conduite avait d'ailleurs été soumise aux juges ordinaires.

N.º 27.

Dès les premiers momens de l'instruction, des recherches furent faites chez les divers armuriers de la capitale, pour connaître, s'il était possible, en quel temps et dans quel lieu avait été fabriqué le poignard dont Louvel s'était servi pour consommer son crime. Ces recherches n'ont donné sur ce point aucune lumière ; mais elles ont fait connaître que plusieurs demandes d'armes prohibées avaient été faites chez divers armuriers et marchands de Paris, soit avant, soit depuis le crime. Les dépositions reçues à ce sujet dans l'instruction

établissent qu'il y a six mois environ, un homme
était venu demander un poignard chez le sieur
Brun, fourbisseur, rue Bar-du-Bec, et s'était
retiré sur le refus du sieur Brun de lui en
vendre ; que quinze jours avant l'évènement,
une pareille demande avait été faite chez le
sieur Martin, marchand de curiosités, rue
Croix-des-Petits-Champs, et avait été suivie
d'un pareil refus ; que vers la même époque
et pendant une quinzaine de jours, une douzaine environ d'individus s'étaient présentés
à diverses reprises chez la dame Montfort,
marchande de curiosités, rue du Rempart,
pour lui demander à acheter des poignards,
ce qui leur avait été refusé ; et qu'enfin le
lundi 14 février, jour de la mort du Prince,
trois demandes de poignards avaient été faites
chez trois différens armuriers qui avaient pareillement refusé d'y satisfaire. Il a paru que
ces dernières demandes étaient faites par des
agens de police qui voulaient s'assurer si,
comme les armuriers le devaient, ils refu-
saient de vendre cette sorte d'arme.

N.º 28.

Un renseignement indiquait que M. De-
villers, garde du corps, se trouvant, à une
époque voisine du crime, dans le monde,
avait entendu dire à l'une des personnes qui
faisait partie de la société où il était : « Avant
un an il n'existera plus de Bourbons. » M. De-
villers a déclaré dans l'instruction n'avoir jamais entendu tenir ce propos, et en avoir
seulement entendu parler très-vaguement
comme d'un *on dit* dont l'origine lui était
inconnue.

N.º 29.

Une instruction suivie à Compiègne a fourni
sur un nommé Louvel qui y avait paru plusieurs fois, des renseignemens dont l'application évidente au cousin germain de l'assassin
dispense d'en faire aucune autre mention.

N.º 29.

Très-peu de temps après le funeste événement du 13 février, le bruit se répandit à
Paris, que la veille du crime, un homme suivant à cheval la route de Compiègne, s'était
arrêté dans une auberge de Ribecourt, village
situé à peu de distance au delà de Compiègne,
et y avait annoncé la mort de S. A. R. M. le Duc
de Berri. Ce fait était même présenté comme
certain dans une lettre de Compiègne du 16 février. La commisssion à laquelle ces renseignemens étaient parvenus, se disposait à faire
vérifier sur-le-champ et par les voies judiciaires, qui seules étaient à sa disposition, un
fait dont l'importance paraissait aussi grande,
lorsqu'elle apprit que le Gouvernement avait
déjà pris les mesures les plus promptes et les
plus sûres pour arriver à ce but. On crut
donc devoir attendre le résultat de ces mesures, sans négliger toutefois d'écrire au Sous-
Préfet de Compiègne, pour lui demander
de prendre et de transmettre à la Commission les informations les plus promptes. Dès
le 18, une lettre de ce fonctionnaire annonça que, vérification faite, la nouvelle

répandue à Paris avait été étrangement déna-
turée ; que l'homme dont il s'agissait, paraissait être un laboureur des environs de Saint-
Quentin, voyageant à pied et non à cheval, et
qu'il était passé à Ribecourt, non le 12 février,
mais le 25 janvier. A la vérité, il avait dit
dans une auberge de ce lieu, que M. le Duc
de Berri revenant de Vincennes, et passant
à la barrière du Trône, avait reçu dans son
chapeau, un coup de fusil à balle qui cependant ne l'avait pas blessé, et que, le lendemain, trois régimens qu'il passait en revue
pour les conduire en Espagne, avaient refusé
de marcher: mais ce récit avait paru tellement
absurde aux assistans et à l'autorité qui en
avait été instruite, qu'on n'y avait attaché
aucune importance.

Tels étaient les renseignemens donnés par
le Sous-Préfet de Compiègne, sous la date
du 18, et ils s'accordaient parfaitement avec
une enquête judiciaire faite ce jour-là même,
par le Procureur du Roi, et dans laquelle
avait été entendu l'aubergiste de Ribecourt,
en présence duquel le propos avait été tenu.

Cependant, et sous la même date du 18 février, une lettre du Commandant militaire
de Ham annonçait que, le 9 février, un cultivateur, nommé Larcanger, avait répété en

passant à Ham, qu'il avait entendu dire à Saint-Quentin, que M. le Duc de Berri était assassiné. Une commission fut adressée sur-le-champ au Juge de Péronne, pour entendre les personnes qui avaient recueilli ce bruit de la bouche de Larcanger, et remonter, s'il était possible, à sa source. En vertu de cette commission, une instruction fut suivie à Péronne, et il en est résulté que le nommé Larcanger passant, le 9 février, à Saint-Quentin, et étant entré dans la boutique d'un épicier, y avait entendu dire par un porte-faix à lui inconnu, et qui se trouvait aussi dans cette boutique, qu'on avait tenté d'assassiner M. le Duc de Berri.

La nature de ces renseignemens ne donnait pas lieu d'en espérer beaucoup de lumières; cependant le Juge de Péronne, en transmettant l'instruction à la Cour, crut devoir en informer le Juge de St-Quentin, qui se trouvait plus à même que lui d'obtenir, s'il y avait lieu, des renseignemens ultérieurs.

Lorsque cet avis parvint à la Commission et au Juge de St-Quentin, une instruction judiciaire, et fort détaillée, avait déjà eu lieu à la diligence du Procureur du Roi de cette ville, sur un fait, dont l'éclaircissement a fait connaître en même temps l'homme par qui avait

été répandu le bruit d'une tentative d'assassinat sur la personne de M. le Duc de Berri.
Voici comment l'attention du Procureur du
Roi de St-Quentin avait été éveillée, et quel
a été le résultat des recherches auxquelles il
s'est livré avec un zèle, une diligence et un
discernement tout-à-fait dignes d'éloges.

Le 18 février, un sieur Devienne, propriétaire à Saint-Quentin, se présenta devant le
Procureur du Roi, et lui déclara que le samedi 5 du même mois, étant entré dans une
auberge à Roupy, près de Ham, il y avait vu
arriver un voyageur, se disant venir de Paris,
et paraissant très-fatigué. Ce voyageur, après
quelques propos assez insignifians, et dont on
retint seulement qu'il pouvait être des environs de St-Quentin, avait demandé au sieur
Devienne, s'il avait ouï dire qu'on eût voulu
assassiner M. le Duc de Berri; et sur sa réponse négative, il avait ajouté que c'était la
veille même de son départ de Paris, mais que
la tentative avait échoué. Le sieur Devienne
ayant quitté l'auberge à cet instant, n'en avait
pas entendu davantage, et ayant ensuite appris que ce bruit était sans aucun fondement,
il n'y avait plus songé jusqu'au moment où
la fatale nouvelle de l'évènement du 13, était
venue donner de l'importance à un propos

qui jusqu'alors n'avait paru en avoir aucune.

Le Procureur du Roi s'étant transporté sur-le-champ avec le sieur Devienne à l'auberge de Roupy, constata qu'en effet le propos y avait été tenu ; que le voyageur s'était borné à parler d'une tentative d'assassinat, mais qu'il l'avait annoncée avec assurance, et comme l'ayant ouï dire la veille, en quittant Paris. Le nom du voyageur était inconnu à l'aubergiste ; mais il avait dit, après le départ du sieur Devienne, qu'il était de la commune d'Epéhi, et les détails qu'il avait donnés à cet égard, ne permettaient pas d'en douter.

Le Procureur du Roi s'étant de suite rendu dans cette commune, assisté du sieur Devienne, y acquit la certitude que l'individu qui faisait l'objet de ses recherches, était le nommé Pierre - Charles Molus, tisserand en coton, qui, depuis peu de temps, était de retour de Paris.

Charles Molus ne se trouvant point à Epéhi, et paraissant être allé à St-Quentin, le Procureur du Roi se borna à faire dans son domicile habituel une perquisition dont il ne résulte aucune charge contre lui : le Procureur du Roi revint à St - Quentin, pour y ordonner des recherches nouvelles. Elles furent d'abord inutiles, mais bientôt Charles

Molus qui, n'ayant pas trouvé d'ouvrage à
St-Quentin, était retourné à Epéhi, ayant
appris que l'on était à sa recherche, se présenta volontairement devant le Procureur du
Roi.

Interrogé à l'instant sur le jour de son départ de Paris, et sur les différens gîtes où il
s'était arrêté; il déclara qu'il était parti de
Paris, le jeudi 3 février; c'est du moins
l'époque à laquelle il a fixé en définitive son
départ, que d'abord il avait fait remonter plus
haut. Ce jour-là même, il avait couché à
Senlis; le lendemain, à peu de distance au
delà de Compiègne; et le surlendemain, qui
était le 5 février, dans une auberge à Roupy.

Le Procureur du Roi lui ayant alors demandé quel avait été le sujet de la conversation qu'il avait eue dans cette auberge, il
déclara, sans attendre qu'on lui fît à cet égard
aucune interpellation plus précise, qu'il y avait
dit avoir appris sur la route qu'on avait tenté
d'assassiner M. le Duc de Berri.

Interrogé alors sur le lieu et sur la manière
dont il avait appris cette nouvelle, il répondit
la tenir d'un homme qui l'avait accosté sur
la route, à une lieue au delà de Ham, et qui,
en allumant sa pipe à la sienne, lui avait dit
que le Duc de Berri avait reçu une balle dans

son chapeau à la barrière du Trône. Il déclara au surplus qu'il ne pouvait fournir sur cet homme aucun renseignement, et se borna à donner son signalement avec assez de détails.

Charles Molus, confronté au sieur Devienne, a été reconnu par lui pour être le voyageur dont il avait parlé dans sa déclaration. Le récit même de Charles Molus ne pouvait laisser aucun doute sur ce point.

Dans cet état, les Commissaires de la Cour, qui avaient été tenus au courant de la marche de cette instruction, frappés de la coïncidence remarquable qui existait entre le propos tenu par Charles Molus à Roupy et la nouvelle répandue par le voyageur de Ribecourt, jugèrent que ces deux individus pourraient bien n'être qu'une seule et même personne, et pour vérifier cette conjecture, ils décernèrent un mandat d'amener contre Charles Molus, et adressèrent en même temps une commission au Juge de Compiègne pour le confronter, à son passage, avec l'aubergiste de Ribecourt ; mais à la réception à St-Quentin du mandat d'amener, déjà la confrontation désirée avait eu lieu à St-Quentin même, à la diligence du Procureur du Roi, qui, informé du bruit répandu à Ribecourt, avait jugé à propos de vérifier si Charles Molus n'en était pas l'auteur.

Le

Le résultat de cette confrontation qui a été renouvelée à Compiègne, en vertu de la commission de la Cour, a été la reconnaissance complète de Charles Molus par l'aubergiste de Ribecourt et par les personnes qui se trouvaient dans cette auberge, lors de son passage, et la fixation au 4 février du jour de ce passage, que d'abord et faute de souvenir précis, on avait fixé au 25 janvier. Le mandat d'amener ayant ensuite reçu son entière exécution, Charles Molus a été conduit à Paris et interrogé de nouveau sur toutes les circonstances de son voyage, qu'il a rapportées exactement comme il l'avait fait dans ses interrogatoires précédens, tant à Compiègne qu'à St-Quentin.

Il résulte de ses déclarations et des renseignemens pris avec détail, tant à Paris qu'aux divers lieux de son passage, qu'il est effectivement parti de Paris le jeudi 3 février; qu'il a couché à Senlis ce jour-là même, à Ribecourt le vendredi 4, et à Roupy le samedi 5; après quoi il s'est rendu à St-Quentin chez sa sœur, où il a passé une journée; puis enfin que le 8 il est arrivé à Epéhi.

Interrogé avec soin sur les bruits qu'il avait répandus sur sa route, il a déclaré, comme il l'avait fait à St-Quentin, qu'il tenait la nouvelle d'une tentative d'assassinat faite sur M. le

*

Duc de Berri, d'un homme avec qui il avait
fait route et dont il a donné un signalement
tout-à-fait conforme à celui que déjà il en avait
fourni. Les détails de sa rencontre avec ce
voyageur inconnu sont aussi les mêmes que
ceux que l'on trouve dans ses premiers interrogatoires ; mais une variation importante
s'est fait remarquer dans son récit sur le
lieu où il l'avait rencontré. Dans ses précédentes réponses, et alors qu'on ne connaissait pas les propos qu'il avait tenus à Ribecourt, il avait déclaré que la rencontre avait
eu lieu dans les environs de Ham ; plus
tard et dans la confrontation faite à Saint-
Quentin, pressé de s'expliquer sur cette circonstance qui était en contradiction formelle
avec le fait bien constant de la nouvelle par
lui répandue à Ribecourt, il avait dit ne
pas se rappeler qu'il eût parlé dans ce lieu
de la tentative d'assassinat, et avait paru
persister à soutenir que la rencontre avec le
voyageur qui lui avait appris cette nouvelle,
n'avait eu lieu qu'au delà de Ham. Enfin,
dans son interrogatoire à Paris, forcé de convenir de la réalité des propos qu'il avait tenus
à Ribecourt, il a déclaré que la partie de ces
propos qui était relative aux troupes destinées
à passer en Espagne, et qui auraient refusé

de marcher, était le résultat de bruits par lui recueillis avant son départ de Paris, ce qu'au surplus il avait déjà plusieurs fois déclaré dans ses précédens interrogatoires. Quant à la nouvelle de l'assassinat tenté à la barrière du Trône sur la personne de M. le Duc de Berri, il soutient, comme il l'a toujours fait, la tenir d'un voyageur inconnu qu'il a rencontré sur la route ; mais il place sa rencontre avec ce voyageur dans sa seconde journée de marche, et par conséquent avant son arrivée à Ribecourt ; et, pour expliquer cette contradiction avec ses premières réponses, il se borne à dire qu'à St-Quentin, le magistrat qui l'interrogeait lui ayant demandé le lieu de cette rencontre, il n'avait pu se le rappeler d'une manière précise, et que ne connaissant pas les noms des divers pays par où il avait passé, il s'était arrêté, pour fixer le lieu de sa rencontre, au premier que le magistrat interrogateur lui avait nommé. Cette variation sur un fait important et l'explication assez peu satisfaisante qu'il en donnait, étaient de nature à faire naître des soupçons graves sur sa sincérité et sur ses intentions, en répandant sur toute la route une nouvelle aussi alarmante.

Ces soupçons ont déterminé la conversion du mandat d'amener en mandat de dépôt,

afin que de nouvelles recherches pussent éclairer davantage la religion de la Cour sur un
fait auquel dans le monde on avait attaché
une grande importance, et qui paraissait effectivement en avoir. Aujourd'hui, l'instruction
à cet égard a reçu tous les développemens
qu'on pouvait désirer, et n'a rien fourni de
nouveau contre Charles Molus. Il est avéré
maintenant, et il convient même que les nouvelles par lui répandues à Ribecourt l'ont été
ensuite et successivement dans la plupart des
lieux où il a passé, et même à St-Quentin
où probablement, quoiqu'on n'ait pu en ac-
quérir la preuve complète, elles ont été la
source du propos recueilli par Larcanger dans
la boutique d'un épicier.

Au surplus, aucun renseignement défavorable n'a été recueilli sur le compte de Charles
Molus et sur ses opinions politiques. Tous les
témoins entendus et qui se sont trouvés dans
les mêmes ateliers que lui s'accordent à le représenter comme un ouvrier tranquille et ne
s'occupant que de son travail ; seulement ils
disent « qu'il bavardait un peu et qu'on ne
» faisait pas grande attention à ses propos,
» parce que, sans être fou, il n'avait pas grande
» raison et parlait de travers. » Rien n'indique
d'ailleurs, ce que d'abord on avait pu soup-

çonner, qu'il fût, en répandant ainsi de fâcheuses nouvelles, l'instrument de quelques
individus avec lesquels il aurait été en relation
à Paris. Il ne reste donc contre lui que l'espèce
d'assurance avec laquelle il répétait sur son
passage des nouvelles aussi fâcheuses, et la
contradiction dans laquelle il est tombé sur
le lieu de sa rencontre avec le voyageur qu'il
a désigné. A cet égard, le peu d'intelligence
dont cet homme paraît doué, sa manière de
s'exprimer et l'ensemble de sa tournure ex-
pliquent suffisamment à ceux qui l'ont vu
comment sa crédulité a pu ajouter foi aux
nouvelles les plus absurdes, les amalgamer
ensuite d'une manière plus invraisemblable
encore, et les répéter par suite de cette lo-
quacité peu raisonnable que les témoins lui
attribuent.

Quant à sa contradiction, les mêmes motifs
peuvent aussi concourir à l'expliquer; et sans
parler du trouble que pouvaient lui avoir
causé au premier moment les recherches dirigées contre lui, il faut observer que, dans
l'auberge de Roupy, il paraît, par le rapprochement des divers témoignages, que Charles
Molus avait annoncé savoir cette nouvelle de
la veille, ce qui s'accorde mieux avec sa ver-
sion actuelle qu'avec sa déclaration première :

*

à la vérité, quelques-uns de ces témoins
avaient cru entendre qu'il l'avait apprise à
Paris; mais leurs souvenirs à cet égard ne paraissent pas assez précis pour faire croire que
Charles Molus ait voulu en imposer. Il est
d'ailleurs à remarquer que cet individu ayant
déjà connaissance des poursuites dirigées contre lui, s'est présenté volontairement à la
Justice, ce que sans doute il n'eût pas fait
s'il eût pensé que sa conduite méritât quelques
reproches.

Dans ces circonstances, et les propos de
Charles Molus paraissant devoir être attribués
à son inconsidération plutôt qu'à aucune cause
qui se rattache au procès, la Commission
d'instruction croit devoir proposer à la Cour
de décider qu'il n'y a lieu à suivre contre lui,
et d'ordonner sa mise en liberté. Elle doit lui
faire connaître aussi, pour terminer ce qui
est relatif à cette affaire, que la nouvelle répandue sur la route de Compiègne jusqu'à
Saint-Quentin, par Charles Molus, ayant été
répétée en plusieurs endroits, et étant revenue
à la Justice sous plusieurs formes et par diverses voies, a encore donné lieu à deux ins-
tructions particulières, suivies l'une à Rambouillet, l'autre à Paris, et qui toutes deux
ont établi que les faits qu'elles avaient pour

objet de vérifier n'étaient point autres que
celui que l'instruction dont il vient d'être
rendu compte a éclairci. Il eût été à désirer
sans doute que l'individu signalé par Charles
Molus eût pu être découvert ; mais les indications étaient insuffisantes, et les recherches
faites à cet égard ont été inutiles. Dans tous
les cas, la fable qu'il débitait était tellement
absurde et présente si peu de rapport avec
l'affreuse réalité qui fait l'objet du procès,
qu'on ne peut supposer à cet homme, quand
même on pourrait le découvrir, aucun rapport avec le meurtrier de M. le Duc de Berri.

N.º 3o.

Peu de temps avant l'assassinat de M. le
Duc de Berri, le bruit s'était répandu à Joigny
qu'il se tramait une conspiration contre la
Famille royale. Les renseignemens pris à ce
sujet ont établi que ce bruit n'avait d'autre
fondement que la nouvelle répandue à la
même époque de l'explosion arrivée à un ar-
senal. On n'a pu savoir positivement par qui
cette nouvelle avait été répandue ; mais comme
elle pouvait n'être que le récit altéré de l'évènement arrivé à Vincennes au mois d'août

dernier, les indications vagues auxquelles elle avait donné lieu, n'ont pas paru mériter une plus ample instruction.

N.º 31.

On rapportait qu'une personne avait rencontré dans la rue, le jour même du crime, un homme qui paraissait fort animé et qui parlait d'enfoncer un poignard dans le sein de.... (on n'entendit point le nom). L'impossibilité de trouver cet homme sur lequel aucune autre indication n'était donnée, n'a pas permis à la Commission de donner suite à ce renseignement.

N.º 32.

Une bonne d'enfans s'était trouvée, assurait-on, vers l'époque du crime, dans une boutique de mercerie, au moment où plusieurs individus s'y étaient présentés pour acheter des rubans tricolores qui leur avaient été effectivement vendus. Vérification faite, il s'est trouvé que ce fait remontait à trois mois environ avant le crime ; que l'achat avait été fait pour une noce, et que l'on avait acheté, non des rubans tricolores, mais des rubans roses, des rubans blancs et des rubans bleus séparément. D'après cet éclaircissement, il n'a été donné aucune suite au renseignement transmis à ce sujet.

N.º 33.

Le sieur Piat de Villeneuve avait écrit qu'il avoit des révélations importantes à faire ; entendu en témoignage, il s'est borné à déclarer « qu'il pensait qu'une surveillance plus exacte de l'autorité aurait pu prévenir le crime. »

N.º 34.

On donnait comme certain que Louvel avait été remarqué antérieurement au crime, et signalé par le commissaire de police du quartier Feydeau, comme rôdant autour de divers théâtres, de manière à exciter des soupçons. Le commissaire de police a été entendu et a déclaré n'avoir jamais eu occasion de remarquer Louvel avant son arrestation. L'honorable Député qui avait fourni ce renseignement a été pareillement entendu, et a déclaré l'avoir recueilli dans la société comme un *ouï-dire* et ne pouvoir préciser de qui il le tenait. Ce qui peut avoir donné lieu à ce bruit, c'est que plusieurs fois l'autorité a été obligée d'éloigner des environs du théâtre Feydeau un individu atteint d'une aliénation mentale, qui dans sa folie s'attachait aux pas de mademoiselle Lemore, et l'obsédait de ses soins importuns et même dangereux.

N.º 35.

Le sieur Allut était annoncé comme ayant des révélations importantes à faire sur l'existence d'une société dont le but aurait été la destruction de la Famille royale. Il a été entendu. Il a déclaré qu'à la fin de 1814, un sieur Crosnier lui avait annoncé le retour de Bonaparte pour le 1.ᵉʳ avril ; que vers la fin de 1815, ce même Crosnier lui avait annoncé l'assassinat prochain et général de la Famille royale, et que peu de temps après, le complot des patriotes de 1816 avait éclaté. Le sieur Allut a ajouté que depuis cette époque, ayant plusieurs fois rencontré Crosnier, celui-ci ne lui avait plus fait de confidences.

Le sieur Allut a de plus déclaré qu'un ancien officier du train d'artillerie avait dit en 1816, « qu'il avait pris part au mouvement qui éclata alors à Grenoble, » en ajoutant « que bientôt une nouvelle explosion aurait lieu, et qu'aucun Bourbon n'y échapperait. »

Enfin, le sieur Allut a rapporté, sur la foi d'un malade d'un hôpital, que le chapelain de cet établissement avait tenu des discours très-coupables sur les Bourbons. Le sieur Allut a été confronté avec le sieur Crosnier et l'officier qu'il avait nommé ; tous deux ont nié les faits qui leur étaient imputés. Du reste, le sieur Allut, dont nous n'avons pas, Messieurs, à vous parler, n'a pas paru devoir inspirer une grande confiance à votre Commission.

N.º 35 (bis).

Quelque temps avant l'assassinat de M. le Duc de Berri, le commandant de la gendarmerie, Leroy, ayant eu occasion de rendre compte à M. le comte de Nantouillet des mesures de surveillance qu'exigeait, pour la sûreté du Prince, la présence remarquée au bois de Boulogne de quelques hommes de mauvaise mine, lui dit qu'il soupçonnait un

officier supérieur d'être du nombre de ceux
qui auraient pu concevoir quelques desseins
meurtriers. Le Prince auquel il fut donné connaissance de cet avis, parut faire entendre
par sa réponse qu'il connaissait les projets
homicides de cet officier. Après la consom-
mation du crime, le commandant Leroy crut
devoir instruire la justice des inquiétudes qu'il
avait conçues, et de leur origine. Il déclara
en conséquence que le sieur Power lui avait
dit, il y a environ deux mois, tenir d'une
personne de sa connaissance, qu'un officier
qu'il lui nomma avait juré la mort de M. le
Duc de Berri. Le sieur Power a été entendu,
et a effectivement déclaré avoir parlé au commandant Leroy de la haine implacable de cet
officier contre le Prince ; mais il a assuré ne
lui avoir pas dit qu'il avait juré sa mort ; en
indiquant au surplus le sieur O'shiell comme
lui ayant dit ce qu'il avait répété, que ce militaire avait une haine implacable contre le
Prince, il a laissé entendre qu'il n'était pas
impossible que son attachement extrême pour
S. A. R. lui eût fait ajouter involontairement
quelque chose à ce qu'il tenait du sieur O'shiell,
en le répétant au commandant Leroy et à une
autre personne qu'il avait chargée d'en instruire
M. le Duc de Berri. Il ajouta que le Prince

avait tenu peu de compte de cet avis et avait
même défendu qu'il fût fait aucune recherche
à ce sujet. Le sieur O'shiell, entendu pareillement comme témoin, a déclaré avoir dit seulement au sieur Power que le colonel dont il
parlait n'aimait pas le Prince, et le lui avoir
dit comme un bruit de société recueilli plus
de six mois auparavant, et sur lequel il ne
pouvait rien préciser. M. O'shiell, Messieurs,
est un royaliste zélé, et l'on peut être sûr
qu'il n'a pas affaibli la vérité. La gravité du
propos et des circonstances qui l'environnaient
disparaissant ainsi, aucune mesure ultérieure
n'a dû être la suite de ce renseignement qui,
au premier coup-d'œil, paraissait avoir une
grande importance.

N.º 36.

Une note anonyme et dont l'écriture paraissait contrefaite, attribuait un propos encore
plus grossier que coupable à une personne
qui y était indiquée. Ce propos n'ayant aucun
trait direct à l'affaire, et la position sociale
de la personne à laquelle on l'attribuait paraissant exclure l'idée qu'elle pût l'avoir tenu,
il n'a été donné aucune suite à un renseigne-

ment auquel d'ailleurs devait empêcher d'ajouter aucune foi la forme sous laquelle il était
parvenu à la Commission.

N.º 37.

Le nommé Petit était indiqué comme pouvant fournir des renseignemens sur un individu intimement lié avec Louvel.

Il a été entendu, et a déclaré ne connaître
ni Louvel, ni aucune personne qui eût des
relations avec lui.

N.º 38.

M. Julienne, de Rouen, banquier dans cette
ville, arriva à Paris le soir du 13 février.
Lorsque le 14, il apprit l'assassinat de M. le
Duc de Berri, il s'écria : « Il y a plusieurs
jours que l'on a parlé à Rouen de cet affreux
évènement. » On a entendu à Paris tous ceux
qui avaient ouï l'assertion de M. Julienne.

Lui-même interrogé à Rouen par le juge
commis à cet effet, a déclaré que douze ou
quinze jours avant la mort de M. le Duc de
Berri, des ouvriers à lui inconnus étant venus

à sa caisse pour y toucher de l'argent, il les entendit s'exprimer ainsi : « As-tu entendu » dire que l'on débite dans le public que le » Duc de Berri ait été assassiné ? » Quelques-uns desdits ouvriers, au nombre de cinq ou six, répondirent : « Nous ne croyons point » à cette nouvelle ; dans tous les cas ce serait » extrêmement fâcheux. » Le sieur Gost, teneur de livres du sieur Julienne, se trouvait dans le comptoir, et il a attesté avoir pareillement entendu ces mots prononcés par un ouvrier : « On dit que le Duc de Berri a été assassiné. » Le caissier qui, dans ce moment, était aussi dans le comptoir, distrait sans doute par son travail, n'a rien entendu.

Celui qui avait ainsi annoncé le malheur qui nous accable, étant inconnu, on n'a pu arriver à la source de cette étrange et cruelle prédiction. Du reste, il n'a été transmis de Rouen aucun renseignement qui apprenne que, dans les jours qui ont précédé la mort de M. le Duc de Berri, on se soit occupé de cet évènement comme devant arriver, ou comme ayant déjà eu lieu. Peut-être cependant la nouvelle semée par Charles Molus, et dont, Messieurs, nous vous avons entretenus sous le N.º 29, est-elle l'origine de celle de Rouen, comme elle l'a été des bruits recueillis à Rambouillet et ailleurs. Peut-être enfin que tous ces bruits, toutes ces nouvelles ont une origine commune à laquelle votre Commission n'a pas pu remonter.

N.º 39.

Une note transmise à la Commission, indiquait que, dans le cours du mois de janvier, un domestique que l'on désignait avait été frappé au visage d'un coup de stylet, par un individu qui, arrêté sur-le-champ, avait été trouvé porteur de deux poignards. On ajoutait qu'une somme considérable avait été offerte au blessé pour se désister de la plainte par lui rendue, mais qu'elle avait été refusée, et que le coupable était encore en prison. Ce fait, en admettant même qu'il fût prouvé, ne se rattachant en rien au procès, il n'a été donné aucune suite à ce renseignement.

N.º 40.

Divers renseignemens annonçaient qu'un voyageur venant de Beaumont-sur-Oise à Paris, à une époque rapprochée du crime, avait

avait dit au conducteur de la voiture, « qu'il
ne retournerait pas à Beaumont sans y rapporter du nouveau. » Une instruction détaillée
a été suivie pour vérifier ce fait. Elle a établi
que le voyageur était le colonel Barbier-Dufay,
et que son voyage avait eu lieu le jeudi 10 février. Deux des témoins ont affirmé qu'au moment de monter dans la voiture de Chambly
à Beaumont, le colonel Barbier, questionné
sur l'époque de son retour, avait répondu :
« Je ne reviendrai que quand il sera parti ou
étranglé. » Un troisième a déclaré que des-
cendant l'escalier de la salle où se trouvait le
colonel Barbier au moment où le propos fut
tenu, il avait entendu seulement ces mots :
« Je ne reviendrai que quand...... » sans avoir
pu saisir la fin de la réponse. Il paraît au surplus résulter de la déclaration des autres voyageurs, que le colonel Barbier n'a rien dit dans
la route qui ait rapport au propos qui lui est
imputé. Le colonel Barbier-Dufay, interrogé
sur mandat de comparution, et sommé de
s'expliquer sur le sens qu'il attachait aux expressions à lui attribuées, a déclaré n'avoir
point tenu ce propos tel qu'il était rapporté ;
mais avoir voulu faire entendre seulement
qu'il ne reviendrait de Paris que quand il aurait terminé une grande affaire de domaines

nationaux, qu'il suivait au Conseil d'Etat contre
la dame de St-Morys et contre la commune
d'Houdainville, et quand il aurait mis ses adversaires hors d'état de pouvoir lui nuire. Il a
ajouté que quelles que fussent les expressions
dont il avait pu se servir et qu'il ne se rappelait pas d'une manière précise, elles ne pouvaient se rapporter qu'à cette affaire qui était
la cause de son voyage, et qui l'affectait très-
vivement. Il a représenté à la Commission la
minute des différentes demandes qu'à l'époque
où il était venu à Paris il devait adresser au
Conseil d'Etat.

Cette affaire n'a pas eu d'autre suite.

N.º 41.

Le nommé Raynaud, détenu à Bicêtre par
suite d'une condamnation à dix ans de réclusion, prononcée contre lui pour crime de faux,
avait annoncé avoir des révélations importantes à faire. Il a été interrogé en vertu d'une
commission par un des Juges d'instruction de
Paris. Il a déclaré que vers le mois d'août 1815,
il avait eu occasion de voir chez un colonel
et ailleurs encore, un nommé Louvel, se disant sellier, et ayant servi dans la garde ; que

cet homme disait dès lors « que le Duc de Berri lui passerait par les mains. » Raynaud a ajouté « qu'il ne savait pas si cet homme était l'assassin de M. le Duc de Berri, et qu'il pourrait à peine le reconnaître. » Il en a au surplus donné un signalement qui ne se rapporte en rien à celui de Louvel. Cette circonstance et le peu de foi que méritent en général les attestations de pareils individus ont déterminé à ne donner aucune autre suite à ce renseignement. La Cour retrouvera souvent des déclarations semblables émanées d'hommes flétris par la main du bourreau, nous ne les avons jamais repoussées; quelque impure que fût leur origine, quelque invraisemblables qu'elles parussent, nous avons tout examiné, et nous devons, Messieurs, vous rendre compte de toutes nos recherches.

N.º 41 (*bis*).

Une note annonçait que le dimanche 13, un particulier se trouvant dans le cabaret du sieur Bollet, rue de Babylone, avait tenu de très-coupables propos qui auraient paru se rattacher à l'assassinat de M. le Duc de Berri. Le sieur Bollet, seul témoin indiqué comme pouvant donner des renseignemens à cet égard, a déclaré n'avoir aucune connaissance de ce propos, ni par lui-même, ni par son fils qui seul avec lui fait le service de sa maison. Dans cet état, il n'a pu être donné aucune suite à cette note, qui d'ailleurs ne paraissait pas avoir un trait bien direct au procès.

N.º 42.

Le mercredi 16 février, les autorités de la ville de Troyes furent instruites que, dans la soirée du mardi 15, après que l'on ent appris par la poste la nouvelle de l'assassinat de M. le Duc de Berri, le sieur Saignes de Lacombe, l'un des commissaires de police, s'était vanté de l'avoir sue dès le lundi soir, ce que rendait fort invraisemblable la difficulté de faire le trajet de Paris à Troyes en aussi peu de temps.

Ce fait pouvant indiquer, de la part du sieur Saignes, au moins la connaissance d'un complot dont ce crime aurait été le résultat, une instruction fut commencée sur-le-champ. On entendit d'abord les personnes qui avaient recueilli le propos de la bouche même du sieur Saignes ; et il résulta de leurs déclarations que le mardi soir, vers les sept heures, les commissaires de police se trouvant réunis et parlant ensemble du malheur arrivé à la France, l'un d'eux avait demandé au sieur Saignes si l'on pouvait s'attendre à un pareil évènement ; ce à quoi il avait répondu : « Je le savais dès hier ; » sur la question qui lui fut faite comment il avait pu le savoir et pourquoi il n'en avait point averti ses collègues et les autorités, il avait ajouté : « Je ne l'ai appris qu'à la comédie. » Dans la suite de la conversation, il dit, en parlant toujours de cet horrible assassinat : « Voilà ce que c'est que d'attaquer la constitution. » Les témoins avaient ajouté de plus que le sieur Saignes avait dit : « L'assassin ne parlera pas : je connais le parti, il est riche. »

Il résulta enfin de l'information, que vers minuit les mêmes personnes se trouvant encore réunies, et l'une d'elles ayant insisté auprès du sieur Saignes pour savoir d'où il tenait la nouvelle qu'il disait avoir apprise la veille, celui-ci répondit qu'il la tenait, suivant l'un des témoins, d'un comédien ; et suivant un autre, d'un Parisien qu'il avait rencontré en sortant du spectacle. Le sieur Saignes, interrogé sur-le-champ et mis en présence de tous les comédiens, déclara « qu'il n'en reconnaissait aucun pour être l'individu duquel il tenait

cette nouvelle, et qu'il croyait que cet individu se nommait Lambert. » Le sieur Saignes
refusa de signer ses réponses, et se conduisit
avec la plus grande irrévérence envers les autorités qui l'avaient interrogé. Il fut au surplus
vérifié qu'aucun voyageur n'était arrivé en
poste de Paris le lundi soir.

Dans un interrogatoire postérieur, le sieur
Saignes prétendit n'avoir pas dit « qu'il sût la
nouvelle dès le lundi, mais bien qu'une personne lui avait annoncé le lundi qu'il devait
y avoir un coup ; qu'on en parlait généralement. » Il ajouta « qu'il n'avait dit que par ir-
réflexion et par suite de la fâcheuse position
où il s'était trouvé et qui avait troublé ses
idées, que cet homme s'appelait Lambert. » Il
nia du reste les autres propos qui lui étaient
attribués, prétendant qu'ils avaient été dénaturés par les témoins. Interrogé sur la personne dont il disait tenir la nouvelle qu'il
devait y avoir un coup, il ne put la désigner
en aucune façon ; mais il prétendit l'avoir
rencontrée dans la rue ; et que dans la conversation, elle lui avait dit « qu'il était impossible qu'il n'y eût pas un coup, puisqu'on
proposait des changemens à la loi des élections. » Une perquisition ayant été faite chez
le sieur Saignes, on trouva dans une commode

deux petites gravures destinées à rappeler le gouvernement de Bonaparte. Depuis, il a été vérifié que ces deux gravures appartenaient à l'un des enfans du sieur Saignes, auquel elles avaient été données comme jouets, il y avait assez long-temps. Cependant cette circonstance et la connaissance que l'on acquit des relations au moins inconvenantes du sieur Saignes avec des hommes dont la mauvaise opinion n'était pas douteuse ; dont l'un même, condamné à mort pour cause politique, flétri dans sa conduite privée, avait été, après avoir obtenu sa grâce, mis sous la surveillance spéciale du sieur Saignes ; tous ces faits, dis-je, augmentèrent encore les soupçons qui résultaient contre lui des propos qu'il avait tenus, et de l'embarras dans lequel il s'était trouvé pour les expliquer. Les autorités locales se déterminèrent à le faire sur-le-champ transférer à Paris, et à le mettre à la disposition de la Cour des Pairs, afin qu'il pût être vérifié si sa conduite se rattachait ou non au procès. Dans l'interrogatoire par lui subi à Paris, il commença encore par vouloir expliquer ce qu'il avait dit, prétendant qu'il avait seulement parlé à ses collègues d'un pressentiment qu'il aurait eu de quelque évènement qui devait arriver, pressentiment qui résul-

tait de la lecture des journaux et des réflexions qu'ils lui suggéraient. Mais bientôt,
pressé de dire la vérité toute entière, il déclara
qu'il n'avait appris le malheureux évènement du 13, que le mardi, au moment où
la nouvelle en avait été apportée par la
poste ; et les mesures d'ordre et de police
prises alors avec empressement par le sieur
Saignes de Lacombe, et dont il a été attesté,
viennent à l'appui de sa nouvelle assertion.
Enfin le sieur Saignes de Lacombe ajouta
qu'il n'était que trop vrai que ce qu'il avait
dit à ses collègues, le mardi soir, il l'avait
dit par mauvaise inspiration et pour faire
l'important, en donnant à croire qu'il était
mieux informé que les autres, et que toutes
les explications qu'il avait ensuite prétendu
donner à ses propos, étaient toutes men-
songères , et lui avaient été suggérées tant
par la crainte d'avouer sa première imposture, que par le trouble où il se trouvait.
Ces explications qui s'accordent assez avec
l'idée qu'ont pu donner de son caractère tous
les renseignemens obtenus sur son compte,
et sa contenance même au moment de son
interrogatoire, ont fait disparaître aux yeux
de tous les Commissaires de la Cour, et de
M. le Procureur général, les soupçons graves

qui d'abord s'étaient élevés contre lui, mais qu'aucune charge nouvelle n'est venue fortifier.

Dans ces circonstances, la seule mesure à prendre était de transmettre à l'autorité administrative les renseignemens que l'instruction avait fournis, afin qu'elle fût à même de juger si le sieur Saignes devait ou non, d'après la conduite par lui tenue, retourner à Troyes. Mais cette mesure est devenue inutile, la Commission ayant été instruite que le remplacement du sieur Saignes avait déjà eu lieu.

N.º 43.

Le sieur Malmenaide avait été indiqué comme pouvant donner d'utiles renseignemens : il a été entendu. Il a déclaré que le dimanche 13 février, se trouvant vers huit heures du soir au Palais-Royal, il y avait remarqué deux hommes, dont l'un très-gros et ayant des moustaches disait à haute voix à son compagnon : « Quand porte-t-on le coup ? on est bien long-temps à se décider. » Celui-ci répondit : « Ne criez pas si haut. » Le sieur Malmenaide n'ayant pu donner sur ces hommes aucune autre indication, il a été impossible d'avoir la véritable explication des paroles qu'il avait entendues.

N.º 44.

Cette cote a été réunie au N.º 223.

N.º 45.

On avait classé sous ce N.º un renseignement relatif à des propos séditieux tenus à
l'époque du crime ; mais ces propos ne se rattachant pas au procès, les pièces ont été renvoyées à l'autorité compétente.

N.º 46.

La Commission d'instruction avait été informée qu'antérieurement à l'évènement du
13 février, des chanteurs ambulans avaient
annoncé dans la commune d'Antony, qu'il
devait y avoir bientôt du changement. Elle
s'est fait représenter les procès-verbaux dressés
sur ce fait par le maire ; et de ces procès-verbaux qui sont joints au procès, il résulte que
le vendredi 11 février, des chanteurs s'étaient
promenés dans la commune, et après s'être

plaints de leur misère, avaient dit, dans un cabaret où ils s'étaient arrêtés, « qu'on allait avoir du changement. » Ces chanteurs dont on ignore le nom, avaient laissé dans ce cabaret un sac contenant quelques haillons et aussi quelques exemplaires des mauvaises chansons qu'ils distribuaient. On avait lieu de croire qu'ils reviendraient chercher leur sac ; mais ils ne se sont pas représentés jusqu'à ce jour, ce qui a rendu toute recherche ultérieure impossible.

N.º 47.

Un domestique de M. Meslin, maître d'hôtel du Roi, était indiqué comme pouvant donner d'utiles renseignemens sur Louvel.

Il a déclaré ne rien savoir sur son compte, et ne le connaître en aucune façon.

N.º 48.

Le dimanche 13 février, il y avait eu dans la commune de Mont-Rouge, près de Paris, des rassemblemens considérables ; ils étaient, disait-on, de nature à exciter l'attention de la Justice.

Les renseignemens pris auprès du maire de cette commune ont établi que ce jour-là, comme tous les dimanches de l'année, il s'était réuni une grande quantité de personnes dans les guinguettes nombreuses, dont la commune de Mont-Rouge est remplie, et que si l'affluence avait été plus grande qu'à l'ordinaire, on ne pouvait l'attribuer qu'à la circonstance du carnaval, et non à aucun but politique. La surveillance active et continuelle à laquelle ces réunions sont soumises, n'a point indiqué qu'elles eussent ce jour-là un autre but que de coutume.

N.º 49.

M. l'abbé Gaussin paraissait avoir appris de M.me la comtesse O'méara, qu'une amie de cette dame voulant aller à l'Opéra, le dimanche jour du crime, en avait été détournée par quelqu'un qui lui avait dit avec beaucoup d'insistance qu'il devait s'y passer ce jour-là quelque chose d'extraordinaire. M. l'abbé Gaussin a déclaré tenir ce fait de M.me la comtesse O'méara. Cette dame à son tour ayant été entendue, elle a déclaré que le fait n'était point arrivé à une de ses amies, mais que passant dans la cour du Louvre, le lundi 14 février, elle avait entendu une dame à elle inconnue et qui paraissait fort affligée, dire à une autre également dans la douleur, et qu'elle ne connaissait pas non plus : « Que je suis heureuse de n'avoir pas été au spectacle hier, et que l'on soit venu m'en détourner, puisqu'il devait y avoir un si triste évènement ! » D'après cette déclaration, il a été inutile de remonter à la source du propos, qui du reste avait paru à la dame O'méara indiquer seulement que le hasard avait empêché la personne qui parlait d'aller à l'Opéra, et point du tout la connaissance antérieure qu'on aurait eue du crime qui devait s'y commettre.

N.º 5o.

Cette cote a été réunie au N.º 15.

N.º 51.

Le sieur Toullier fut signalé à la Commission d'instruction comme ayant dit, le 11 février, à un sieur Cochois, que la Famille

royale devait être assassinée. Ces deux individus ont été entendus. Le sieur Cochois a
déclaré qu'en effet, au jour indiqué dans la
note reçue par la Commission, le sieur Toullier était venu chez lui pour affaires, et lui
avait dit dans la conversation, et cela dans
un moment où il était question de la stagnation du commerce : « Comment voulez-vous
que ça aille, tant que nous les aurons, » propos
qu'il avait jugé s'appliquer aux Bourbons, et
dont sa femme avait fait à Toullier les plus
vifs reproches. Toullier, de son côté, a affirmé
n'avoir point tenu ce propos. Il a paru à la
Commission résulter des explications deman-
dées à chacun d'eux, que la déclaration de
Cochois avait été dictée par un sentiment de
haine contre Toullier dont il est le débiteur.
Dans ces circonstances, et Toullier d'ailleurs
n'étant point défavorablement noté, les recherches commencées n'ont pas dû être pous-
sées plus loin.

N.º 52.

Un renseignement transmis au Procureur
général, annonçait qu'un marchand de toile
en gros, de la rue des Déchargeurs, avait reçu

de Bordeaux, antérieurement au crime, une lettre dans laquelle se trouvait ce passage : « Vous paraissez bien tranquilles à Paris, tandis que nous craignons l'assassinat du Duc de Berri. »

Le sieur Montargis, marchand de toile en gros, auquel paraissaient s'appliquer plus spécialement les indications données, a d'abord été entendu comme témoin, et a déclaré positivement n'avoir reçu de Bordeaux aucune lettre où il fût question de l'assassinat de S.A.R. M. le Duc de Berri. Depuis, tous les autres marchands de toile, qui habitent cette rue, ont été appelés ; mais ils n'ont pu donner aucune autre indication ; et il a été impossible de se procurer de plus amples éclaircissemens, ou plutôt ceux qu'on a ainsi obtenus ont établi la fausseté du fait supposé. Nous n'avons d'ailleurs, Messieurs, reçu aucun renseignement, aucune note qui apprenne qu'à Bordeaux on eût répandu, avant le 13 février, la nouvelle de la mort de M. le Duc de Berri.

N.º 53.

Divers articles de journaux avaient signalé le nommé Coupon, demeurant à Allevard, comme ayant entretenu en 1814, avec un individu qui se trouvait à l'île d'Elbe, une correspondance dont l'objet pouvait se rattacher au crime du 13 février.

Coupon, accusé de faux, se trouvait déjà sous la main de la justice. Il a été interrogé ; et de ses déclarations, ainsi que des renseignemens pris d'ailleurs, il est résulté qu'il avait autrefois connu un individu nommé Roul, qui en 1815 s'était réfugié à l'île d'Elbe pour éviter des poursuites judiciaires qu'il avait sujet de craindre en France. Cet individu écrivit de l'île d'Elbe, sous le nom supposé de Dosast, trois lettres, dont une seule, adressée au juge de paix d'Allevard, était parvenue à sa destination ; les deux autres, adressées à Coupon et à un autre individu du même pays, avaient donné lieu à des recherches de police, qui n'avaient rien produit à leur charge. Il y a lieu de croire que, dans ces trois lettres qui n'ont pu être retrouvées, il était question en termes énigmatiques du retour de Bonaparte ; mais non d'aucun projet, d'aucun complot qui pût se rattacher au procès.

N.° 54.

N.º 54.

Le sieur Ravesson, demeurant rue Saint-Thomas-du-Louvre, avait rencontré, en rentrant chez lui, le vendredi 11 février, vers onze heures et demie, deux hommes dont la tournure avait éveillé ses soupçons; il avait même cru entendre l'un d'eux dire, en parlant de spectacle : « Y était-il? ou, est-ce qu'il était au spectacle? » Le lendemain samedi, vers minuit, il avait de nouveau revu ces deux individus à la même place, ce qui l'avait un peu effrayé. Après le crime, et le mardi 15, il retrouva l'un des deux hommes, seul dans la cour du Louvre, et crut le voir pâlir au moment où leurs yeux se rencontrèrent. Frappé de cette circonstance, et se rappelant la conversation qu'il avait entendue lors de sa première rencontre, il conçut l'idée que l'un d'eux pouvait être Louvel, et il crut devoir faire sa déclaration à la justice. Pour savoir de quel intérêt elle pouvait être, une confrontation avec Louvel était nécessaire; elle a eu lieu, et le sieur Ravesson n'a pas reconnu Louvel pour l'un des hommes rencontrés par lui. Louvel, de son côté, a déclaré être sorti seul ces deux

11

jours-là, et être rentré avant dix heures, comme il le faisait habituellement. L'on doit remarquer que s'il fût rentré plus tard, il n'aurait pas dû passer par la rue St-Thomas-du-Louvre, la porte des écuries de ce côté fermant toujours à dix heures précises. Il est d'ailleurs constant que Louvel n'avait point de vêtemens de la couleur de ceux dont étaient vêtus les hommes rencontrés par le sieur Ravesson. Il est donc établi que la déclaration de ce témoin ne s'applique pas à Louvel.

N.º 55.

Cette cote a été réunie au N.º 29.

N.º 55 (*bis.*)

Le sieur Cazeneuve a déclaré que dans les premiers jours de février dernier, se trouvant auprès du bâtiment que l'on élève pour la Bourse, vers huit heures du soir, il vit entrer dans un passage qui se trouve entre ce monument et le passage Feydeau, une voiture précédée d'un piqueur avec un flambeau. Etant entré à la suite de la voiture, il rencontra trois ou quatre hommes dont l'un fut reconnu, par lui, pour être un marchand de gâteaux de la rue St-Honoré. Ces hommes paraissaient être en discussion; il s'approcha d'eux, et leur demanda où conduisait le passage, et quelle était la voiture qui venait d'y entrer. Ils lui répondirent qu'il conduisait au théâtre Feydeau, et l'un d'eux ajouta : « La voiture est celle de M. le Duc de Berri qui va au spectacle : il n'y ira pas long-temps. » Depuis lors il revit encore plusieurs fois ces trois hommes à l'estaminet Feydeau, jusqu'au moment du crime qu'ils cessèrent d'y venir. Il y revit cependant encore, deux jours après, celui des trois qui avait tenu le propos. Cazeneuve et ce marchand de gâteaux, par lui indiqué comme l'un des témoins de la scène, ont été confrontés, et il est résulté des explications qui ont eu lieu entr'eux, que le marchand de gâteaux n'avait pu entendre les propos, s'ils ont été réellement tenus; il n'a pu du reste désigner ceux avec qui il était en ce moment. Cazeneuve ne les connaît pas non plus. Il est certain enfin qu'au moment où Cazeneuve croit avoir entendu ces mots, qui semblaient se rapporter à S. A. R. M. le Duc de Berri : « Il n'ira pas long-temps au spectacle, » les trois ou quatre interlocuteurs, du milieu desquels ces paroles étaient sorties, étaient très-animés, et se disputaient avec force et avec aigreur. Cette affaire n'a pu ainsi avoir d'autre suite.

N.º 56.

Une note transmise à la Commission donnait quelques détails sur des relations suspectes qu'aurait entretenues le nommé Louvet avec un ancien officier. Le nom donné dans cette note à l'individu qui y était signalé, ainsi que les détails qu'elle contenait, indiquant assez qu'elle ne se rapportait point à Louis-Pierre Louvel, il n'y a été donné aucune suite.

N.º 57.

Baillet donne des renseignemens sur le séjour de Louvel chez Mathiva, et sur ses rapports avec Bonnefond.

N.º 57.

Charpentier donne des renseignemens sur les rapports de Louvel avec Gillet.

N.º 57.

Un renseignement annonçait qu'à l'époque
du mariage de S. A. R. M. le Duc de Berri,
il avait été formé, contre la Famille royale,
un complot dans lequel étaient entrés plusieurs ouvriers selliers.

Un sieur Horsois, indiqué comme ayant
connaissance de ce fait, a été entendu, et a
déclaré qu'en effet, à cette époque, et le jour
même de l'arrivée de la Princesse à Paris, il
avait rencontré, aux Tuileries, un ouvrier
sellier, nommé David, qui, en regardant les
illuminations agitées par le vent, lui avait dit :
« Cela ne tiendra pas ; » qu'ayant ensuite été
ensemble dans un cabaret de la rue Casti-
glione, David, après l'avoir sondé sur son opinion, et le croyant bonapartiste, lui avait dit
qu'il y avait un projet d'exterminer la Famille
royale ce jour-là même ; qu'ils étaient trente
mille, mais que le complot venait d'être déjoué. Le sieur Horsois déclara que le nommé
Camousse était présent à cette conversation,
et que le nommé Astorque en avait eu connaissance à l'époque où elle fut tenue. Ces
deux individus ont été entendus ; mais ils ont

affirmé n'avoir aucun souvenir des propos
rapportés par Horsois. Ils ont au surplus déclaré que David, dont les opinions étaient très-
prononcées contre la Famille royale, avait dès
lors la tête si faible, qu'on portait peu d'attention à ce qu'il disait. L'instruction a établi
que, depuis, cet individu était devenu entièrement fou, et avait été mis à Bicêtre où il
était décédé.

La nature même du propos indiquant assez
qu'il était l'effet de la folie dont David se trouvait déjà atteint, et aucun fait ne le rattachant
d'ailleurs au procès, il n'a point été donné
d'autre suite aux recherches qui, d'abord,
avaient été faites.

N.º 58.

Le nommé Florimont-Vechard était indiqué
comme ayant eu des relations avec Louvel,
et pouvant donner sur lui d'utiles renseignemens.

Il a été entendu et a déclaré qu'il ne se rappelait en aucune manière Louvel, et que, s'il
s'était trouvé avec lui, en 1806, dans la compagnie du train d'artillerie de la garde, ce que
le rapprochement des dates semblait établir,

il ne l'avait du moins pas vu depuis ce temps.
Louvel, interrogé sur ses rapports avec cet
individu, a déclaré l'avoir effectivement connu
lorsqu'il servait dans l'artillerie, mais n'avoir
eu depuis aucunes relations avec lui.

N.º 59.

Il paraissait certain que le 10 février, un
individu avait tenu, dans la manufacture du
sieur Randall, à Paris, des propos qui pouvaient se rattacher à l'idée d'un complot formé
contre le Gouvernement; entre autres choses
il avait dit que le *petit Caporal* voyageait sans
passe-port; qu'on allait les *jeter* en l'air, et
que sous peu on verrait un grand évènement.

Ces faits ont été vérifiés par la déclaration
du sieur Caguin, commis dans la manufacture du sieur Randall. Ce témoin, dont
les bons sentimens ne paraissent pas douteux, a déclaré qu'effectivement un individu
étranger à la manufacture, et sur lequel il
n'a pu donner aucune indication précise, était
venu, au jour indiqué, acheter du coton,
et que, tandis qu'on le préparait, il s'était
mis à parler de politique, et avait dit que le
petit Caporal voyageait sans passe-port, et

qu'on les......en l'air sous peu, et peut-être
au carnaval. Le défaut de renseignemens sur
cet individu a rendu toute recherche ultérieure impossible.

N.º 60.

Un rapport administratif annonçait que le
6 février, le nommé Loiseau, éperonnier des
écuries du Roi, allant, vers trois heures et
demie du matin, commander l'enterrement de
son beau-père, avait rencontré Louvel dans
la rue Neuve-d'Orléans; qu'une conversation
s'était engagée entre eux; que Loiseau ayant
demandé à Louvel où il allait, celui-ci lui
avait répondu qu'il allait à Vincennes; et sur
l'observation de Loiseau qu'il perdrait nécessairement la journée de travail à cette course
et la ferait perdre à ses ouvriers, Louvel avait
dit : « L'affaire qui m'attire à Vincennes est bien
» plus importante que mes ouvriers et mes ou-
» vrages. » Les deux agens de police, signataires
du rapport, ont été entendus, et ont déclaré
avoir recueilli ce fait, avec toutes ses circonstances, de la bouche même de Loiseau. L'un
d'eux cependant, en s'expliquant sur l'heure à
laquelle la rencontre avait eu lieu, s'est ex-

primé d'une manière moins affirmative que l'autre, et a dit seulement à cet égard : « C'est » bien, comme le porte le rapport, à trois » heures ou trois heures et demie, que Loiseau » a dit avoir rencontré Louvel ; je le crois, » du moins. »

Loiseau, de son côté, a été entendu, tant à la Préfecture de police, que devant la Commission des Pairs. Dans sa déclaration, dont la sincérité ne saurait être douteuse, il a placé sa rencontre avec Louvel à trois heures et demie du soir, et a soutenu qu'il ne lui avait dit autre chose, sinon qu'il allait à Vincennes. Il a ajouté qu'en apprenant, aux écuries du Roi où il se trouvait, le crime de Louvel, il avait effectivement parlé de sa rencontre avec lui, et avait pu dire que sans doute il allait à Vincennes pour y faire *ses conspirations*. Ce propos répété aux agens de police, signataires du rapport, avait éveillé leur attention ; ils s'étaient rendus chez Loiseau, et avaient eu avec lui une conversation à la suite de laquelle leur rapport avait été dressé. Loiseau affirme que quant à l'heure et quant au propos tenu par Louvel, il ne leur a dit autre chose que ce qui est consigné dans sa déposition ; et quant à l'heure, il établit la vérité de son assertion sur une circonstance positive,

la mort de son beau-père, qui n'a eu lieu qu'à
sept heures du matin, ce qui interdit la supposition qu'il ait pu aller commander l'enterrement à trois heures et demie du matin,
heure à laquelle d'ailleurs les bureaux de l'administration des pompes funèbres ne sont sans
doute pas ouverts.

Le rapport envoyé à la Commission se trouvant donc formellement démenti sur le fait
le plus important, il est impossible de ne pas
ajouter foi à la déposition de Loiseau, confirmée d'ailleurs par les déclarations de Louvel
sur ce point, et de ne pas rejeter le rapport
comme contenant de l'inexactitude causée
sans doute par l'exagération d'un zèle louable,
mais pas assez éclairé.

N.º 61.

Le Juge de Fontainebleau avait été commis
pour vérifier judiciairement quelques renseignemens donnés par la police administrative,
relativement au séjour de Louvel dans cette
ville. Une instruction détaillée eut lieu sur
ce point; mais il a été facile de reconnaître
par le rapprochement des dates, par l'âge
attribué dans les diverses dépositions à Lou-

vel, et par l'état qu'on lui supposait, que ces divers renseignemens s'appliquaient au cousin germain de l'assassin, ancien ouvrier sellier, depuis employé dans la vénerie, et aujourd'hui grenadier dans la garde royale. Ce résultat est encore confirmé par les déclarations de Louvel, dans la partie de son interrogatoire qui a eu pour objet d'éclaircir ce point de l'affaire.

N.º 62.

Avant que la nouvelle de l'assassinat de M. le Duc de Berri fût connue dans le département de l'Orne, un individu avait tenu dans une commune voisine de Mortagne, les propos les plus coupables, annonçant la défaite des Princes (ce sont ses expressions); ajoutant que sous deux jours, si les choses ne s'arrangeaient pas, on allait voir du nouveau, remettre sur le trône le fils de Bonaparte, et massacrer les chefs royalistes. Une commission fut sur-le-champ adressée au Juge de Mortagne, pour informer sur ces faits; et de l'instruction suivie en conséquence, il est résulté que le nommé Juglet se trouvant chez la femme Tassin, le lundi 14 février, y avait dit d'abord, que les

nouvelles n'étaient pas bonnes ; et après avoir
parlé des Princes, il avait ajouté : « Sous deux
» jours il va y avoir du nouveau si les choses
» ne s'arrangent pas. » Enfin, la conversation
s'étant engagée sur la noblesse et le clergé qui,
prétendait-il, voulaient reprendre leurs privi-
léges, il avait osé dire qu'il désirait être le
bourreau du canton, et mettre lui-même la
guillotine en mouvement ; mais qu'avec une
hache on se déferait plus promptement des
prêtres, des nobles et même de leurs enfans ;
qu'il n'épargnerait rien et commencerait par
une femme qui se trouvait là, et qui se disait
noble d'origine. Une des personnes présentes
lui ayant demandé ce qu'il mettrait à la place
de la Famille royale quand il l'aurait détruite
comme il l'annonçait, il répondit : « Nous y
» mettrons le fils de Napoléon ; nous avions
» un bon ministre de la guerre, on l'a ren-
» voyé, mais on égorgera les chefs. »

Dans les interrogatoires par lui subis tant
à Mortagne qu'à Paris où il a été amené, en
vertu d'un mandat décerné contre lui, Juglet
a soutenu que les propos qu'il avait tenus
n'avaient aucun rapport avec l'évènement du
13 février ; que s'il avait annoncé un changement, et parlé du rétablissement des dîmes
et de la mauvaise administration du Ministre

de la guerre, c'était sur la foi de trois hommes
à lui inconnus, qu'il avait rencontrés quelques jours auparavant au marché de l'Aigle,
et qui lui avaient débité toutes ces nouvelles ;
il affirma que le surplus des propos par lui
tenus, propos qu'il ne se rappelait que très-
confusément, devaient être attribués à l'état
où le vin l'avait mis, et à l'irritation que lui
avaient causée les contradictions d'une femme
avec laquelle il se trouvait alors, et qui, en le
contrariant, l'avait poussé malgré lui à dire
des choses tout-à-fait contraires à ses sentimens. Il a au surplus invoqué sur sa conduite
le témoignage du Maire et des autres Fonctionnaires de la commune qu'il habite.

Dans cet état, les propos tenus par Juglet,
n'étant rattachés au procès par aucun indice,
et manquant d'ailleurs du seul caractère qui
pouvait légalement les incriminer, la publicité, ils n'ont pu malheureusement être l'objet
d'aucune autre poursuite, et le mandat d'amener décerné contre Juglet n'a point été converti en mandat de dépôt; Juglet est demeuré
provisoirement libre, mais la Cour seule a le
droit de décider si la liberté lui sera définitivement rendue.

N.º 63.

Le 17 février, le sieur Decourteille, ancien maréchal-des-logis de la gendarmerie,
déclara, devant le Procureur du Roi de
Pontoise, que, le mercredi 9 du même
mois, le nommé Giroux, gendarme de la lieu-
tenance de Pontoise, était venu chez lui, et
qu'après divers propos insultans contre ses
chefs, il avait ajouté : « Cela va bien mal ; d'ici à
» peu de jours il y aura de grands change-
» mens dans la famille ; les Princes ne se com-
» portent pas bien, et vous verrez quelque
» chose ; rappelez-vous de cela. On est si mal
» commandé aujourd'hui par des officiers qui
» ne connaissent pas leur droite de leur gau-
» che ; un peu de bouleversement ne ferait
» pas de mal. » Cette déclaration fut confirmée à l'instant par celle de la femme Decourteille, qui se trouvait présente à la conversation que Giroux avait eue avec son mari. Pour
vérifier davantage le fait, et éclaircir quel pouvait être le sens des propos imputés à Giroux,
et s'ils avaient quelque rapport au fatal évènement du 13, on l'envoya, sous un prétexte
quelconque, chez Decourteille ; y étant arrivé,

celui-ci, pour le remettre sur la voie, lui dit :
« Eh bien ! ce que vous aviez dit qu'il y aurait
» du nouveau pour les Princes, est arrivé ;
» vous êtes un malin. » Oh! oui, répondit
Giroux, mais ce n'est pas dans ce sens que je
l'entendais ; j'étais loin de croire qu'il fût
question du meurtre des Princes. Il ajouta
ensuite : « Cela n'en restera pas là, Bonaparte
est déjà à Madrid avec les insurgés du Texas. »
Ces explications sont rapportées par Decourteille, auquel elles ont été données par un
témoin digne de toute confiance, et qui les a
également entendues. D'après ces déclarations,
Giroux a été interrogé à deux reprises différentes : d'abord sur simple mandat de comparution, et ensuite sur mandat d'amener,
lorsque l'instruction a été plus complète. Il a
commencé par nier les propos qui lui étaient
imputés ; mais, forcé bientôt de reconnaître,
par la nature des preuves acquises, qu'il avait
dit au moins quelque chose de semblable, il
déclara ne pouvoir se rappeler précisément
ce qu'il avait dit à Decourteille, dans sa conversation ; mais il affirma ne lui avoir rien dit
qui eût trait à l'assassinat de M. le Duc de
Berri ; quant aux changemens dont il convint
q'uil lui avait parlé comme d'une chose probable, il expliqua ce propos, en disant qu'il

était de sa part le résultat des réflexions qu'il
avait entendu faire par différentes personnes
qui lisaient les journaux devant lui, et sans
qu'il se rapportât à aucun fait, ni à aucune
confidence qu'il eût reçue. Cette explication
qui s'accorde assez avec celle qu'il avait
donnée à Decourteille, avant même de savoir
qu'il était recherché pour ce propos; la vraisemblance que lui donne le peu d'intelligence
de Giroux qui, quoique gendarme, ne sait ni
lire ni écrire; la certitude, presque complète,
de ne pouvoir obtenir de lui d'autres renseignemens, et le défaut d'autres faits à sa charge,
ont déterminé la Commission à ne regarder
les propos par lui tenus, que comme le mélange incohérent des réflexions que pouvaient
lui avoir suggérées l'audition des journaux, et
les bruits par lui recueillis. Ses propos, ainsi
appréciés, ne le rattachant en rien au procès,
et ne pouvant donner lieu d'ailleurs à aucune
poursuite contre lui, il a été laissé en liberté;
et vous aurez à juger, Messieurs, si vous devez
sanctionner la mesure prise à son égard. Il est
nécessaire d'observer que Giroux a été rayé
des contrôles de la gendarmerie.

N.° 64

N.º 64.

Le journal l'*Indépendant* contenait, le lundi 14 février, un article dans lequel le rédacteur, en parlant de la loi des élections, qui devait être présentée ce jour-là même, s'exprimait ainsi : « C'est ce bel ouvrage que dans deux » ou trois heures vous pourrez aller entendre » à la tribune nationale, à moins............ que » le ministère n'ait encore changé son projet » pendant que notre feuille était sous presse. » Les points suspensifs qui se trouvent au milieu de ce passage, avaient paru, à quelques personnes, offrir une coïncidence criminelle avec le fatal évènement de la nuit, il avait été signalé dans ce sens à l'attention de la Commission; mais l'ensemble de cet article ne présentant rien d'ailleurs qui pût faire soupçonner une autre intention que celle de critiquer le projet annoncé par le Gouvernement, il n'a été donné aucune suite à cette partie de l'instruction.

N.º 65.

La femme Fichu, marchande de pommes, stationnée habituellement dans la rue du

Chaume, au Marais, a déclaré que, dans les derniers jours de février, et postérieurement au crime, deux inconnus, que des voitures avaient forcés à se ranger près de son étalage, avaient continué, sans la voir, une conversation déjà commencée, et dans laquelle l'un d'eux avait dit: « Mon ami, nous sommes perdus, ne pouvant sauver ce drôle qui est dedans, il va tous nous dénoncer; je ne puis ni boire, ni manger, ni dormir. » L'autre répondit, « Ni moi non plus. » Mais, à ce moment, l'un des deux s'étant retourné, fit, en voyant la femme Fichu, un mouvement de surprise après lequel tous deux s'étaient éloignés fort vîte.

La nature même de ce renseignement, qui ne fournissait pas les moyens de reconnaître les auteurs de cette conversation, et de savoir si elle se rapportait à Louvel, indique assez que l'instruction sur ce point n'a pu avoir d'autre suite.

N.º 66.

Cette cote a été réunie au N.º 3.

N.º 67.

Huit jours environ avant le crime du 13 février, le nommé Renard, écrivain public à Versailles, avait dit, assurait-on, devant la femme Arlet, qu'avant peu de jours il y aurait un changement, que ce serait l'affaire d'une nuit; que le Roi y consentait, qu'on ne tuerait personne, mais que le prince Eugène serait placé sur le trône, que, sans doute, il remettrait ensuite à Napoléon. Pendant cette conversation, un homme, portant la livrée du Roi, était survenu, et par ses propos avait paru s'entendre avec l'écrivain; après son départ celui-ci avait dit de lui : « C'est un sel.... » sans achever le mot.

La femme Arlet, entendue par le Juge d'instruction de Versailles, a confirmé en partie ces faits dans une déclaration très-développée ; s'il faut l'en croire, elle était allée, le 6 février, dans le bureau du nommé Renard, et à l'occasion d'une demande qu'elle avait depuis long-temps formée, et sur laquelle elle n'avait pu encore obtenir une décision des ministres du Roi, Renard lui avait dit : « Je » le crois bien, ils ont beaucoup à faire; tous » les gens de bureau ont les bras liés; ils

» n'osent rien faire, ne sachant auquel enten-
» dre. » Puis il avait ajouté, par forme de
confidence : « Il va y avoir de grands change-
» mens sous peu, et le mois ne se passera pas
» que vous ne voyiez du nouveau. J'ai vu hier
» un homme de la maison du Roi, que je
» connais particulièrement, c'est un sel... » et
à ce moment il s'était arrêté, ne voulant pas
le nommer, de peur que son nom ne fût répété;
puis il avait donné de longs détails sur la manière dont le changement devait se faire sans
effusion de sang, par la volonté du Roi, à
laquelle les Princes seraient bien obligés de
souscrire, et par l'intermédiaire du prince
Eugène, qui remettrait la Couronne à Napoléon II.

Renard, dans les interrogatoires qu'il a subis
à Versailles, a constamment nié les propos
qui lui étaient attribués; et un témoin, indiqué
par la femme Arlet comme s'étant trouvé
dans le bureau de Renard, pendant une partie
du temps qu'elle y était restée, a déclaré
n'avoir rien entendu de semblable.

Cependant, et pour éclaircir davantage le
fait, un mandat d'amener a été décerné contre
Renard; mais dans son interrogatoire à Paris,
il a persisté dans ses précédentes dénégations.
Aucune charge, autre que la déclaration isolée

et assez invraisemblable de la femme Arlet,
ne s'élevant contre lui, on n'a point converti
le mandat d'amener en mandat de dépôt, et
l'instruction n'ayant rien fourni de nouveau
sur son compte, la Cour, Messieurs, aura à
juger s'il y a lieu à suivre contre cet individu,
ou plutôt s'il ne doit pas être définitivement
rendu à la liberté.

N.º 68.

Vingt-cinq feuilles de passe-ports furent
enlevées, le 29 février, pendant la nuit, du
bureau de l'enregistrement de Joigny ; on avait
laissé intacte une somme de 165 francs, qui
se trouvait placée dans le même endroit que
les feuilles enlevées. Cette circonstance et le
grand nombre d'effractions commises pour
arriver à l'armoire où se trouvaient les passe-
ports, firent sur-le-champ penser que cette
soustraction se rattachait, soit au crime du 13,
soit à quelque manœuvre factieuse. Une instruction fut commencée devant le Tribunal
de Joigny, et les seuls renseignemens qu'elle
ait produits jusqu'à ce jour, indiquent que
l'enlèvement a pu être commis par deux individus vêtus de blouses bleues, qui le matin

s'étaient présentés au bureau de l'enregistrement, sous prétexte d'y échanger quinze cents
francs d'argent contre de l'or. Ces deux individus ont encore été aperçus dans les environs de la ville pendant le reste de la journée.
Des recherches multipliées ont eu lieu pour
les retrouver, mais jusqu'à ce moment elles
ont été infructueuses, et rien ici ne se rattachant au crime de Louvel, cette affaire a dû
être laissée à la connaissance exclusive du
Juge ordinaire. L'opinion publique attribue
sans raison peut-être à des Espagnols cet enlèvement assez extraordinaire.

N.º 69.

M. Vulpian avait raconté dans le monde,
que le jour du crime, Louvel se trouvant
dans un cabaret avec plusieurs autres individus, il avait été dit entre eux : « Ne buvons
pas trop, ce soir nous sommes occupés. »
M. Vulpian a été entendu ; il a déclaré avoir
ouï dire que le cordonnier Bechet avait, le
13 février, trouvé dans un cabaret deux hommes qui connaissaient Louvel, et que les ayant
engagés à boire, ces deux hommes avaient répondu : « Nous ne le pouvons pas aujourd'hui,

parce que nous avons quelque chose à faire ce soir. » Le sieur Vulpian déclarait tenir ce fait d'une femme de chambre, qui le tenait d'une portière qui elle-même l'avait appris du nommé Roy auquel Bechet, cordonnier, l'avait raconté.   .

Ces deux individus ont été appelés ; Roy a déclaré qu'il avait d'abord appris le fait de la femme de Bechet, et qu'alors il l'avait mal compris, ce qui s'explique facilement par la surdité dont cet homme est affecté ; mais que le lendemain Bechet lui avait raconté comment les choses s'étaient passées, et le récit du témoin Roy était conforme en tous points à la déclaration faite par Bechet lui-même, et de laquelle il résulte seulement que le lundi 14 février, et non le dimanche 13, Bechet ayant été boire lui troisième dans un cabaret de la rue Aumaire, il y trouva deux hommes assis à une autre table, qui parlaient du cruel évènement, sujet de la douleur et de l'entretien de tous ; il entendit l'un d'eux dire que la veille, à huit heures et demie du soir, Louvel était encore chez un marchand de vin à faire une partie de cartes, et qu'alors il avait pris son chapeau, comme s'il avait quelque chose d'important à faire. Bechet s'étant approché de celui qui tenait ce dis-

cours, lui demanda quel genre d'homme était
Louvel, et il lui fut répondu que c'était un
homme d'une taille ordinaire et qui avait l'air
sournois. Cette déclaration de Bechet a été
confirmée par celle des deux personnes qui
se trouvaient à boire avec lui ; mais on n'a pu
obtenir aucun renseignement sur l'individu
qui avait parlé de Louvel, et celui-ci, interrogé sur ce fait, a soutenu n'avoir joué aux
cartes avec personne dans la soirée du 13.
Il est certain d'ailleurs qu'il était à la porte de
l'Opéra, à huit heures et quart ; il ne pouvait
donc être resté dans un cabaret jusqu'à huit
heures et demie ; d'autant qu'après avoir fini
de dîner, il est rentré chez lui et a été de là
à l'Opéra. Il est cependant possible que deux
hommes aient vu Louvel au cabaret de Dubois, lieu où il a dîné, et où il ne paraît pas
qu'il ait parlé à d'autres qu'à Bizemont ; et il
est possible aussi que ces deux hommes aient
ajouté à des faits vrais des circonstances qui
leur étaient étrangères, et qui paraissaient
rendre leur rencontre et leur récit plus piquans.

N.º 70.

Le général d'Anselme, entendu dans l'instruction, a déclaré que peu de jours avant

le crime, il se trouvait dans l'allée de Mari-
gny, lorsque deux voitures à la livrée de
M. le Duc de Berri vinrent à passer ; il se
rangea, ainsi que deux jeunes gens qui étaient
aussi dans cette avenue, et au moment où il
se croisait avec ces deux jeunes gens après
le passage des voitures, il entendit l'un d'eux
dire à l'autre : « Ils ne savent pas ce qui
les attend. »

Le général d'Anselme n'avait fait alors aucune attention à cette phrase qui pouvait se
rapporter à beaucoup d'objets différens, il se
l'était rappelée depuis et l'avait répétée. Mais
il a déclaré être dans l'impossibilité d'indiquer
en aucune façon les jeunes gens qui l'avaient
prononcée, et ne les avoir pas assez remarqués
pour pouvoir les reconnaître, quand même
ils lui seraient représentés. D'après cette déclaration, votre Commission, Messieurs, n'a
pu se livrer à aucune autre recherche.

N.º 71.

Un placard séditieux, trouvé sur les murs
de Paris, et transmis à la Commission, avait
été classé sous ce numéro ; mais son contenu
ne le rattachant pas au procès, il a été remis

aussitôt au Procureur du Roi, pour qu'il pût faire les recherches et diriger les poursuites convenables.

N.º 72.

Cette cote a été réunie au N.º 27.

N.º 73.

Cette cote a été réunie au N.º 27.

N.º 74.

Les sieur et dame Guilpain, limonadiers, rue Neuve-du-Luxembourg, avaient déclaré que, le dimanche 13 février, plusieurs ouvriers qu'ils avaient jugé être des selliers, étaient venus déjeûner dans leur café, vers huit ou neuf heures du matin ; que l'un d'eux avait tenu, pendant le temps qu'il y était resté, des propos extraordinaires et de nature à exciter l'attention de ceux qui les entendaient ; il avait dit « que les plus faibles étaient souvent les plus forts ; que s'il ne payait pas

sa dépense ce jour-là, il ne pourrait peut-
être pas la payer le lendemain ; que s'il le
voulait, il trouverait bien dix mille francs
dans sa journée, et que le jour n'était pas
passé. » Tous ces propos dont l'ensemble pouvait faire soupçonner qu'ils avaient été tenus
par Louvel, ont rendu nécessaire sa confrontation avec les sieur et dame Guilpain ; elle a
eu lieu, et tous deux ont déclaré ne pas le
reconnaître pour l'individu désigné dans leurs
dépositions. Louvel interrogé sur ce fait, et
sans qu'il pût connaître la cause de nos recherches, a persisté à soutenir qu'il n'avait
point été, le 13 ni les jours précédens, au
café des sieur et dame Guilpain.

N.º 75.

On avait classé sous ce numéro un rapport
transmis à la Commission, et relatif à des
propos criminels tenus, le lundi 14 février,
dans le jardin des Tuileries, sous les fenêtres
du château ; mais ces propos n'ayant aucune
connexité avec le procès, les pièces ont été
sur-le-champ renvoyées au Procureur du Roi.

N.º 76.

Cette cote est réunie au N.º 27.

N.º 77.

On assurait que deux mois environ avant la mort du Prince, une femme Fortin avait fait parvenir à S. A. R. une lettre dans laquelle, en le conjurant de prendre des précautions pour sa sûreté ; cette femme lui annonçait, qu'il était en danger d'être assassiné ; on ajoutait que S. A. R. lui avait accordé quelques secours. On a entendu sur ce fait une dame du nom de Fortin, elle n'en avait aucune connaissance. Il est même certain que ce n'était pas à elle que le renseignement donné s'appliquait, mais il n'a pas été possible de découvrir la femme Fortin dont il était question, et ce qu'il pouvait y avoir de vrai dans le renseignement transmis à la Commission des Pairs.

N.º 77 (*bis*).

Jacques Maigne, terrassier à Barnaud, département de Seine-et-Marne, fut signalé à
la Commission comme ayant annoncé, dès le
12 février, à un sieur Belmont, que S. A. R.
M. le Duc de Berri avait été assassiné. Il avait,
disait-il, appris cette nouvelle à Guignes.

Le sieur Belmont entendu, a déclaré que
le lundi 14, et non pas le samedi, comme par
erreur il l'avait d'abord annoncé, le nommé
Jacques Maigne, ouvrier terrassier à Barnaud, lui avait raconté que se trouvant à
Guignes, huit jours auparavant, il avait entendu dire que M. le Duc de Berri était assassiné. Le sieur Belmont a ajouté qu'il ne savait
pas encore l'évènement au moment où Jacques
Maigne lui parlait de ce bruit, et qu'il l'avait
repoussé comme une fable. Jacques Maigne
entendu à son tour, a déclaré que le mardi
8 février, il alla travailler sur un chemin des
environs de Guignes et s'assit au pied d'un
arbre pour déjeûner. Deux voyageurs inconnus
passant près du lieu où il travaillait, s'adressèrent à lui en ces termes: « Quelle nouvelle? »
Sur sa réponse qu'il n'en savait aucune, les

deux voyageurs avaient ajouté : « Vous ne
savez pas que M. le Duc de Berri a été tué ? —
Non. — Eh bien ! ne le dites pas, car vous
vous feriez ramasser. » C'était ce propos qu'il
avait rapporté, le lundi 14, au sieur Belmont,
après que la nouvelle de l'évènement se fut
répandue à Guignes ; mais il n'en avait parlé
antérieurement à aucune autre personne.

Quelque extraordinaire que paraisse ce fait,
et quelque intéressant qu'il pût être de remonter à la source du propos, le défaut de
renseignemens sur les individus qui l'avaient
tenu, a forcé d'y renoncer. Du reste, il ne
paraît pas que les deux hommes qui donnaient
si facilement cette nouvelle à un ouvrier qu'ils
ne connaissaient pas, qu'ils trouvent assis au
bord d'un chemin, sous un arbre; il ne paraît
pas, disons-nous, qu'ils l'aient répétée, comme
sans doute ils l'auraient fait , s'ils l'avaient
cru vraie, ou s'ils avaient voulu la faire croire
alors qu'elle ne l'était pas. Aucun bruit semblable n'a circulé dans les environs de Guignes. On peut donc concevoir des doutes sur
l'authenticité de ce propos, qui a pu d'ailleurs
être mal compris par Jacques Maigne, homme
qui paraît honnête, mais d'une grande simplicité, et qui toute l'année est occupé aux
travaux les moins relevés de l'agriculture.

N.º 78.

La Commission d'instruction avait reçu un renseignement qui lui apprenait que, dans le courant de l'année dernière, S. A. R. M. le Duc de Berri avait été attaqué auprès de la barrière de l'Etoile, par plusieurs individus ; que se trouvant alors en cabriolet avec un seul domestique, il n'avait dû son salut qu'à la rapidité de son cheval.

Le valet de pied qui accompagnait le Prince, à l'époque désignée, a été entendu ; il a déclaré qu'il y avait environ sept à huit mois que M. le Duc de Berri revenant de Bagatelle, vers neuf heures du matin, était descendu à la porte Maillot, et lui avait donné l'ordre de passer devant, et de l'attendre avec son cabriolet auprès du monument de l'Etoile : tandis qu'il y était arrêté, deux hommes assez mal vêtus s'approchèrent de lui, et dirent, après avoir regardé dans le cabriolet : « Il n'est pas là. » Ce propos excita les soupçons du valet de pied, qui, regardant par la lunette de derrière, vit ces deux hommes s'approcher du Prince. Il sauta à bas du cabriolet en s'écriant : « Monseigneur, voilà des hommes

qui veulent vous parler ; » et il se mit à courir
sur eux. Les deux individus s'enfuirent ; mais
il parvint à se saisir de l'un d'eux, qu'il
amena jusqu'auprès de M. le Duc de Berri,
qui était remonté dans le cabriolet. S. A. R.
ayant demandé à cet homme ce qu'il désirait,
il répondit qu'il voulait lui présenter une pétition ; mais il ne put la trouver lorsque le
Prince lui dit de la lui donner. On lui fit alors
observer que ce n'était pas dans ce lieu et à
cette heure qu'il devait présenter une pétition ; et l'on crut entendre qu'il avait répondu : « Je suis envoyé. » Le Prince partit ;
mais cette rencontre paraissait l'avoir un peu
préoccupé. Le valet de pied ajouta dans sa
déclaration, qu'il avait appris depuis d'une
cabaretière, qu'il indiqua, que l'un des deux
individus était son frère.

Ce fait paraissant très-grave, des mesures
furent prises sur-le-champ pour s'assurer de
cet individu. La cabaretière fut mandée, et
sa déclaration fit aussitôt disparaître toute
l'importance que l'on avait attachée à cette
aventure, résultat du reste que devait faire
pressentir la facilité avec laquelle, sans y être
obligée, la cabaretière avait désigné son frère
comme l'un des deux individus qui avaient
voulu parler à S. A. R. ; indication qu'elle n'eût

pas

pas donnée, s'ils eussent formé quelque projet criminel. Elle expliqua, en effet, qu'un nommé d'Arnemont, qui se dit noble d'origine, et demeure à Neuilly, où il sert les maçons, se trouvant, au jour indiqué, dans son cabaret auprès de l'Etoile, avait parlé de son désir de présenter une pétition à M. le Duc de Berri, pour en obtenir quelques secours. Son frère, présent à la conversation, lui avait dit alors qu'il pouvait la présenter, à cet endroit même où le Prince passait souvent, et il lui avait montré son cabriolet qui était en vue. D'Arnemont y était allé avec lui, et ils se retiraient, n'y ayant point trouvé S. A. R., lorsque le valet de pied se mit à leur poursuite. La crainte les prit tous deux, ils s'enfuirent; d'Arnemont fut seul arrêté et ramené devant le Prince, auquel sa démarche dut paraître d'autant plus suspecte qu'il n'avait pas sur lui la pétition qu'il annonçait vouloir présenter. La déclaration du frère de la cabaretière et celle de d'Arnemont se sont trouvées entièrement conformes à ce récit; et ce dernier a même ajouté que depuis il avait effectivement adressé sa pétition à M. le Duc de Berri, et en avait reçu plusieurs fois les secours qu'il sollicitait.

C'est ainsi, Messieurs, que cette affaire,

qui d'abord avait paru si grave, s'est trouvée parfaitement éclaircie.

N.º 79.

Le nommé Lercaro fut signalé comme pouvant donner des indications utiles sur des propos tenus, disait-on, par un nommé Lamothe, et qui paraissaient se rattacher au crime du 13 février; il est résulté des renseignemens pris auprès de cet homme, qu'il n'avait aucune connaissance des propos imputés à Lamothe.

N.º 80.

Le concierge du château de Bagatelle a déclaré que, peu de temps avant le crime, deux jeunes gens avaient été remarqués rôdant, le matin, d'une manière suspecte, auprès de la porte Maillot; qu'ils paraissaient armés de pistolets, et s'étaient enquis en voyant passer la voiture du Prince, des personnes qu'elle contenait.

Pour éclaircir ce fait, on a entendu la portière de la porte Maillot et un marchand de chevaux , demeurant au même endroit, qui tous deux en avaient connaissance. Il est établi par leurs dépositions , que vers le commencement du mois de décembre et à la pointe du jour, deux jeunes gens assez bien mis , sans avoir l'air très-distingué , étaient entrés dans le bois de Boulogne , puis en étaient ressortis plusieurs fois pour aller regarder sur la route. Les deux témoins qui les virent , crurent qu'ils attendaient des adversaires avec qui ils devaient vider quelque querelle d'honneur ; l'un de ces jeunes gens portait un mouchoir qui paraissait renfermer des pistolets. Cependant ils attendirent long-temps sans que personne vînt les rejoindre. Des voitures de M. le Duc de Berri étant venu à passer , ils les suivirent quelque temps, et demandèrent ensuite avec persistance quelles étaient les personnes qui s'y trouvaient ; la portière refusa de le leur dire, et eut l'air de l'ignorer. Ils suivirent de même les voitures lorsqu'elles revenaient de Bagatelle; et enfin, après être restés quelque temps encore, ils se retirèrent.

Ces détails paraissant indiquer seulement de la part de ces deux individus un projet de duel qui, par l'absence de leurs adversaires, ne se serait pas réalisé, suffisaient sans doute pour faire considérer ce fait comme étranger

au procès. Cependant, et pour confirmer d'autant plus ce résultat, on a interrogé Louvel
sur les heures auxquelles il avait pu aller au
bois de Boulogne; et il est résulté de ses
réponses, comme l'ensemble de l'instruction
l'établit d'ailleurs, que jamais à ce moment
de la journée il n'était allé se promener de
ce côté. Enfin, des individus qui auraient
voulu attenter à la vie de M. le Duc de Bérri,
auraient sans doute connu d'avance la personne de S. A. R., et n'auraient pas eu besoin
de s'enquérir à la portière du bois de Boulogne,
de ceux qui étaient dans les voitures du Prince.

N.º 81.

Cette cote est réunie au N.º 27.

N.º 82.

Cette cote est réunie au N.º 27.

N.º 83.

Un renseignement adressé à la Commission
d'instruction, annonçait que le sieur Poncelet,

demeurant habituellement à Metz , avait, le jeudi 17 février , étant à la campagne , écrit une lettre à sa belle-mère qui était restée à la ville, et lui avait envoyé cette lettre par un exprès; celle-ci, en la recevant, avait dit au porteur : « Sais - tu ? le Berri est mort. » Et voyant son étonnement, elle avait ajouté: « Bah ! il y a long-temps que nous le savions. » Puis, quelques momens après , elle lui avait recommandé le secret sur ce qui venait de lui échapper.

Une commission fut adressée au Juge de Metz pour vérifier ce fait ; et en conséquence , une perquisition exacte eut lieu sur-le-champ, tant au domicile du sieur Poncelet et de sa belle-mère, à Metz, qu'à leur maison de cam- pagne. Cette perquisition n'a rien produit à leur charge. Le sieur Poncelet a formellement déclaré n'avoir point écrit, au jour indiqué, à sa belle-mère , qui ne sait même ni lire , ni écrire en français. De son côté , la belle-mère a nié , de la manière la plus positive, les pro- pos à elle imputés; elle a soutenu n'avoir vu aucun homme envoyé par son gendre , dans la journée du jeudi, si ce n'est le fils du fermier, auquel elle remit des tortues qu'il était chargé de demander , et à qui sa fille remit aussi un billet écrit à la hâte et non fermé , dans lequel elle annonçait à son mari la funeste nouvelle qui venait de se répandre à Metz. Ce jeune homme a été entendu, et a déclaré n'avoir été chargé d'aucune lettre pour la belle-mère du sieur Poncelet, et ne lui avoir entendu tenir aucun des propos qui lui étaient attribués.

Dans ces circonstances on a dû arrêter des poursuites qui n'avaient pour base qu'un renseignement dont l'erreur paraissait démontrée, et l'affaire n'a pas eu d'autre suite.

N.º 84.

Une femme admise à l'hospice de la Charité, par suite d'une fracture à la jambe, était présentée par divers renseignemens, comme ayant tenu des propos qui semblaient annoncer quelque évènement extraordinaire, et comme devant exciter par la singularité de ses relations et de ses discours, toute l'attention de la Justice.

Pour obtenir des détails sur cette femme, on a entendu la sœur hospitalière, aux soins de laquelle elle était confiée, l'agent de surveillance de l'hospice et une demoiselle dont la charité se dévoue à la visite des malades, et qui s'était particulièrement occupée de celle-là. Il résulte de leurs dépositions, que cette femme, nommée Sauvage, et qui, au moment de son entrée à l'hospice, était vêtue en homme, et exerçait l'état de commissionnaire, avait paru aux personnes qui la voyaient, avoir la tête un peu dérangée; elle parlait en paraboles et dogmatisait sur la religion, de manière à faire soupçonner qu'elle appartenait à quelque secte d'illuminés ; elle annonçait aller souvent dans des sociétés nombreuses , et s'habiller en homme pour propager plus facilement ses doctrines; enfin , elle était visitée, dans les jours d'entrée à l'hospice, par un assez grand nombre de personnes, et dans les premiers temps même, elle avait distribué à ceux qui venaient la voir une brochure intitulée : *Défense et profession de foi de César-Eugène Gossuin , présentée par lui aux jurés.*

Aucun fait précis ne rattachant cette femme au procès, on a dû se borner à éveiller l'attention de la police sur sa conduite et sur ses relations.

N.º 85.

Le sieur..... officier en non-activité, avait été signalé à la Commission d'instruction, comme ayant tenu des propos très-répréhensibles, à l'occasion de l'évènement du 13 février. Les renseignemens pris sur cet officier lui ayant été entièrement favorables, et la note n'indiquant aucun témoin, on n'a pas cru devoir y donner de suite.

N.º 86.

Il fut transmis à M. le Procureur général un renseignement qui annonçait que le nommé Leduc, garçon de caisse à la Banque, .avait rencontré, peu de temps avant le crime, un chiffonnier qu'il connaissait, et lui avait demandé, le voyant mieux vêtu qu'à l'ordinaire, où il allait ainsi ? A quoi le chiffonnier avait répondu qu'il allait à une assemblée qui se réunissait pour la bonne cause au Moulin-Janséniste, et que c'était cette société qui l'avait habillé. L'existence souvent signalée de sociétés secrètes établies dans les classes inférieures du peuple, le danger que présentent ces sociétés, et l'importance dont il était d'examiner si le crime du 13 février n'était pas la suite d'un complot formé par ce moyen, déterminèrent à appeler Leduc. Il déclara que, dans les premiers jours de février, il avait rencontré le nommé Debonnet, ancien facteur de la poste, aujourd'hui marchand de viandes cuites, auprès de la Halle. Cet homme, qui lui parut mieux vêtu qu'à l'ordinaire, était accompagné d'un autre individu décoré. Leduc l'arrêta un moment pour lui dire bonjour, et lui demanda où il allait *si brave*, un jour de la semaine ? Debonnet répondit qu'il allait au Moulin-Janséniste, à la réunion ; et Leduc ayant demandé ce que c'était que la réunion, il reprit : « C'est pour la bonne cause, » ajoutant qu'il lui expliquerait une autre fois ce que cela voulait dire. L'air de franchise de Leduc et sa probité connue ne permettaient pas de douter de la vérité de sa déclaration. Debonnet fut appelé sur-le-champ. L'extrême embarras de ses réponses, les contradictions qu'elles présentaient, et les explications peu satisfaisantes qu'il donnait de ses relations avec un homme décoré, nommé Quenin-Renaud, qui s'était trouvé dans sa maison au moment même où on s'y était transporté, augmentèrent encore les soupçons qui s'élevaient contre lui. Il avait nié d'abord qu'il fût jamais allé se promener hors de Paris, du côté où se trouve le Moulin-Janséniste ; mais enfin, il fut forcé de convenir qu'il y avait été. Il prétendait avoir rencontré Leduc pour la dernière fois, il y avait deux mois, dans la rue Coquillière, et cependant, dans la confrontation à laquelle il fut procédé, il avoua qu'il l'avait rencontré dans la rue de l'Arbre-Sec, au jour indiqué par Leduc ; qu'il lui avait dit aller, non au Moulin-Janséniste, mais au Moulin-d'Amour, et non pas pour la bonne cause, mais pour *une* bonne cause ; et il expliqua qu'il y avait été pour une affaire d'intérêt, dont il rendit compte, ce qui parut vrai à la Commission. Plus tard, et après avoir ainsi confirmé par des explications successives de chaque circonstance qui lui était révélée, les déclarations de Leduc, il finit par dire que, sans doute Leduc s'était trompé, et l'avait confondu avec un autre facteur du même nom que lui, et qui peut-être allait à des réunions politiques. L'ensemble de ses réponses était peu propre à le disculper. Cependant une perquisition avait été faite chez lui, et n'avait rien produit à sa charge. La nature de ses relations avec le sieur Quenin-Renaud, qui d'abord avaient inspiré quelques soupçons, fut éclaircie. Les renseignemens obtenus sur son compte ne lui étaient nullement défavorables ; et l'on pouvait supposer que le trouble où l'avait jeté la perquisition faite dans son domicile, avait eu quelque influence sur ses réponses. Dans cet état, le fait qui lui était imputé, lors même que la preuve en eût été acquise, ne se rattachant pas directement au procès, il a dû être remis en liberté ; et l'on s'est borné à informer la police des soupçons qui s'étaient élevés sur son compte, afin que sa conduite fût surveillée. Il n'est parvenu depuis aucun renseignement sur cet homme ; et enfin, il ne paraît point que le Moulin-Janséniste ait jamais été signalé comme lieu de réunion d'aucune société secrète.

N.º 86 (*bis*).

Une note indiquait qu'un apprenti du sieur Jacquinot, menuisier, avait entendu, dans la soirée du 13, et peu de temps avant le crime, des propos qui semblaient y avoir rapport.

Deux jeunes gens qui travaillaient chez le sieur Jacquinot, en qualité d'apprentis, ont été appelés ; aucun d'eux n'a entendu, dans la soirée du 13 , rien qui pût être relatif au funeste évènement dont nous vous entretenons ; seulement l'un d'eux se trouvant dans le quartier du Palais-Royal, et y ayant appris l'assassinat qui venait de se commettre, avait couru à l'Opéra, et avait vu passer l'assassin entre deux gendarmes.

N.° 87.

Les demoiselles .... avaient été présentées dans une note , comme ayant eu avec Louvel des relations qui pouvaient les mettre à même de donner sur sa conduite quelques renseignemens. Toutes deux ont été entendues ; elles demeurent ensemble dans une maison de la rue Saint-Jacques , vivent fort retirées et du produit de leur travail. Elles appartiennent à une famille honnête , mais malheureuse. Elles ont affirmé ne connaître Louvel ni directement ni indirectement ; et celui-ci interrogé sur ce point, a aussi déclaré ne connaître personne du nom de .... Il paraît certain que le renseignement relatif à ces demoiselles n'a aucun fondement ; et, d'après d'autres détails donnés par elles, on peut supposer qu'il avait pour but de leur causer quelque inquiétude, en les faisant comparaître dans le procès, et qu'il venait peut-être d'une personne qui leur en voulait, et qui déjà leur a fait éprouver de semblables mystifications.

N.º 87 (*bis*).

Des personnes rassemblées dans l'étude du notaire Noël, depuis l'assassinat de S. A. R. M. le Duc de Berri, y avaient raconté que dans la journée du dimanche 13, un particulier avait passé à Clermont-en-Beauvoisis, annonçant hautement que le Prince était assassiné, et que cette nouvelle avait mis toute la ville en mouvement.

Le notaire a été appelé, ainsi que les deux personnes indiquées par lui, comme ayant rapporté ce fait dans son étude; des déclarations de ces deux personnes dont la véracité ne saurait être douteuse, il est résulté qu'elles avaient seulement répété une anecdote qu'elles avaient lue le matin même dans un journal, mais dont elles n'avaient aucune connaissance personnelle.

Aucun renseignement n'a indiqué que le fait eût la moindre réalité. L'article du journal

n'étant sans doute que le récit dénaturé de
l'évènement arrivé sur la route de Compiègne,
et sur lequel il a été fait une instruction
très – détaillée , ainsi qu'on le voit sous le
N.º 29.

N.º 88.

On avait cru que le sieur Rousseau pouvait
donner des renseignemens utiles. Il a été entendu , mais il n'avait connaissance d'aucun
fait important ; il a déclaré seulement qu'à
l'instant du crime, se trouvant sur le passage
de l'assassin, au moment de sa fuite , et sans
qu'il en connût la cause, il avait indiqué au
militaire qui le poursuivait, le chemin qu'il
devait prendre pour l'atteindre.

N.º 89.

Un notaire de Paris avait été indiqué par
une note anonyme, comme pouvant révéler
des choses importantes sur l'attentat du 13
février. Les renseignemens pris à ce sujet ont
démontré que cette note était le fruit ou de
l'erreur ou d'une coupable intrigue contre

cet officier public ; il n'y a été donné aucune autre suite.

N.º 90.

Le lundi 14 février, vers deux heures après midi, un militaire de la garde royale avait accosté, dans la rue du faubourg du Roule, une blanchisseuse qui retournait à Cormeilles, et l'avait priée de le laisser monter dans sa voiture. Cette permission lui ayant été accordée, il avait ainsi passé la barrière sans être aperçu et à peu de distance au delà, il était descendu précipitamment de la voiture, et avait disparu. Le fait en lui-même a été vérifié par la déclaration de la blanchisseuse, et par celle du voiturier qui la conduisait ; il en résulte que le militaire, en demandant à monter dans la voiture, avait donné, pour motif de cette demande, le désir de n'être point remarqué à la barrière ; il était ensuite descendu, ainsi qu'il l'avait annoncé, et avait suivi la route de Courbevoye. Dans le peu de temps qu'il était resté dans la voiture, il avait parlé de la mort de S. A. R. M. le Duc de Berri, de manière à faire voir qu'il en était profondément affligé.

Ces circonstances et les renseignemens obtenus au Ministère de la guerre, établissant
d'une manière suffisante que le seul but du
militaire était d'échapper ainsi aux consignes
données pour empêcher que des soldats ne
dépassassent les barrières sans permission, il
est devenu inutile de se livrer aux recherches
nécessaires pour découvrir ce militaire.

N.º 91.

Cette cote a été réunie au N.º 29.

N.º 92.

Des renseignemens communiqués à la Commission semblaient établir qu'un sous-officier
de vétérans en garnison à Châlons, avait annoncé, antérieurement au crime, l'assassinat
de M. le Duc de Berri pour le carnaval, et
celui du reste de la Famille royale pour le
carême. Une commission fut sur-le-champ
adressée au Juge de Châlons, pour instruire
sur ce fait. Au moment où elle lui parvint,
une instruction avait déjà eu lieu devant le
Rapporteur du Conseil de guerre de la division;

sion ; elle fut continuée avec le plus grand détail par le Juge d'instruction, qui même entendit une seconde fois les témoins déjà appelés par l'autorité militaire, et en fit encore comparaître de nouveaux. Le premier et le principal témoin était un sous-officier de la deuxième compagnie de vétérans, nommé Rosemberg. Il déclara que, le 16 février, au matin, la nouvelle du crime étant déjà connue à Châlons, on en parlait dans la chambrée, lorsque le nommé Alexis Duval, l'un des sous-officiers de cette chambrée, dit, en s'adressant au nommé Connerot, autre sous-officier de la même compagnie : « Il y a long-temps que je vous ai dit cela, qu'après le carnaval il y aurait du nouveau ; ils devaient être *escofiés* tous deux : le Duc d'Angoulême a échappé, mais il y en a toujours un à bas. N'est-ce pas, Connerot, que je l'ai dit il y a long-temps ? » Le témoin Rosemberg a ajouté qu'à ce moment Duval avait repris tout bas : « Je le sais depuis long-temps, » et qu'en disant ces mots il avait regardé autour de lui comme pour voir si on pouvait l'entendre.

Le nommé Connerot entendu à son tour, a déclaré qu'effectivement Duval lui avait dit dans leur chambre: « Vous souvenez-vous que je vous ai annoncé, il y a sept ou huit jours, qu'il y aurait du nouveau à Paris sous peu de temps ? Vous voyez que je le savais ; » mais que Duval n'avait pas ajouté qu'il devait y en avoir deux d'escofiés ; que le Duc d'Angoulême avait échappé, et qu'il y en avait toujours un à bas. Connerot lui faisant l'observation que ce qu'il disait était vrai, et qu'il fallait que le diable le lui eût révélé, il a affirmé que Duval n'avait point ajouté à voix basse : « Je le savais depuis long - temps. » Un témoin auquel Connerot avait répété ce qui s'était dit entre lui et Duval, l'a également rapporté dans les mêmes termes que Connerot, qui a au surplus déposé qu'avant la nouvelle de l'assassinat de S. A. R., Duval lui avait dit qu'il y aurait du nouveau à Paris avant peu temps.

Quelques autres témoins ont encore été entendus sur le propos imputé à Duval ; mais soit qu'ils fussent absens du quartier, soit que s'y trouvant, ils fussent distraits par leurs occupations, soit enfin qu'il eût été formé un concert coupable dans la compagnie pour ne rien dire qui pût compromettre Duval, ils ont déclaré n'avoir point entendu les propos à lui reprochés.

Quant à Duval, il a soutenu d'abord qu'il n'avait tenu, le 16 février, aucun des propos

rapportés par Rosemberg, et que si antérieurement il avait dit à Connerot qu'il devait y
avoir du nouveau, c'était dans son rapport
particulier seulement , et parce qu'il avait
formé une demande de service dont il attendait
incessamment la réponse. Bientôt cependant,
et sur les interpellations qui lui furent faites,
il a rapporté qu'un homme à lui inconnu et
qu'il avait rencontré sur la route de Reims,
peu de jours auparavant, lui avait dit dans
la conversation que tout allait mal à Paris,
et que bientôt il y aurait du nouveau. Duval
ajouta que peut-être c'était ce propos, qu'étant
pris de vin , il avait imprudemment répété.
Cette contradiction dans les réponses de Duval,
ses dénégations, et la persévérance du témoin
Rosemberg dans ses allégations, ont fait penser
qu'il serait utile d'entendre ces individus à
Paris, et qu'on pouvait espérer d'en obtenir
de nouveaux éclaircissemens ; un mandat
d'amener a donc été décerné contre Duval.
Rosemberg, ainsi que Connerot et un autre
témoin ont été cités à comparaître ; dans sa
déposition Rosemberg a persisté dans toutes
les déclarations qu'il avait faites précédemment. Connerot, de son côté, a persisté dans
les siennes , et elles ont été confirmées de
nouveau par celles du témoin Printz auquel

il avait rapporté le lendemain le propos tenu par Duval. Celui-ci, de son côté, a soutenu dans son interrogatoire que s'il avait dit à Connerot qu'il y aurait du nouveau, il n'avait entendu parler que de la demande qu'il avait formée pour entrer dans la gendarmerie, et qu'il n'avait point tenu les propos rapportés par Rosemberg.

Dans cet état, la gravité du propos et l'espoir d'obtenir de nouveaux renseignemens ont déterminé la mise de Duval en état de mandat de dépôt. Mais l'instruction n'ayant point fourni d'autres lumières, et la partie la plus grave du propos ne se trouvant attestée que par un seul témoin, et étant démentie par l'interlocuteur même auquel il était adressé, il devient assez vraisemblable que l'espèce de prédiction de Duval était effectivement le résultat de la conversation qu'il avait eue avec l'étranger par lui rencontré sur la route de Reims ; conversation que rien ne rattache à l'évènement, et qui pouvait se rapporter seulement au projet alors annoncé de présenter une nouvelle loi sur les élections. Cette conversation avait été rapportée à Connerot, et au moment où l'on causait du déplorable évènement du 13 février, Duval, que les témoins s'accordent à représenter comme un *grand parleur*, aura voulu se faire auprès de son camarade un mérite bien bizarre assurément d'une pres-cience que réellement il ne pouvait avoir eue.

Cette explication a paru à la Commission d'instruction la seule plausible. La Cour aura à juger s'il y a lieu d'ordonner la mise en liberté de Duval, ou son renvoi devant les Tribunaux ordinaires, pour y être jugé sur d'autres propos coupables qu'il est accusé d'avoir tenu, et enfin sur tout ce que sa conduite, dans cette circonstance et comme militaire, peut offrir de répréhensible.

N.º 93.

Le bruit s'était répandu que, dans la nuit du crime, Louvel entendant à l'Opéra où il était retenu, le bruit d'une porte fermée vio-lemment, ou d'une décoration qui tombait avec force, avait dit: « C'est le canon, » et cette circonstance pouvait indiquer qu'il s'at-tendait à un mouvement concerté à l'avance, et dont l'assassinat de M. le Duc de Berri aurait été l'affreux signal. Pour vérifier ce fait et, au-tant que possible, le sens attaché par Louvel à ces mots : « C'est le canon, » on a appelé comme témoin M. le Duc de Bellune qui seul, à ce qu'il paraît, en avait une connaissance

personnelle. M. le Duc de Bellune a déclaré
que, vers minuit et demi, un grand bruit,
semblable à celui d'une porte qu'on aurait
fermée avec violence, s'étant fait entendre
dans l'Opéra, Louvel qui se trouvait tout
près de lui, et avait même le visage tourné
de son côté, dit à voix basse, et comme se
parlant à lui-même : « Ah ! c'est le canon, je
crois. » Louvel, interrogé sur ce fait, a déclaré ne pas se le rappeler, et a ajouté qu'il
était cependant possible qu'il eût dit, s'il avait
entendu un grand bruit : « C'est comme un
coup de canon. »

N.º 94.

Le nommé Servant avait été indiqué comme
pouvant donner des renseignemens utiles sur
les relations de Louvel avec certains individus anciennement occupés aux écuries du
Roi. Cet homme a été entendu et a déclaré
formellement ne rien savoir qui pût se rattacher au procès.

N.º 95.

Un ancien Lieutenant-général avait assisté
à l'Opéra, le 13 février, d'une manière qui

avait paru bizarre ; la Commission avait dé-
siré en avoir l'explication. Il est résulté des
informations auxquelles on s'est livré, que ce
militaire avait loué une loge pour lui et sa
famille, du côté opposé à la loge de LL. AA.
RR. M. le Duc et M.me la Duchesse de Berri ;
qu'ayant mené avec lui plus de personnes que
la loge n'en pouvait contenir, et n'ayant pu
absolument trouver ailleurs une place pour
lui, il était resté dans les corridors à voir le
spectacle par la lucarne d'une loge. Cela avait
paru extraordinaire à ceux qui l'avaient remarqué ; mais les renseignemens obtenus par
la Commission d'instruction, les dépositions
reçues ayant établi la vérité des faits, on a
cru inutile de s'y appesantir.

N.º 96.

Une fille Lorrain racontait avoir entendu,
postérieurement au crime, une conversation
relative à un attentat projeté contre la Famille royale. Elle a été appelée, et a déclaré
que, le 20 février, se trouvant à St. Roch,
dans la chapelle du Calvaire, son attention
avait été excitée par les propos peu décens
de deux hommes décorés qui s'y trouvaient.

Jugeant, à leur tournure sinistre et à leur conversation, qu'ils étaient ennemis du Gouvernement, elle les avait suivis à leur sortie de l'Eglise ; dans la rue des Moulins, ils avaient été accostés par un troisième qui, leur montrant un portrait du fils de Bonaparte qu'il avait tiré de sa poche avec d'autres papiers, leur avait dit : «Voilà celui qui maî-» trisera Decazes. » A cet instant, l'un d'eux s'étant aperçu qu'ils étaient observés, était venu à elle, et lui avait demandé ce qu'elle voulait; mais, contrefaisant son langage, elle était parvenue à leur faire accroire qu'elle était étrangère, et ne comprenait pas le français. Par ce moyen, elle avait continué de les observer en toute liberté. Elle avait vu alors le dernier arrivé tirer de sa poche une écharpe verte avec liseré rouge, qu'il avait montrée aux deux premiers, en leur disant : « Avant quinze » jours, nous serons les maîtres. La Famille » d'Orléans n'existera pas plus que celle des » Bourbons. Une fois débarrassés du Marquis » de Latour-Maubourg, du Duc de Reggio » et de M. Roy, nous n'aurons plus rien à » craindre. » La fille Lorrain ajoutait qu'elle avait quitté ces individus sur le boulevard des Italiens. L'invraisemblance choquante de son récit ne permettait pas de s'y arrêter ; et d'ailleurs, quand il eût mérité quelque foi, le défaut d'indication sur les individus ac- cusés rendait la vérification du fait impos- sible. Votre Commission, Messieurs, ne pou- vait, sous ce double rapport, donner aucune suite à ce renseignement.

N.º 97.

L'officier de paix Rivoire avait, dit-on, plusieurs fois rencontré Louvel dans différens spectacles. Cet officier de paix a été entendu, et a déclaré que jamais il n'avait aperçu Louvel dans aucun spectacle ; mais qu'en le voyant dans la nuit du crime, il avait cru le recon- naître pour l'avoir vu rôder autour des théâ- tres, et pour l'en avoir même chassé quel- quefois, le prenant pour un marchand de billets. Louvel, interrogé sur cette dernière circonstance, a assuré qu'elle était inexacte, et que jamais il n'avait été écarté d'aucun théâtre, comme faisant le trafic de billets.

N.º 98.

Le bruit avait couru que, trois ou quatre mois environ avant le crime, plusieurs com-

mis-voyageurs se trouvant réunis chez un
sieur Ribes, négociant à Limoux, département
de l'Aude; l'un d'eux avait dit à haute voix :
« qu'il fallait en finir avec la Maison de Bour-
» bon, et qu'avant peu le Duc de Berri serait
» assassiné. »

Une commission fut sur-le-champ adressée
au Juge des lieux. Trois négocians du nom de
Ribes, qui habitent la ville de Limoux, ont
été entendus, mais aucun d'eux n'avait connaissance du fait. On a entendu aussi plusieurs
individus de la famille d'un sieur Rivière, négociant dans la même ville, et chez lequel
avait été tenu un propos qui se rapprochait
en quelque sorte de celui que la Commission
avait pour but d'éclaircir. Il est résulté des
déclarations reçues, que, vers le 15 janvier,
un commis-voyageur, dont on n'avait su ni
le nom ni l'adresse, parce qu'on n'avait pas
accepté ses offres de service, s'était présenté
chez la dame Rivière, pour lui proposer des
calicots, et que la dame Rivière lui donnant
pour motif du refus qu'elle faisait de les prendre, outre l'absence de son mari alors en
voyage, la stagnation des affaires, et le mauvais état du commerce, ce commis-voyageur
avait insisté pour qu'elle lui fît quelque commande, et avait dit à ce sujet que, « de cette

» époque au 15 février, il arriverait des choses
» extraordinaires qui changeraient la face
» des affaires. » C'est du moins en ces termes
que la dame Rivière a rapporté le propos. Un
commis de la maison, qui l'a également entendu, le rapporte à peu près de même. Suivant lui, le commis-voyageur avait parlé des
troubles d'Espagne, et avait dit ensuite que,
« dans une quinzaine, on verrait en France
» des évènemens extraordinaires. »

La concordance de ces dépositions et de
celles des témoins auxquels la dame Rivière
avait rapporté ce fait, ne doivent laisser aucun
doute sur sa réalité. Mais aucune indication
n'ayant pu être obtenue sur ce commis-voyageur, et son propos paraissant d'ailleurs n'avoir
eu d'autre objet que d'obtenir le débit de ses
marchandises, aucune suite ultérieure n'a pu
être donnée à ce renseignement.

N.º 99.

L'instruction indiquait que Louvel avait séjourné pendant assez long-temps à Cusset, et
qu'il y avait même satisfait à la loi sur la conscription. Une commission a été envoyée au
Juge de Cusset, pour recueillir des renseigne-

mens sur le séjour et la conduite de Louvel dans cette ville. Un seul des témoins entendus en vertu de cette commission, a pu donner quelques détails; c'est le sieur Michelet, sellier, chez qui Louvel a travaillé pendant environ trois mois. Il a déclaré que Louvel était très-assidu à son travail, et qu'il occupait ses momens de loisir à lire ou à faire de petits ouvrages pour son compte personnel; que les dimanches, il se promenait seul; qu'il ne fréquentait point les cabarets, et n'avait de relation avec personne, si ce n'est avec une ouvrière en robes dont il paraissait très-jaloux. Le sieur Michelet a de plus déclaré qu'il s'était alors aperçu que Louvel n'avait aucun principe de religion, et que, par cette raison même, il était sur le point de le renvoyer, au moment où une maladie força Louvel d'entrer à l'hôpital.

N.º 99 (*bis*).

Le nommé Chauvin avait eu des relations avec Louvel; il pouvait donner sur lui des renseignemens utiles. Il a été entendu, et de sa déclaration, il résulte qu'il l'avait connu assez faiblement et seulement pendant le séjour de deux mois qu'il fit, en 1815, à l'île d'Elbe, où Louvel se trouvait alors; que, depuis ce temps, il n'a eu aucun rapport avec lui. Les réponses de Louvel aux interrogatoires qu'il a subis sur ce point, ont été entièrement conformes à la déclaration de Chauvin.

N.º 100.

Louvel avait parlé à ses gardiens d'une chasse à St-Germain, à laquelle il avait assisté en 1818 : la compagnie des chasses était, disait-il, arrivée au rendez-vous, après la Famille royale. L'importance dont il était de vérifier si, comme il l'a soutenu dans tous ses interrogatoires, il avait effectivement suivi plusieurs fois la chasse des Princes, a déterminé à faire quelques recherches pour reconnaître si la circonstance dont il avait parlé était réelle; mais aucune des personnes auxquelles on s'est adressé, et qui pouvaient donner sur ce point des renseignemens, n'avaient conservé le souvenir de cette circonstance.

N.º 101.

N. Louvet, compagnon tanneur, avait été condamné, en novembre 1816, à cinq ans de prison, par le Tribunal de Laon, comme coupable de propos séditieux. Au moment où l'on apprit, à Soissons, l'attentat du 13 février, mais sans connaître encore d'une manière précise le nom de son auteur, le Procureur du Roi crut devoir transmettre à la Commission une expédition du jugement rendu contre Louvet; mais il fut reconnu sur-le-champ qu'il ne pouvait avoir aucune application à Louvel.

N.º 102.

Plusieurs notes transmises à la Commission d'instruction de la Cour des Pairs portaient que LL. AA. RR. M. le Duc et M.me la Duchesse de Berri, étant allés chasser à Rambouillet, devaient revenir, le soir du 1.er juillet dernier, à Bagatelle, où elles demeuraient depuis quelque temps; ce jour-là, six hommes réunis avaient été remarqués dans les environs de Bagatelle; le lendemain matin, 2 juillet, on avait trouvé, dans le bois de Boulogne et près de Bagatelle, un homme mutilé de plusieurs coups reçus devant et derrière; cet homme, qui n'était pas encore mort, avait été interrogé sur la cause de l'état dans lequel il était; il avait répondu que s'il parlait, il compromettrait cinq personnes qui avaient voulu lui faire commettre un grand crime, et que la police n'avait qu'à faire son devoir. Cet homme ayant été relevé et placé sur une charrette, on disait encore que deux individus s'en étaient approchés, avaient parlé entre eux d'une façon mystérieuse, et avaient disparu. On concluait de tous ces faits qu'un complot avait été formé contre la vie de M. le Duc de Berri; que celui que le sort avait désigné pour l'exécuter ayant hésité, il avait été assassiné par ses complices; on ajoutait encore d'autres circonstances qui auraient incriminé un des plus hauts fonctionnaires de l'Etat. On supposait que le moribond l'avait nommé; et depuis la mort de S. A. R., il paraîtrait que l'on aurait essayé d'obtenir des dépositions infidèles qui pussent compromettre celui que l'on voulait perdre.

Une instruction détaillée a eu lieu sur ce fait, plus de vingt-cinq témoins ont été entendus; voici le résultat de leurs déclarations:

Le 2 juillet au matin, on trouva, dans le

bois de Boulogne, un homme baigné dans son
sang, ses habits étaient en lambeaux, il res-
pirait encore ; bientôt les autorités de Passy
et le docteur Créciat furent près de lui ; ils
crurent d'abord qu'il avait plusieurs blessures ;
mais après qu'ils eurent lavé ce malheureux,
ils ne trouvèrent qu'une seule blessure faite au
haut de la tête, et qui avait mis la cervelle à
découvert. Cet homme paraissait dans le délire.
Interrogé sur la cause de l'état où il se trouvait, il répondit que s'il parlait, il compromettrait six personnes ; mais l'instant d'après
ayant bu un peu d'eau, paraissant plus calme,
et enfin depuis il a toujours soutenu que lui
seul s'était mis dans l'état où il était, en se
frappant avec une pierre qui se trouverait
encore près du lieu d'où on l'avait relevé.
Vainement on lui rappela sa première réponse,
il nia constamment l'avoir faite, répétant que
lui seul s'était frappé. Il fut mis dans une
charrette, et porté à l'hôpital où il mourut le
lendemain. Personne de suspect, ainsi qu'on
l'avait dit, ne s'approcha de la charrette.
Cet homme s'appelait Bertrand Viguier ; des
informations prises dans le temps par l'autorité administrative, établissent que, réduit à
une profonde misère, il avait donné, avant
sa mort, des marques réitérées de folie.

L'instruction

L'instruction à laquelle s'est livrée la Commission, a appris de plus, que Viguier, à l'é-
poque du 20 mars, était percepteur dans le
département de Seine-et-Oise, et qu'alors il
envoya sa démission par suite de son attachement à la cause royale, ne croyant pas devoir
servir un autre Gouvernement; depuis, malheureux dans différentes entreprises, malheureux dans son ménage, il avait été réduit à
entrer comme laveur d'écuelles chez un restaurateur ; plusieurs fois il avait abandonné
ses enfans, en très-bas âge, au milieu des
rues. Enfin, le jour même où il se tua, il
avait donné des signes non-équivoques de
folie, et avait causé un grand effroi à la mère
et à la sœur du restaurateur qui l'avait recueilli; il les quitta en s'enfuyant à toutes
jambes, ne leur laissant pas de doute sur son
état d'aliénation.

Il a été constaté que les personnes qui, disait-on, avaient rôdé, le 1.er juillet, autour
de Bagatelle, n'y avaient réellement été vues
que le matin du 2 juillet, qu'elles étaient ve-
nues en voiture, et que l'une d'elles avait dit
au cocher d'aller les attendre à la porte Maillot.

On trouva dans le bois de Boulogne, et
près du lieu où Viguier s'était frappé, ses
habits, ses souliers que, dans son délire, il

avait abandonnés. Enfin, le garde-chasse, qui le premier entendit ses plaintes, a attesté qu'il avait remarqué que la terre était fraîchement travaillée dans le lieu où Viguier s'était trouvé, et qu'il n'y avait point les traces de ce trépignement que l'on y eût remarqué, si plusieurs personnes s'y fussent réunies pour tuer ce malheureux.

Les assassins venus pour attaquer M. le Duc de Berri auraient sans doute été armés, et n'eussent pas eu besoin de recourir à une pierre dont ils n'auraient frappé qu'un coup sur la tête de leur complice, au hasard de lui laisser assez de vie pour qu'il pût les livrer à la justice, et révéler tous leurs forfaits. Enfin, Messieurs, M. le Grand Référendaire, qui a connu l'état de folie de Viguier, vous donnera des détails qui lui sont personnels, et qui ne laissent aucun doute sur la cause de sa mort.

Ainsi sont tombées ces accusations aussi ridicules qu'infâmes contre un ancien Ministre dont le dévouement et la fidélité à la Famille de nos Rois sont au dessus de toutes les atteintes.

On raconta à S. A. R. M. le Duc de Berri la mort du malheureux Viguier, avec les circonstances que l'erreur et la malignité y avaient ajoutées : mais il apprit bientôt la vérité ; et,

Messieurs, vous le savez, S. A. R. avait trop
d'étendue dans l'esprit et une ame trop élevée, pour ne pas repousser, avec l'indignation
qu'elles méritaient, d'aussi criminelles et d'aussi
méprisables insinuations.

N.º 103.

Rouillet, sellier, avait été indiqué comme
ayant des rapports avec Louvel ; on disait
qu'il avait bu avec lui , et qu'il lui avait entendu tenir des propos énigmatiques , que
l'attentat du 13 février était venu expliquer. Il
paraît que Rouillet, qui se grise souvent, et
qui est connu comme un grand parleur, avait,
par ses discours, pu faire croire qu'il connaissait Louvel, qu'il l'avait vu, qu'il avait bu
avec lui et avec deux autres personnes qu'il
avait nommées, et qu'enfin, dans cette réunion, Louvel avait révélé ses sinistres projets.
Le fait a été approfondi par l'audition et la
confrontation de plusieurs témoins ; et il en est
résulté que Rouillet ne connaissait pas Louvel,
et qu'il n'avait pu entendre les propos que l'on
prêtait à ce dernier ; celui-ci a été interrogé
sur ce point : il n'a, dit-il, jamais bu avec
Rouillet, et assure même ne pas le connaître.

N.º 104.

On avait remis au sieur Bouchemann, concierge du château de Versailles, au commencement, disait-on, de 1815, une lettre trouvée aux Tuileries, sans adresse, parce qu'elle avait été mise sous enveloppe. Cette lettre annonçait la remise de dix mille francs pour celui à qui elle était envoyée, et pour ses camarades ; on y parlait de l'assassinat projeté des trois Princes ; et de la nécessité de commencer par le plus jeune ; le Roi, y disait-on, n'embarrassait pas ; et du reste, ce n'était pas au profit de Bonaparte que l'on comptait agir.

Le sieur Bouchemann entendu, a déclaré qu'en effet, avant le 20 mars, une femme dont il ne se rappelle pas le nom, lui remit une lettre qu'elle prétendait avoir trouvée sous un banc aux Tuileries. On y disait seulement qu'il fallait se défaire des trois Princes, et qu'on se chargeait du reste.

Le sieur Bouchemann remit cette lettre à l'un de Messieurs les premiers Gentilshommes de la Chambre ; il ne sait lequel. Ce fait ainsi rétabli, ne se rattachant pas à l'attentat du 13 février, on n'y a donné aucune suite.

N.º 105.

Cette cote est réunie au N.º 55 (*bis*).

N.º 106.

Louis-Antoine Louvel, soldat au 5.e régiment de la garde, cousin germain du prévenu, a toujours cru que Louis-Pierre Louvel, à cause de son humeur sombre et taciturne, et parce qu'il n'allait jamais avec ses camarades, lisait ou allait au spectacle.

N.º 107.

On assurait que, le 2 février, un blanchisseur de Surène avait entendu deux hommes à lui inconnus, se parler dans la rue. L'un disait à l'autre : « Sera-ce au bal ? » L'autre répondait « Non : ce sera avec.....» sans que le blanchisseur eût pu saisir la fin de la réponse, ni quel pouvait être l'objet de la conversation. Le vague de ces propos et le défaut d'indication sur leurs auteurs, n'ont pas permis de donner suite à ce renseignement.

N.º 108.

Une lettre écrite à Louvel, depuis son crime, a été arrêtée à la poste ; elle était recommandée aux soins de M. le Directeur général. Louvel y est loué d'avoir vengé l'honneur de sa famille. On a vainement cherché à connaître l'auteur de cette lettre criminelle et si atrocement calomnieuse.

N.º 109.

Vaquelin et sa femme ont connu Louvel après son retour de l'île d'Elbe. La femme Vaquelin blanchissait alors son linge. Depuis qu'elle a quitté les écuries du Roi, en 1815, elle n'a plus été sa blanchisseuse ; elle l'a cependant vu quelquefois depuis : elle assure que Louvel ne parlait jamais politique, et ne l'entretenait que de ses promenades, qu'il faisait toujours seul, etc. etc.

N.º 110.

Louvel ayant dit avoir fait faire son poignard à la Rochelle, on a interrogé tous ceux qui, d'après les indications qu'il donnait, pouvaient l'avoir fabriqué. On n'est arrivé à aucune certitude : on pourrait présumer cependant qu'il a été fait chez un coutelier nommé Berton, auquel se rapportent presque toutes les désignations données par Louvel (1).

N.° III.

Un sieur Bollot-Patenôtre, premier vérificateur des domaines, au Hâvre, avait écrit à Paris que, plus de deux mois avant le 13 février, on lui avait donné, comme certain, non-seulement l'assassinat prochain de S. A. R. M. le Duc de Berri, mais encore celui de S. A. R. Monsieur, et cela, à l'Opera même. L'évènement ne s'étant pas réalisé à l'époque indiquée, on lui avait dit que ce n'était *qu'un différé*. Il écrivait enfin que la source de ces nouvelles partait d'un commissaire de police du Hâvre.

Le sieur Bollot-Patenôtre a été interrogé; il a déclaré que celui qui lui avait annoncé

(1) Aux débats, Berton a soutenu n'avoir point fabriqué l'instrument du crime.

ces funestes évènemens était un de ses amis,
le sieur Morin, fils, a-t-il ajouté, d'un Juge
respectable du Tribunal de Louviers. Le sieur
Bollot a dit de plus qu'il avait l'intime conviction que le sieur Morin était incapable
d'entrer dans un complot formé contre la
Famille royale. Bollot, après avoir été appelé
devant le Juge du Hâvre, écrivit à Morin,
qui était allé faire un voyage à Louviers, de
revenir sur-le-champ pour une affaire de la
plus haute importance. Bollot ne s'expliquant
pas davantage, Morin conçut une grande
inquiétude, et l'exprima dans une lettre remise par Bollot au Magistrat instructeur. Cette
lettre était conçue de telle manière qu'elle put
faire naître des soupçons sur la conduite de
Morin. Celui-ci ayant su de quoi il était accusé,
s'empressa d'écrire au sieur Bollot-Patenôtre,
combien il était étonné qu'il lui prêtât de pareils propos que jamais il n'avait tenus. On
avait examiné avec soin les papiers de Morin;
on n'y avait rien trouvé de suspect. Interrogé,
il avait persisté à nier avoir fait à son ami
Bollot la confidence que celui-ci prétendait en
avoir reçue. Morin et Bollot ayant appris qu'il
avait été donné des ordres pour qu'ils fussent
confrontés, se sont empressés de se rendre
ensemble à Paris. Appelés devant la Commis-

sion d'instruction, Morin a persisté avec force dans ses dénégations ; Bollot a persisté aussi dans son dire , mais avec beaucoup moins de fermeté , ajoutant *qu'on le lui avait dit , à moins qu'il ne l'eût rêvé.*

La Commission, Messieurs, a eu des doutes sur l'entière véracité du sieur Bollot. En cet état, Morin a été renvoyé , et l'on n'a pu donner d'autre suite à cette affaire. D'un autre côté, les Commissaires de police du Hâvre ont tous affirmé n'avoir jamais entendu circuler les bruits que le sieur Bollot-Patenôtre prétendait venir originairement de l'un d'eux. Il paraît aussi qu'un autre fait étranger au procès, et que le sieur Bollot donnait comme vrai , était sans fondement. Enfin, Messieurs, S. A. R. MONSIEUR , n'allant presque jamais au spectacle avec son auguste Fils, l'Opéra n'étant point le seul lieu où Louvel attendît sa victime , tout doit empêcher de donner grande foi au récit très-extraordinaire du sieur Bollot-Patenôtre.

N.º 112.

Le sieur Peulier, épicier à Versailles, reçut, le 19 février, par la poste, une lettre de Paris, ainsi conçue :

« Monsieur et ami,

M. Louvel a fait son devoir envers Berri.
. . . .
. . . .
Ma voix, Messieurs, se refuse à vous lire les infamies dont cette lettre est pleine. Elle se termine ainsi :

Fait à Paris, le 17 février 1820.

Votre Serviteur,
Signé Laurent DEVAUX. »

On a fait de longues et vaines recherches pour connaître l'auteur de cette lettre criminelle.

N.º 113.

Le sieur Dufriche passant aux Tuileries, le 30 janvier, entendit un homme qui lui parut

ivre et qui était seul, dire tout haut, en montrant le château : « La monarchie ne tiendra
pas long-temps. »

N.º 114.

La déclaration d'un sieur Brigeon indiquait
qu'avant le dimanche-gras, une femme avait
dit à une de ses voisines qui voulait se déguiser pendant le carnaval, et aller se divertir
à la Courtille, que si l'on savait ce qui devait
arriver, on ne serait pas si gai ; qu'elle, qui se
promettait tant de plaisir, ne reviendrait peut-
être pas seulement coucher chez elle. Ces
propos même avaient été présentés avec plus
de gravité. On a entendu les femmes désignées,
et il est résulté de leur déclaration que, parlant ensemble de la cherté des denrées et des
fêtes du mardi-gras, l'une d'elles avait dit à
l'autre que le temps n'était pas assez bon pour
se réjouir.

N.º 115.

Un individu nommé Valentin Munsch avait
été signalé à la Commission comme devant

éveiller les soupçons de la Justice par ses relations avec une personne anciennement attachée au service de Bonaparte, sans que cependant aucun fait fût précisé à son égard.
Les renseignemens pris sur son compte lui
ayant été favorables, il n'a été l'objet d'aucune
recherche judiciaire.

N.º 116.

Au moment où fut jugé le procès des nommés Desbans et Chayaux condamnés à mort,
en 1817 , pour complot contre la Famille
royale, un officier du régiment de chasseurs,
dont ces deux soldats faisaient partie, avait
été chargé par ses chefs de porter une lettre
adressée par Desbans à une femme Tissot avec
laquelle il était en relation ; s'étant revêtu d'un
habit de soldat pour inspirer une entière confiance à cette femme, il l'avait fait causer,
et avait recueilli d'elle les noms de différens
individus qui fréquentaient sa maison, et qui
par conséquent pouvaient avoir des rapports
avec Desbans. On ajoutait que Louvel était
un de ceux qui furent nommés par elle. Cet
officier a été entendu ; il a déclaré qu'en effet,
il avait quelque idée que le nom de Louvel

lui fut donné par cette femme comme celui d'un des individus qui fréquentaient Desbans. Il a dit au surplus que tous les noms qu'il recueillit alors avaient été consignés dans un rapport fait aux chefs de son corps. Louvel, interrogé sur ce renseignement, a déclaré ne connaître ni la femme Tissot ni Desbans, et n'avoir eu connaissance du complot formé par lui que vaguement et par l'affiche du jugement de condamnation. Il est d'ailleurs établi qu'à cette époque, Louvel était déjà depuis un an à Paris ; ce qui éloigne l'idée qu'il pût avoir des relations fréquentes au moins avec Desbans, qui était en garnison à Versailles. Le rapport dont parlait l'officier entendu en témoignage n'a pu être retrouvé ; mais comme le nom de Louvel n'est indiqué dans aucune des pièces de la procédure faite alors, il est à croire que l'imagination du témoin vivement frappée aujourd'hui du nom de Louvel, lui aura fait prendre une impression nouvelle pour un souvenir ancien, qu'au reste il n'a point présenté d'une manière affirmative.

N.º 117.

Un sieur Arcelaine étant venu, peu avant
le 13 février, chez un sieur Guérin, pâtissier,
on assurait que celui-ci lui avait dit que
Bonaparte était débarqué en Espagne, que
tout allait changer ; que les nobles, les prêtres
et les dévotes *la sauteraient*. L'absurdité de
ces nouvelles a fait penser qu'il était inutile
d'en interroger l'auteur. Il n'est que trop sûr
qu'à l'époque où ce propos a été tenu, mille
bruits plus ridicules les uns que les autres,
circulaient de tous côtés.

N.º 118.

La portière de la dame de Lamire était
indiquée comme ayant dit, le dimanche-
gras, qu'il y aurait, le lundi, un bien autre
évènement que la marche du bœuf gras dont
on lui parlait en ce moment. On a entendu
la tante de celui auquel la portière paraissait avoir annoncé l'assassinat du soir. C'est
une femme suisse qui entend médiocrement
le français ; elle a dit que ce n'était pas à son

neveu, mais à un ami de son neveu, qui entend encore moins bien le français qu'elle, qu'il avait été dit par la portière désignée : « Qu'on n'était pas tranquille en France ; qu'on n'avait pas crié le bœuf gras, et qu'on verrait peut-être de belles choses avant peu de temps. » La femme Delphisque, portière, désignée, a été entendue ; elle a nié avoir dit qu'il dût y avoir, le lundi-gras, un grand évènement. Il paraît que, lisant tous les jours plusieurs journaux, elle y avait puisé l'idée d'une agitation prochaine, et que c'est là ce qu'elle avait exprimé, et ce qui avait été mal compris par le suisse.

N.º 119.

M. N...... prêtre, fut désigné à la Commission comme ayant connaissance de propos tenus avant l'évènement du 13 février, et qui semblaient l'indiquer. Il a été entendu : il a déclaré que, le dimanche-gras, passant sur le pont des Tournelles au moment où un autre prêtre le traversait, il entendit trois hommes dire: «C'est aujourd'hui que nous ferons danser » les calotins et les royalistes.» M. l'abbé....: a rapporté plusieurs autres propos coupables sans doute, mais qui étaient sans application au meurtre commis sur S. A. R. M. le Duc de Berri. Il a invoqué le témoignage de la veuve....... qui l'a contredit sur plusieurs points. M. l'abbé N...... n'a pas paru d'ailleurs avoir cette justesse et cette sagesse d'esprit nécessaire pour inspirer une entière confiance. La nature enfin de ces renseignemens n'a pas permis d'y donner de suite.

N.º 120.

M. Andrieux, adjoint du Maire de Reims, reçut, le 13 février dernier, une lettre de Paris, cachetée d'un cachet aux trois couleurs, et qui ne contenait que ces mots : Vive Napoléon II !

N.º 121.

Le nommé Dessaulx avait assisté, peu de jours avant le crime, à une conversation dans laquelle un des interlocuteurs parlant d'une réponse qu'un autre voulait faire à un article de journal, il lui avait été dit : « Ne répondez » à rien, soyez tranquille, nos affaires vont au » mieux ;

» mieux ; dans huit jours vous en verrez de
» belles. » Tel était le renseignement transmis
à la Commission.

Dessaulx a été entendu : il a déclaré qu'en
effet, se trouvant chez le nommé Varrot,
auquel il avait été recommandé, quelqu'un y
était venu et lui avait parlé d'un article de la
Bibliothèque royaliste, dans lequel il était maltraité ; ce à quoi Varrot avait répondu : « Ce
» sont des sots, nous les arrangerons ; dans
» huit jours vous entendrez parler de quelque
» chose de nouveau. » Dessaulx a ajouté qu'à
une autre entrevue, Varrot lui avait tenu les
propos les plus irrévérentieux sur S. A. R.
Madame ; il n'a du reste désigné aucun témoin.
Varrot entendu à son tour, en vertu d'un
mandat de comparution, a déclaré avoir
effectivement fait pour Dessaulx, par humanité et à la recommandation d'un de ses amis,
quelques démarches pour lui faire obtenir une
place de colporteur du Journal l'Aristarque,
démarches qui avaient été infructueuses ; mais
il a affirmé qu'il ne lui avait aucunement tenu
les propos rapportés par lui dans l'instruction.

Dans ces circonstances, ne connaissant aucun autre témoin qui eût entendu ces propos,
leur application au procès, alors même qu'ils
eussent été certains, n'étant établie par aucun

indice, Varrot enfin, les déniant formellement, il n'a été donné à cette affaire aucune suite ultérieure.

N.º 122.

Peu de jours après l'assassinat de S. A. R. M. le Duc de Berri, dix-sept hommes armés et habillés comme l'étaient, il y a quelques années, nos soldats, avaient passé dans la commune de Voivres près le Mans, sans que l'on connût quels pouvaient être ces hommes, à quels ordres ils obéissaient, et de quel corps ils faisaient partie. Ce fait pouvant se rattacher à l'objet du procès, une commission fut adressée sur-le-champ au Juge du Mans, pour instruire sur cet événement extraordinaire. De l'information faite sur les lieux, il est résulté que, le 2 février, quinze hommes, armés pour la plupart de carabines, et quelques-uns de grands sabres, s'étaient présentés en deux bandes, dans la soirée, chez un cultivateur de Voivres, qu'ils s'étaient fait servir par lui à manger et à boire, et n'avaient point payé leur dépense : ces hommes étaient vêtus d'habits courts, bleus, à paremens blancs ; ils portaient des schakots avec plumets blancs et

rouges : quelques - uns avaient de longues
barbes ; ils parlaient un langage qui paraissait
étranger, et que l'on ne comprit point. Leur
visite effraya beaucoup le cultivateur chez
lequel ils étaient entrés ; mais on n'a pu se
procurer aucun renseignement sur la route
qu'ils avaient tenue, et l'on n'a pas su qu'ils
aient paru dans d'autres communes. Un nommé
Bardet , actuellement détenu au Mans , par
suite d'une condamnation correctionnelle , a
néanmoins déclaré que, le 21 février , vers
six heures du soir , il avait rencontré auprès
du village de Vallon , environ quinze hommes
dont la nuit et la frayeur l'avaient empêché de
distinguer l'habillement. Quatre de ces hommes
armés de fusils et portant des chapeaux à trois
cornes , s'étaient approchés de lui , et l'ayant
entouré , lui avaient demandé ce qu'il y avait
de nouveau au Mans d'où il venait ; et sur sa
réponse , que l'on disait qu'il y allait avoir du
changement dans le ministère, celui qui paraissait leur chef avait dit : « Tant mieux, dans peu
il y aura du nouveau. » Ces hommes étaient-ils
les mêmes que ceux qui avaient paru à Voivres
le 2 février, ou faisaient-ils partie de la même
bande ? c'est ce que l'on n'a pu savoir. Bardet
a déclaré plus tard, que depuis sa rencontre
avec eux, il avait trouvé un homme à lui in-

connu, qui lui avait dit être du nombre de
ceux qui l'avaient entouré sur la route de
Vallon ; qu'ils avaient été rassemblés par des
personnes étrangères au pays, qui leur pro-
mettaient quatre francs par jour, et qui les
payèrent effectivement pendant les premiers
jours ; mais le payement ayant cessé, il avait
quitté la bande. Il n'a pu d'ailleurs être obtenu
aucun autre renseignement sur le but et la
composition de ce rassemblement qui avait
jeté l'alarme dans tout le pays (1).

N.º 123.

Pierre-René Lefranc, cordonnier, fut désigné à la Commission, comme ayant reçu de

---

(1) Au moment du rapport, M. le Baron d'Au-
digné, qui a long-temps commandé dans les environs du Mans les royalistes de ce pays, a expliqué
que les apparitions d'hommes armés à quelques
partis qu'ils eussent autrefois appartenu n'étaient pas
très-rares dans le département de la Sarthe et dans
les départemens voisins ; qu'ils sortaient des villes
pour aller marauder, et que malgré la surveillance
la plus active, il avait été témoin plusieurs fois de
l'impossibilité de saisir sur le fait ceux qui se rendaient coupables de ces délits.

l'argent afin d'exécuter quelque grand crime.
Lefranc est un vieillard de 70 ans ; affaibli
par l'âge, il n'est plus homme d'exécution. Il
a été entendu, et a dit que du temps de la
terreur on lui avait proposé de le payer pour
écouter et rapporter ce qu'il entendrait. Il prétend que sa femme et lui s'y refusèrent : il a
affirmé que depuis cette affreuse époque, on
ne lui a jamais fait de pareilles propositions.

N.° 124.

M. Pithou, que l'on supposait pouvoir
donner d'utiles renseignemens sur l'affaire qui
nous occupe, a été appelé : il a déclaré ne
rien savoir sur l'assassinat de S. A. R. M. le
Duc de Berri; il sait seulement qu'en 1815 il
se forma à Orléans une association entre onze
militaires du .... régiment de ligne et de la
vieille garde, qui prêtèrent serment sur une
épée nue, de détruire ou de renverser la dynastie des Bourbons. L'autorité fut dans le
temps instruite de ce fait.

N.º 125.

Bardillon , maître sellier à Etampes , a eu pour garçon Louvel : il était sombre , silencieux, se promenant seul ; il n'allait point au cabaret, etc. etc.

N.º 126.

Un individu sorti de Paris le 14 février, était indiqué comme ayant dit à plusieurs personnes des environs de Nogent, que l'assassinat de M. le Duc de Berri était un évènement heureux pour les Français ; que Bonaparte était en Espagne ; que les Bourbons en étaient chassés , et que Joseph y était rappélé.

L'information qui a eu lieu, a établi que le sieur Legras , fabricant de bas à Paris , avait répandu les nouvelles absurdes du retour de Bonaparte et de sa famille ; mais il n'a point été reconnu pour être celui qui avait dit que l'assassinat de S. A. R. était un évènement heureux ; dans cet état on n'a pas donné de suite à cette affaire , et l'on a renvoyé le sieur Legras devant les Juges ordinaires pour y être jugé sur les bruits ridicules qu'il paraît avoir répandus dans les environs de Nogent, bruits étrangers à l'affaire instruite devant la Cour des Pairs.

N.º 127.

Le 18 février, un placard séditieux et contenant des provocations atroces, fut affiché à Beauvais. Les recherches faites pour en découvrir les auteurs ont été infructueuses.

N.º 127 (*bis*).

Le colonel Omahouy, Syrien de nation, indiqué comme ayant d'utiles renseignemens à donner, a été appelé ; il ne savait rien.

N.º 128.

Cette cote a été réunie au N.º 29.

N.º 128 (*bis*).

Un colporteur avait, disait-on, annoncé à une dame Dupont, huit jours avant l'assas-

*

sihat du Prince, que dans huit jours il lui
apporterait un jugement qui la ferait frémir.

La dame Dupont entendue, a déclaré que
c'était non huit jours, mais deux mois avant
le crime, qu'un colporteur qui lui avait vendu
l'histoire du procès d'un incendiaire, lui avait
dit que dans deux mois, on entendrait parler
d'un procès plus affreux que celui de Fualdès.
On n'a pu interroger ce colporteur qui est
resté inconnu. D'ailleurs il ne paraît pas, d'a-
près ce qu'a dit la dame Dupont, que ce colporteur ait voulu parler en aucune façon du
triste procès qui occupe la Cour.

N.° 129.

On avait répandu dans le monde que M. de
Maillardos, au moment même où l'assassinat
venait de se commettre, et même avant cet
instant, l'avait appris d'une personne qui lui
avait nommé l'assassin, lorsque tout le monde
en ignorait encore le nom.

M. de Maillardos a déclaré que le 13 février,
à onze heures et demie du soir, il avait appris
l'assassinat de S. A. R., en s'approchant d'un
groupe formé sur le boulevard des Italiens, et
où se trouvait une femme qui raconta l'évè-

nement à ceux qui l'environnaient, mais sans nommer l'assassin.

N.º 130.

Deux cuisiniers s'étant trouvés, le 12 février, chez le boucher Golzard, l'un d'eux, assurait-on, avait dit à l'autre, en le frappant sur l'épaule : « Dans vingt-quatre heures nous verrons du nouveau. » La dame L. Péan était indiquée comme ayant entendu ce propos ; elle a été appelée, et a déclaré que c'était en sortant de chez ce boucher qu'elle avait rencontré deux hommes qu'elle avait pris pour des cuisiniers, et qu'elle leur avait en effet entendu dire ces mots : « Dans vingt-quatre heures il y aura du changement. » L'impossibilité de retrouver ces deux hommes n'a pas permis de donner suite à ce renseignement, rien n'indiquant d'ailleurs que ces paroles eussent trait au malheureux évènement du 13.

N.º 131.

Renseignemens donnés par Françoise Louvel sur son frère, et notamment sur les dernières années de son séjour à Paris.

N.º 132.

Une information transmise au Procureur général, semblait établir qu'un nommé Louvel, fabricant de parapluies à Paris, se trouvant à Angers dans les premiers jours de février, avait dit dans un lieu public appelé le *Jeu-de-boules*, que M. le Duc de Berri était détesté de toute la France. Ce propos qui paraissait même avoir été affaibli, n'était, à la vérité, rapporté que par l'un des quatre témoins qui se trouvaient à la table où il avait été tenu, et les trois autres assuraient ne l'avoir point entendu; néanmoins, à cause de la conformité de noms qui existait entre Louvel et l'individu désigné pour être l'auteur du propos, on a cru devoir procéder à son audition. Il a nié de la manière la plus formelle le propos qui lui était imputé, demandant à être confronté au témoin qui l'accusait; il a au surplus été vérifié qu'il s'appelait Louvet et non Louvel. Dans cet état, le propos, quelque grave qu'il soit, supposé même qu'il fût prouvé, ne paraissant avoir aucun trait au procès, et son auteur ne se trouvant plus rattaché par rien à Louis-Pierre Louvel, on n'a donné aucune autre suite à ce renseignement.

N.º 133.

On avait rapporté à la Commission d'instruction des Pairs que, le dimanche 13 février, un individu était venu chez la demoiselle Olivier, louer deux dominos, et que sur quelques difficultés relatives au prix, cet individu avait dit : « Ne faites pas tant la difficile ; » demain et mardi, vous n'en louerez pas. »

La demoiselle Olivier a été entendue : elle a déclaré qu'il était vrai que, le 13 février, deux jeunes gens étaient venus chez elle louer deux dominos ; qu'elle leur avait demandé si c'était pour le dimanche ou pour le mardi-gras, parce que pour ce dernier jour les costumes se louent plus cher ; qu'à cela les jeunes gens avaient répondu que l'argent étant rare, les dominos ne se loueraient pas davantage le mardi-gras que le dimanche.

N.º 134.

La femme Pelletier, entendue dans l'instruction, avait déclaré que, le jour même du crime, 13 février, un homme d'assez mau-

vaise tournure s'était présenté aux écuries
de S. A. R. M. le Duc de Berri, et avait demandé à une femme qu'il y avait trouvée,
de lui indiquer la demeure du maître sellier,
auquel, disait-il, il voulait parler d'un ouvrier
qui désirait trouver de l'ouvrage.

La demeure du maître sellier lui ayant été
indiquée, il s'y était rendu, et en l'absence
du maître, il avait parlé à la fille domestique.
Cette fille, un peu effrayée de la tournure de
cet individu, ne voulait point le laisser entrer,
lorsque le nommé Sincay, l'un des ouvriers
selliers de Madame la duchesse de Berri, était
survenu; il avait lié conversation avec lui,
ayant l'air de le connaître. Tous deux étaient
ensuite partis ensemble. Ils avaient été rejoints
par une femme et étaient restés quelque temps
à causer derrière un tonneau de porteur d'eau;
après quoi, s'apercevant, disait-on, qu'ils
étaient remarqués, ils avaient continué leur
route. La femme Pelletier ajoutait que le lundi
matin, au moment où l'on apprit aux écuries
de M. le Duc de Berri, que l'assassin était un
ouvrier sellier employé aux écuries du Roi,
Sincay avait dit sur-le-champ : « Ce ne peut
» être que Louvel. » Les soupçons qu'avait
inspirés dans la maison l'apparition de cet
homme, les relations qu'il paraissait avoir avec

Sincay, et le propos de celui-ci sur Louvel, rendirent nécessaire la vérification de ces faits, afin d'éclaircir si, comme on pouvait le craindre, Louvel n'avait pas parmi les gens du service même du Prince quelques criminelles intelligences.

L'instruction a établi, de manière à ne laisser aucun doute, que l'homme dont l'apparition avait paru suspecte, était le nommé Tribout. qui, le dimanche 13 février, était venu pour demander un ouvrier sellier qu'on lui avait dit chercher de l'ouvrage, et auquel il pouvait alors en procurer. Arrivé chez Tremblay, il avait dit à la fille de service le sujet de sa visite. Sincay qui se trouvait là, étant lui-même chargé de trouver de l'emploi pour un garçon sellier, et Tribout en demandant un, il était entré, à ce sujet, en conversation avec lui, ils étaient sortis ensemble, avaient rejoint dans la rue une femme qui attendait Tribout, et, après s'être arrêtés quelques momens, ils étaient entrés dans un cabaret pour écrire l'adresse du garçon sellier que depuis, Tribout avait en effet employé chez lui, et qu'il occupe en ce moment. Quant au propos de Sincay sur Louvel, il a déclaré ne l'avoir pas tenu, et son air de bonne foi parfaite doit faire penser qu'il dit la vérité sur ce fait,

*

comme il a été reconnu la dire sur tous les
autres. Il est donc probable que la femme
Pelletier aura attribué à Sincay, dans la confusion des souvenirs de cette affreuse nuit, un
propos qui aura été tenu par un autre, et qui
d'ailleurs n'a rien de remarquable. Louvel
étant le seul ouvrier sellier qui demeurât
aux écuries du Roi, il était tout naturel de
le désigner comme auteur du crime, lorsque
l'on apprit qu'il avait été commis par un ouvrier sellier logé aux écuries. Ainsi se sont dis-
sipées les inquiétudes que l'on avait conçues ;
et les renseignemens recueillis à cette occasion, n'ont fait qu'offrir une preuve de plus
de la touchante reconnaissance qu'avait ins-
pirée à ceux qui l'entouraient l'inépuisable
bonté du Prince, que tous regrettent moins
comme un maître que comme un père.

N.º 135.

On a transmis à la Commission d'instruction des Pairs un renseignement qui semblait
établir que la dame Rolland, femme d'un employé aux prisons de Melun, allant de cette
ville à Paris, par la diligence, huit ou dix

jours avant la mort de M. le Duc de Berri,
avait trouvé dans cette voiture cinq hommes
qui, entre autres choses, avaient dit qu'il y
aurait *un évènement*, *un coup*, qui empêcherait que l'on ne changeât la loi des élections.

La dame Rolland a été interrogée : elle a
déclaré qu'il était vrai que, le 3o janvier dernier, revenant à Paris par la diligence, elle y
avait trouvé plusieurs personnes dont les opinions lui parurent être ce que l'on appelle aujourd'hui, a-t-elle dit, libérales. En parlant de
la loi des élections, l'une d'elles avait dit que
« si on la présentait, il y aurait un coup d'état,
et qu'un Député monterait à la tribune. »

La Commission des Pairs n'a pas cru devoir
interroger l'auteur de cette phrase qui n'avait
rien de criminel.

N.º 136.

On annonçait que Louvel avait servi pendant les cent jours dans un corps franc, orga-
nisé dans le département de la Moselle.

Louvel, interrogé sur ce fait, a formellement assuré n'avoir jamais fait partie d'aucun
corps franc, et les détails fournis par l'instruction sur cette époque de sa vie, ne permettent

pas de croire à l'exactitude du renseignement envoyé à la Commission d'instruction.

N.º 137.

Le nommé ...... avait été indiqué comme pouvant donner d'utiles renseignemens sur des manœuvres criminelles, et qui paraissaient se rattacher au crime du 13 février. Il a été appelé, et il a déclaré ne connaître aucun fait qui vînt se rattacher au procès ; seulement il a entendu plusieurs fois, avant le crime, de coupables propos contre la Famille royale, mais sans que ces propos eussent aucun caractère qui pût leur donner de l'importance. Il a signalé un individu demeurant dans la même maison que lui, comme fabriquant, pour les débiter ensuite, de petites effigies de Bonaparte. Cette déclaration ne se rattachant en rien au procès, on s'est borné à en donner connaissance à l'autorité administrative.

N.º 138.

Une lettre envoyée à la Commission d'instruction par M. le Garde des Sceaux, portait qu'à

qu'à Nancy, un nommé Bernard avait dit,
avant que la mort de M. le Duc de Berri fût
arrivée dans cette ville : « En voilà un de
tué ; avant qu'il soit quinze jours, le reste
de la Famille suivra. »

L'instruction qui a eu lieu sur ce fait a établi qu'au moment où Bernard avait tenu les
propos dont la Commission des Pairs avait été
informée, la nouvelle de la mort de S. A. R.
était arrivée à Nancy. D'après cela, la Commission n'a pas cru devoir retenir la connaissance de cette affaire ; elle l'a renvoyée devant
les Juges ordinaires.

N.º 139.

Divers renseignemens annonçaient que le
sieur Machuret, qui avait servi Bonaparte à
l'île d'Elbe, était allé aux écuries du Roi, le
lundi 14 février, entre six et sept heures du
matin ; qu'il y avait demandé Louvel, et
qu'après quelques instans, il avait disparu ; que
le soir on l'avait vu rayonnant de joie, faisant
caracoler son cheval sur la place du Carrousel.
Ces renseignemens paraissaient venir du portier des écuries du Roi, et d'un employé au
même service auquel Machuret avait demandé
Louvel.

Ils ont tous deux été entendus. Le portier a
dit seulement que Barbey lui avait dit avoir
vu Machuret, le 14 au matin, chez un marchand de vin, nommé Rezia; et le soir, sur
la place du Carrousel, faisant promener un
cheval.

Barbey a dit avoir vu Machuret, le 14
février, mais le soir seulement, sur la place
du Carrousel, pendant qu'il promenait un
cheval; il a de plus affirmé qu'il y avait plus
de trois ans qu'il n'avait parlé à Machuret,
et que, le 14 au matin, celui-ci ne lui avait
point demandé Louvel; que du reste il n'avait
point remarqué sur le visage de Machuret la
joie dont on avait parlé.

Ces faits parfaitement en harmonie avec les
réponses de Machuret, qui a dit ne pas connaître Louvel, et aussi d'accord avec les réponses de Louvel sur Machuret, ont motivé
la mise en liberté de cet homme qui avait été
arrêté au moment.

N.º 140.

Le 13 février, Desbiez, soldat du poste de
l'Opéra, sortit par hasard du corps de garde,
vers neuf heures du soir; étant dans la rue

Rameau, un homme, qu'à son accent il reconnut pour n'être pas Français, lia conversation avec lui, et lui offrit de boire du rhum. Desbiez le refusa et repoussa vivement de pareilles offres faites par un étranger.

N.º 141.

Un rapport officiel, transmis à M. le Procureur général, faisait connaître que le nommé Marchand, forçat libéré, arrêté à Vernon, faute de passe-port, le dimanche 13 février, avait dit, le 18, au gendarme qui le conduisait dans les prisons d'Evreux, que quand même il serait resté à Paris, il aurait été arrêté à cause de l'assassinat de M. le Duc de Berri.

Une commission fut adressée au Juge d'Evreux, pour vérifier ce propos, et rechercher si la crainte manifestée par Marchand ne serait pas l'indice de quelques relations existantes entre lui et l'auteur du crime. A l'arrivée de la commission à Evreux, déjà une instruction avait eu lieu sur ce fait, et Marchand avait déclaré n'avoir songé, en parlant ainsi, qu'à l'état de suspicion où la condamnation qu'il avait subie le plaçait nécessairement, ce qui aurait pu causer son arrestation à l'occasion d'un crime qu'il déplorait, a-t-il dit, avec toute la France.

Cette explication paraissant plausible, et rien ne donnant à croire que le propos de Marchand dût en recevoir une autre, la commission adressée au Juge d'Evreux a été retirée, et aucune suite n'a été donnée à ce renseignement.

N.º 142.

Cette cote a été réunie au N.º 144.

N.º 143.

Cette cote a été réunie au N.º 241.

N.º 144.

Un individu montant la garde à l'Hôtel-de-Ville d'Orléans, le 6 février, paraissait y avoir dit qu'avant peu il y aurait du nouveau; et qu'il y en aurait dans tous les cas avant la Toussaint, surtout si l'on voulait toucher à la loi des élections.

L'information judiciaire qui a eu lieu sur ce point à Orléans, n'a pu constater le sens de ce propos, ni même établir qu'il ait été réellement tenu.

N.º 144 (*bis*).

Une instruction suivie à Orléans, établissait que le 6 ou le 7 décembre dernier, un sieur Dalhot, propriétaire dans cette ville, s'était trouvé dans une voiture publique avec cinq individus qui lui étaient inconnus ; l'un de ces individus avait dit « qu'il ne croyait pas qu'on » dût changer la loi des élections, et qu'il se » rendait à Paris pour cela. » Sur l'observation qui lui fut faite, que le Roi pouvait, s'il le jugeait convenable, y proposer des changemens, il avait répondu « qu'il y avait plus » de sujets que de Rois. » Ce à quoi un autre des cinq voyageurs avait ajouté « qu'avant » peu il n'y aurait pas beaucoup de Souve- » rains en Europe. »

Le Tribunal d'Orléans avait jugé convenable de renvoyer devant la Cour des Pairs la procédure faite à ce sujet. Votre Commission, Messieurs, n'y voyant aucune connexité avec le procès, et n'ayant aucun moyen de décou-

vrir les auteurs des propos qu'elle avait pour
but de constater, a dû la renvoyer aux Juges
ordinaires pour être par eux statué, ainsi qu'il
appartiendrait.

N.º 145.

Cette cote a été réunie au N.º 255.

N.º 146.

Une lettre anonyme annonçait que le neuf
février, un Français demeurant à Bruxelles,
y avait dit «que S. A. R. M. le Duc de Berri
» devait être assassiné : » les recherches faites
à ce sujet, n'ont point fourni la preuve de ce
propos, aucun témoin n'ayant été indiqué.
Elles ont seulement fait connaître le nom de
l'individu désigné comme son auteur ; mais
cet individu n'habite plus Bruxelles, et l'on
ne sait où il réside actuellement.

N.º 147.

On assurait que l'ancien Aumônier de la
prison des Madelonnettes donnerait des ren-

seignemens importans sur une femme qui avait
été conduite dans cette prison, par mesure de
police, au moment où elle allait faire des révélations sur un complot formé en faveur de
l'Archiduchesse de Parme. Malgré le vague de
cette note , on a pensé qu'il était bon de
l'éclaircir dans l'intérêt de la vérité , et par
cela même qu'elle semblait inculper en quelque
façon, l'autorité chargée de veiller à la sûreté
de l'état.

L'Aumônier des Madelonnettes a été entendu : il a déclaré n'avoir aucune connaissance d'un fait récent qui pût avoir donné
lieu à ce bruit, seulement il se rappelait qu'en
1816, une femme détenue, arrêtée en effet par
mesure de police, et par suite d'une fausse dénonciation qu'elle avait faite, et dans laquelle il
était question d'une prétendue correspondance
avec S. A. I. Marie-Louise, avait demandé à
l'entretenir un moment ; mais sur l'avis du
concierge, que cette femme était une intri-
gante, il lui avait fait dire qu'il l'entendrait,
si elle le désirait , dans l'exercice de son ministère et non autrement ; et il n'avait eu
aucune relation avec elle. Des renseignemens
ont été demandés à la police sur cette femme ,
et il résulte des informations détaillées qui ont
été transmises sur son compte , que depuis

long-temps elle était connue sous les rapports
les plus défavorables, comme vivant d'intri-
gues et cherchant sans cesse à abuser l'autorité par de fausses délations, dans l'espoir d'en
tirer quelque profit. Cette femme avait en
effet été arrêtée, le 4 juillet 1816, par mesure
de police et en vertu de la loi du 21 octobre
1815. Elle avait ensuite été mise en liberté ;
et après avoir successivement résidé pendant
deux ans à Charleville et à Paris, elle avait
quitté la France, au mois de mai 1818, pour
se rendre dans le royaume des Pays-Bas. La
cause de l'arrestation de cette femme quelle
qu'elle fût, ne pouvant, à raison de sa date,
se rattacher en rien au procès actuel, ce renseignement n'a dû avoir aucune autre suite.

N°. 147 (bis).

Le chapelier des gardes du corps de S. A.
R. Monsieur, avait, disait-on, reçu avant le
funeste évènement du 13 février, de la part
de personnes inconnues, une commande extraordinaire de casques de ces gardes du corps;
ce qui pouvait paraître annoncer un projet
dont l'exécution aurait dû avoir lieu au moyen

du déguisement de plusieurs individus en gardes du corps.

Les dépositions du chapelier et de son commis, ont établi qu'il n'avait été fait aucune commande de ce genre, et que seulement quelques mois avant le crime, un individu inconnu, mais dont le signalement ne présente aucune analogie avec celui de Louvel, s'était présenté chez le sieur Hurvoy, chapelier des gardes du corps de S. A. R. Monsieur, pour y acheter un casque ; qu'en ayant examiné plusieurs qui se trouvaient dans la boutique, il avait arrêté son choix sur un casque de garde du corps de S. A. R. ; mais que le chapelier lui ayant dit qu'il ne pouvait, à quelque prix, ni pour quelque cause que ce fût, en fournir de ce modèle à d'autres, qu'à MM. les gardes, il s'était retiré sans rien acheter. Cette affaire n'a pas eu d'autre suite.

N.º 148.

Une note transmise à la Commission indiquait que des personnes suspectes se réunissaient fréquemment dans une maison de Versailles, où Louvel pouvait avoir été appelé. Louvel interrogé à ce sujet, ayant formel-

lement assuré n'avoir jamais été dans cette
maison, et aucun fait qui rattachât ce renseignement au procès n'étant précisé par ses
auteurs, il n'a dû y être donné aucune suite
judiciaire.

N.º 149.

Un piqueur de la maison de LL. AA. RR.
a déclaré que, dans le courant de l'hiver dernier, et à l'une des chasses que les Princes
avaient faites dans la forêt de St-Germain,
trois hommes montés sur des chevaux de
louage, s'étaient fait remarquer par leur persévérance à suivre les voitures, de manière à
exciter l'attention des Princes eux-mêmes, qui
leur envoyèrent dire par ce piqueur, que la
chasse à courre n'aurait pas lieu ce jour-là.
Louvel ayant avoué dans ses interrogatoires
qu'il allait souvent à St-Germain suivre la
chasse pour épier l'occasion d'exécuter son
funeste projet, on pensa qu'il pouvait être un
des trois hommes dont il vient d'être question; et cette conjecture était importante à
vérifier comme devant produire, si elle se fût
trouvée vraie, un indice assez fort de complicité. Le piqueur, qui déjà avait été entendu,

et qui avait été le plus à même de remarquer
ces trois individus, a été confronté avec
Louvel; il a déclaré ne point le reconnaître
pour un de ceux qu'il avait signalés dans sa
déposition. Louvel, d'ailleurs interrogé sur ce
fait, a répondu n'avoir jamais suivi la chasse
qu'à pied, et même n'être pas monté à cheval
depuis son retour de la Rochelle.

N.º 150.

Le nommé Bonda, ouvrier sellier, se rendant de Paris à Reims, était entré, disait-on,
le dimanche 13 février, dans l'auberge du
sieur Robquin, à Roissi, près de Gonesse.
Ayant lié conversation avec cet aubergiste, il
avait parlé des affaires du temps; il avait, entre
autres choses, demandé si l'on était content
du Roi et de la Famille royale, et il avait fini
par dire « qu'avant peu on saurait des nouvelles. » Le moment où ce propos avait été
tenu le rendait assez remarquable pour qu'on
ne négligeât pas de le constater; il l'a été par
la déclaration de l'aubergiste Robquin, mais
l'on n'a pu savoir quel sens Bonda y avait
attaché, ni donner aucune suite ultérieure à
cette affaire, les indications données sur la

route que paraissait avoir tenu Bonda n'ayant pas suffi pour rendre fructueuses les recherches faites pour le retrouver.

N.º 151.

On avait répandu le bruit que l'un des domestiques de Mme la comtesse d'Erlach avait entendu dans la rue, quelques jours avant le crime, une conversation entre plusieurs personnes, dont l'une disait aux autres et tout haut : « Qui de vous doit assassiner M. le Duc de Berri ? » Il est résulté des renseignemens pris à ce sujet, que le fait est entièrement faux, et qu'aucun des domestiques de Mme d'Erlach n'avait entendu de propos qui eût même quelque rapport avec celui que l'on supposait avoir été tenu.

N.º 152.

Elisabeth Froment avait dit à Nîmes, en parlant de la mort du Prince : « En voilà un de moins ; il n'est pas temps de parler, quand il sera temps, nous parlerons. » Pour vérifier ce fait, une commission fut adressée au Juge d'instruction de Nîmes, mais à sa réception, il avait déjà été statué par les Juges des lieux sur les propos imputés à la fille Froment. Il résulte de l'instruction faite contre elle et du jugement qui l'a suivie, que ce propos avait été tenu par elle dans une violente dispute qu'elle avait eue avec une de ses voisines dont l'opinion politique était différente de la sienne. Le Tribunal de police correctionnelle auquel l'affaire avait été soumise, tout en reconnaissant dans les termes indécens dont l'instruction constate que la fille Froment s'était servi, l'expression d'une joie criminelle, n'y a point trouvé le caractère de publicité exigé par la loi pour constituer un délit; il s'est borné à déclarer la fille Froment coupable d'injures envers la femme avec laquelle elle s'était querellée, et l'a condamnée pour ce fait aux peines portées par la loi. Le but de la commission se trouvant rempli, et rien ne rattachant le propos de la fille Froment au procès instruit devant la Cour, il n'a été procédé à aucune nouvelle instruction à cet égard.

N.º 152.

On rapportait que, trois jours avant l'assassinat de S. A. R. M. le Duc de Berri, on avait dit publiquement à Nîmes qu'un Prince avait été assassiné. Les recherches faites à cet égard, en vertu d'une commission adressée à Nîmes, n'ont rien produit; et il paraît constant, d'après le scrupule avec lequel les renseignemens ont été pris, qu'aucun propos de ce genre n'a été tenu dans cette ville.

N.º 152.

Au moment où l'on venait d'apprendre à Nîmes la fatale nouvelle de la mort de M. le Duc de Berri, un individu avait, disait-on, dit au milieu d'un rassemblement : « Il y en » a un de mort, patience jusqu'au mois de » mars ; le tronc a péri, il en sera bientôt » de même de la racine. » L'instruction suivie sur ce fait, a établi que le propos entendu consistait seulement dans ces mots: « Il faut » prendre patience jusqu'au mois de mars. » C'est ainsi du moins que le rapporte le témoin qui l'a recueilli en passant auprès d'un groupe de plusieurs personnes ; et c'est ainsi qu'il l'avait rapporté au moment même à un autre témoin également entendu dans l'instruction. Aucune indication, au surplus, n'a pu être donnée sur la personne qui avait tenu ce propos, qui d'ailleurs, tel qu'il se trouve constaté, a perdu toute sa gravité.

N.º 152.

Une note remise à la Commission, annonçait que Louvel avait passé à Nîmes à une époque voisine du crime, et qu'au moment de quitter cette ville, il avait dit au maître sellier chez lequel il travaillait, « que dans » quelque temps on entendrait parler de lui. » Une instruction ayant eu lieu sur ce fait, en vertu de deux commissions successivement adressées au Juge de Nîmes, il a été vérifié ce qui d'ailleurs est constant au procès, que Louvel n'était point allé dans cette ville, du moins à une époque récente, et n'y avait point tenu le propos qu'on lui attribuait. Les recherches faites pour remonter à la source de ce propos qui avait été étrangement dénaturé, ont fait connaître que dans le courant de janvier dernier, un ouvrier s'était présenté chez le sieur Garcin, sellier à Nîmes. Dans la conversation, il demanda à son fils comment allait l'ouvrage, et sur sa réponse, qu'il allait médiocrement, l'ouvrier lui dit : « Soyez tranquille, » dans deux ou trois mois au plus tard, il y

» **aura** de grands changemens ; tout ira bien, et
» nous travaillerons beaucoup : » propos qu'il
avait ensuite répété au sieur Garcin lui-même.
Cet homme, au surplus, était entièrement
inconnu ; et l'on avait cru seulement, d'après
sa conversation, qu'il pouvait être sellier, et
venir des environs de Toulouse. Après le
malheureux évènement du 13 février, le propos
par lui tenu, avait donné lieu de conjecturer
que cet homme pouvait être Louvel, et le
renseignement transmis à la Commission, était
fondé sur cette erreur, qui fut au reste bientôt
rectifiée par des indications plus exactes, qui
devinrent l'objet d'une seconde commission
adressée à Nîmes. On voit assez qu'aucune
suite n'a pu être donnée à ce renseignement.

N.º 153.

Un témoin entendu à Châlons, dans l'instruction suivie contre le sous - officier de
vétérans, Duval, avait déclaré qu'un musicien
nommé François Labbé se trouvant chez la
femme Entz, à Châlons, y avait dit, en parlant
de l'évènement du 13 février, « que c'était un
» bonheur pour la France, que les Bourbons en
» étaient les ennemis, et que toute la Famille
» royale

» royale devait être assassinée dans un repas,
» mais que le coup avait manqué.» Pour vérifier ce fait, on a entendu le sieur Entz et
sa femme, devant qui, au dire du témoin, le
propos avait été tenu. Tous deux ont déclaré
que le musicien avait annoncé seulement avoir
lu dans un journal que l'assassin de M. le Duc
de Berri avait dit qu'il avait commis ce meurtre
pour un bien. La personne à laquelle le sieur
Entz et sa femme avaient rapporté ce propos,
l'avait sans doute mal compris ; et quant au
projet d'assassiner la Famille royale, elle avait
aussi erré en attribuant au musicien, qui n'en
avait aucunement parlé, le récit d'un fait que le
sieur et la dame Entz avaient rapporté comme
l'ayant entendu dire plusieurs années auparavant. Malgré ces éclaircissemens, François
Labbé, qui déjà avait quitté Châlons, et qui
s'était rendu à Troyes, y fut arrêté par suite
de l'avis donné au Procureur du Roi, des propos
qui lui étaient imputés, et aussi pour n'avoir
point satisfait à la loi sur le recrutement, le
passe-port dont il était porteur, indiquant
qu'il devait se rendre à Saumur. Le Procureur
du Roi de Troyes crut devoir le faire conduire
à Paris pour y être mis à la disposition de la
Cour. A son arrivée, Labbé a été interrogé,
et ses réponses ayant pleinement confirmé les

18

éclaircissemens que fournissait l'instruction, il a été mis sur-le-champ en liberté; et attendu l'état de dénuement où il se trouvait, la Commission a demandé et obtenu pour lui un passe-port et des secours pour se rendre dans sa famille à Saumur.

N.º 154.

Le 26 février dernier, la femme Dumont se présenta chez le Maire de la commune de Perruel, arrondissement des Andelys, et lui déclara que ce jour-là même, entre dix et onze heures du matin, se trouvant occupée à ramasser du bois sec dans un bois appelé le bois Briquet, situé sur la route de Rouen à Gournay, elle y avait aperçu un cabriolet attelé de deux chevaux conduits de l'intérieur par deux hommes qui étaient dans cette voiture. Ce cabriolet venant du côté de Gournay, avait été rencontré, à très-peu de distance de l'endroit où elle se trouvait, par un homme à cheval, venant du côté de Rouen. La voiture et le cavalier s'étant alors arrêtés, ce dernier avait remis une lettre ou paquet aux deux hommes qui étaient dans le cabriolet, et une conversation s'étant engagée entre eux, le nom de *Berri* avait frappé l'oreille de la femme Dumont et excité son attention. Comme elle était alors fort près de la route et cachée par des joncs, de manière à n'être pas aperçue, elle avait entendu l'un de ces hommes dire bien distinctement : *Oui ; mais le malheureux qui l'a assassiné n'en périra pas moins.* Après quoi, un autre avait ajouté : *Il nous en faut encore trois.* Elle avait encore entendu l'un des voyageurs, et elle croyait que c'était l'homme à cheval, dire qu'il venait de faire cent cinquante lieues, et les autres lui répondre qu'ils seraient à Paris le mardi, entre midi et deux heures ; après quoi, la voiture avait rebroussé chemin vers Gournay, et le cavalier avait repris la route de Rouen d'où il paraissait venir. La femme Dumont ayant aussi marché dans la direction d'un sentier voisin de la grande route, y avait été aperçue, disait-elle, par le cavalier qui était revenu de son côté, lequel lui avait demandé avec instance, si elle avait vu la voiture arrêtée, et si elle avait entendu la conversation qui avait eu lieu entre les voyageurs ; et après lui avoir fait répéter plusieurs fois qu'elle n'avait rien entendu, il avait repris sa route. L'émotion éprouvée par la femme Dumont, émotion qui, disait-elle, l'avait rendu malade ; le mystère

de cette conversation et la conduite du cavalier, tout cela était de nature à appeler l'attention sur cette aventure. La Commission
des Pairs ne tarda pas à en être instruite ;
mais les informations qu'elle reçut à cet égard,
indiquaient que l'on ajoutait en général peu
de foi dans le pays, aux déclarations de la
femme Dumont, sur la véracité de laquelle
les autorités locales paraissaient être en grande
défiance. Cependant une commission fut adressée au Juge des Andelys pour vérifier les faits,
recueillir tous les documens propres à faire
connaître quel pouvait être le cabriolet aperçu
par la femme Dumont et les personnes qui
s'y trouvaient. En vertu de cette commission,
une instruction détaillée fut suivie, tant aux
environs même de l'endroit où le fait s'était
passé, que dans les lieux sur lesquels pouvait
s'être dirigé le cabriolet. Après vingt-cinq jours
consécutifs de recherches les plus actives dans
le cours desquelles ont été reçues près de cent
dépositions, l'instruction a dû être close et
transmise à la Commission ; elle n'a eu pour
résultat que de persuader les Magistrats éclai-
rés qui l'ont suivie, de la sincérité de la femme
Dumont, mais sans donner aucune lumière
sur la nature de cette rencontre singulière,
et sur les hommes qui s'y trouvaient. Pour

s'assurer de la vérité des faits qui paraissaient
d'abord assez invraisemblables, le Juge d'instruction et le Procureur du Roi se sont trans-
portés sur les lieux. Après avoir reçu la déclaration détaillée de la femme Dumont, et
après avoir vérifié tous les détails par elle
donnés, et la possibilité que les faits se fussent
passés comme elle l'annonçait, ils ont pensé
qu'il était difficile qu'une fable eût été assez
bien préparée, et surtout par une femme
dont l'intelligence est assez bornée, pour qu'elle
s'accommodât aussi parfaitement aux circonstances des localités ; d'un autre côté, ayant
fait répéter à plusieurs fois par la femme
Dumont tous les détails de sa rencontre, ils se
sont assurés qu'elle ne tombait dans aucune
contradiction, ce qui semblait être une nouvelle preuve de sa véracité. Il s'agissait dès
lors de rechercher quel pouvait être le cabriolet, car la découverte du cavalier qui
s'était dirigé vers Rouen où il avait dû arriver peu de temps après, paraissait chose
impossible. Des ouvriers qui travaillaient habituellement sur la route, ne purent donner
aucun renseignement, l'heure de leur repas
étant celle à laquelle la femme Dumont avait
fixé son aventure. A peu de distance du bois
Briquet, où la rencontre avait eu lieu, la

grande route se trouve coupée par un pont
que l'on reconstruisait en ce moment, ce qui
obligeait les voitures de passer au gué d'un
moulin qui se trouve dans le voisinage. On
prit des informations auprès des habitans
du moulin, et il en résulta la certitude que
le cabriolet n'avait point pris cette direction.
Il fallut alors s'engager dans les chemins de
traverse qui s'embranchent sur la grande route,
entre le bois Briquet et le moulin; après de
longues recherches dans les diverses communes que traversent ces chemins, on parvint à retrouver la trace d'un cabriolet attelé
de deux chevaux, conduits à grandes guides,
de l'intérieur de la voiture, et qui, le samedi
26 février, autant qu'on a pu se le rappeler,
avait passé par les chemins de traverse, qui,
des environs du bois Briquet, vont rejoindre
la route de Gournay à Neufchâtel. Les derniers renseignemens recueillis indiquaient que
ce cabriolet avait dû arriver sur cette route
à environ huit lieues du bois Briquet, vers
le commencement de la nuit, et toutes les
recherches faites dans les premiers villages
qui se trouvent sur cette route, après l'em-
branchement, ayant été inutiles, on a dû
penser que la nuit avait empêché de le remarquer au delà. Le grand nombre de che-

mins qui venaient ensuite se joindre à la
route, et le long espace de temps qui s'était
déjà écoulé, et qui devait avoir fait perdre le
souvenir d'un évènement aussi peu important,
surtout sur une grande route, que le passage
d'un cabriolet, tout cela devait rendre infructueuses les recherches ultérieures : on n'a pas
cru devoir les pousser plus loin. Ainsi s'est
terminée une instruction dans laquelle les magistrats qui l'ont faite, ont montré le plus
grand zèle; si leurs recherches multipliées
n'ont rien donné de positif, on peut toujours
dire que la bizarrerie, l'invraisemblance du
fait rapporté par la femme Dumont, et le peu
de foi qu'en général ses paroles obtiennent dans
son village, doivent laisser de grands doutes
sur la vérité de son récit. Il est possible aussi
que des voyageurs, en se rencontrant, aient
parlé de la mort de S. A. R. M. le Duc de Berri;
que la femme Dumont ait entendu une partie
de la conversation ; que son imagination que
l'on représente comme faible et mobile ait cru
entendre, ou ait ajouté des détails qu'elle a
ensuite donnés comme vrais, et qui rendent
bizarres, étranges ou criminelles une rencontre peut-être fortuite, et des paroles inno-
centes. Ajoutons enfin que puisque l'on a trouvé
les traces de la marche du cabriolet, vers Gour-

nay, on eût dû trouver aussi les traces de sa
direction vers Rouen, et qu'il a été impossible
de rien découvrir sur ce point, ce qui doit
faire grandement douter de la vérité de l'allée
et du retour du cabriolet. Il paraît sûr qu'il a
passé, mais venant de Rouen, se dirigeant du
côté de Gournay, et sans doute sans avoir eu
besoin de retourner pour suivre de nouveau la
même route que, d'après la femme Dumont,
il venait de parcourir dans un sens différent.

N.º 155.

L'existence de sociétés secrètes, établies
Paris dans différentes classes d'ouvriers,
avait été signalée à l'attention de la Commission. Ce renseignement ne pouvant donner
lieu qu'à des mesures de surveillance de la
part de la police, on a dû se borner à le lui
transmettre.

N.º 156.

On avait également signalé à la Commission des Pairs, comme dangereuse pour la tranquillité publique, la fabrication clandestine

d'effigies de Bonaparte qui se vendaient se-
crètement à Paris. On a dû aussi se borner à
transmettre à la police ce renseignement qui
ne se rattachait en aucune façon au procès.

N.º 157.

Un renseignement que ses auteurs présentaient comme certain, et qui a circulé dans
tout Paris, annonçait qu'un domestique au
service de M. le marquis de Sainte-Fère, et
dont la ressemblance avec Louvel était frap-
pante, avait été rencontré, antérieurement au
crime, par un homme qui, en lui frappant sur
l'épaule, lui avait dit : *En finiras-tu avec ton
Duc de Berri ?* et s'était ensuite retiré précipitamment, en reconnaissant qu'il s'était mépris. M. le marquis de Sainte - Fère et son
domestique ont été entendus ; tous deux ont
déclaré formellement que ce fait n'avait aucune réalité, ce que d'ailleurs la vue seule
du domestique indiquait assez ; cet homme
n'ayant, ni par la tournure ni par le visage,
aucune ressemblance, même éloignée, avec
Louvel, et étant enfin d'une taille tout-à-fait différente. Le bruit public, qui avait couru sur le
compte de ce domestique, tirait probablement

(282)

sa source de l'aventure arrivée au frotteur Sabattier, et dont il a été rendu compte au N.º 7. Cette aventure dont le marquis de Ste-Fère déclare avoir eu connaissance, ayant peut-être été racontée par lui, aura été mal saisie, et l'on aura appliqué à son domestique ce que lui-même n'avait répété que comme un simple ouï-dire.

N.º 158.

On avait classé sous ce numéro un renseignement transmis à la Commission, et relatif à des propos coupables, tenus le jour du convoi de S. A. R. M. le Duc de Berri ; mais la nature des propos ne les rattachant point au procès, ce renseignement a été renvoyé à M. le Procureur du Roi à Paris.

N.º 159.

M. Duchol de Lignac, brigadier des gardes du corps, était indiqué comme ayant entendu dire par un individu qui ameutait les passans sur la place du Carrousel : « Encore trois coups de poignard, et nous aurons la liberté. » Des recherches ont été faites pour vérifier ce renseignement ; il en est résulté que M. de Lignac avait seulement été présent sur la place du Carrousel à l'arrestation d'un homme qui y avait tenu les propos les plus infâmes, et qui a été traduit devant les Tribunaux, à raison de ce fait. M. de Lignac n'avait au surplus entendu aucun des propos attribués à cet homme, et il ne paraît point qu'il ait tenu celui dont il est question. Ce propos n'était pas cependant sans apparence de quelque réalité. L'instruction a établi qu'en effet, un sieur Dumouchel passant, le 18 ou le 19 février, vers quatre heures après midi, dans la rue du Coq-St-Honoré, y avait vu deux hommes qui causaient ensemble auprès de la boutique du sieur Martinet, et avait entendu l'un d'eux dire à l'autre : *Encore trois coups de poignard....*, sans avoir compris le sens attaché à ces mots qui furent les seuls qu'il entendit ; il n'a pu d'ailleurs donner aucune indication sur ces individus qu'il ne connaissait nullement, et qu'il n'a pas revus.

Le récit de cette rencontre et celui de l'arrestation à laquelle M. de Lignac s'était trouvé présent, avaient sans doute été réunis et confondus, et avaient ainsi donné naissance à la note sur laquelle l'instruction a eu lieu.

N.º 160.

Un renseignement transmis à M. le Procureur général annonçait que Louvel avait autrefois travaillé à Lyon, chez un sellier nommé Magesté, et que peu de temps avant le crime, il avait passé dans cette ville, venant d'Italie, et se rendant à Paris. Le même renseignement annonçait aussi que, depuis l'assassinat de M. le Duc de Berri, un parent de Louvel avait passé par Lyon, qu'il avait dîné avec Magesté, chez lequel il avait aussi travaillé autrefois, portant alors le nom de Versailles ; que cet homme, dont les vêtemens assez propres étaient recouverts d'une blouse de toile bleue, avait dit qu'il allait en Italie, et ne s'était arrêté que fort peu de temps à Lyon. Malgré l'invraisemblance palpable de ce renseignement en ce qui concernait personnellement Louvel, une commission fut adressée au Juge de Lyon pour vérifier l'un et l'autre fait. L'instruction suivie en conséquence, a fourni la preuve que Louvel n'avait jamais travaillé chez le sieur Magesté, et n'avait point été à Lyon à une époque rapprochée du crime. Elle a établi, quant au second fait, que l'individu signalé sous le nom de Versailles, et indiqué comme parent de Louvel, était un nommé Blot qui effectivement était arrivé à Lyon, le 16 février, et avait pris une tasse de café avec le sieur Magesté, chez lequel il avait autrefois travaillé ; mais que cet homme, qu'aucun indice ne rattache à Louvel, et qui nécessairement était parti de Paris avant le crime, avait annoncé l'intention de se rendre, non en Italie, mais à Marseille d'où il devait passer en Russie, et qu'en effet il avait pris le lendemain la route de cette ville, et s'y était embarqué, le 25 février, sur un navire russe qui faisait voile pour Odessa.

N.º 161.

Divers Anglais, assurait-on, avaient demandé, avant le jour du crime, à un négociant de Paris, leur correspondant, de leur faire savoir si M. le Duc de Berri n'avait point été assassiné, ce qui paraissait indiquer l'existence d'un complot exécrable dont il avait transpiré quelque chose à l'étranger. Un témoin indiqué comme ayant connaissance de ce fait, a annoncé tenir du sieur Herrenschwand, négociant à Paris, que, se trouvant en Angleterre, il y

avait entendu dire par plusieurs personnes que
S. A. R. M. le Duc de Berri était assassiné. Ce
négociant entendu à son tour a déclaré qu'en
effet il avait ouï dire à la Bourse de Londres
où il se trouvait, vers la fin de janvier, que
M. le Duc de Berri *était mort;* mais il a ajouté
que cette nouvelle pouvait bien n'être que la
suite d'un jeu de Bourse, et qu'on n'avait
aucunement parlé que le Prince eût été ou
dût être assassiné. D'après cet éclaircissement,
l'instruction sur ce point n'a pas dû avoir
d'autres suites.

N.º 162.

Le nommé Selle, détenu à Bicêtre et condamné à dix ans de réclusion, avait demandé
à faire des révélations relatives à l'assassinat
de M. le Duc de Berri. Malgré le peu de confiance que méritent en général de semblables témoignages, une commission fut donnée
au Juge d'instruction de Paris pour entendre ce condamné; il se borna à déclarer
qu'au moment où S. A. R. passait par Chau-
mont, en 1816, un homme de cette ville avait
annoncé, en termes que la dignité de la Cour
empêche de répéter, que le Prince n'irait pas

loin, qu'il y avait un détachement de dragons
qui le poursuivait. Selle ajouta qu'un autre détenu avec lequel il se trouvait au moment où
l'on apprit à Bicêtre la mort de S. A. R. avait
tenu à ce sujet les propos les plus odieux contre
la mémoire du Prince. De ces deux faits, le
premier, supposé même qu'il fût exact, ne
paraissait avoir aucun rapport au procès ; et
le second était seulement de nature à occa-
sioner des poursuites contre l'auteur des
propos rapportés par Selle, s'il n'eût pas déjà
été sous le poids d'une condamnation grave.
Dans ces circonstances, il n'a dû être donné
aucune suite à la déclaration de Selle.

N.º 163.

Une marchande d'eau de Cologne, s'était, disait-on, présentée chez le curé de Richebourg,
arrondissement de Mantes, quelques jours
avant le 13 février ; n'ayant pu le déterminer à
acheter les objets qu'elle voulait lui vendre,
elle avait dit avec menace, en se retirant : « Je
» sais ce qui se passe, et dans huit jours votre
» église sera fermée. » Ce propos semblait
indiquer la connaissance d'un évènement projeté pour cette époque. Une commission fut

adressée au Juge de Mantes pour le vérifier et
en rechercher l'auteur. Il est résulté de l'instruction suivie en conséquence, que dans la
dernière quinzaine de janvier, et à huit jours
d'intervalle, deux femmes absolument inconnues s'étaient présentées chez le curé de
Richebourg ; la première lui avait proposé
d'acheter de l'eau de Cologne ; le curé ayant
remarqué que cette eau n'était pas bonne, et
lui ayant demandé si elle avait une permission
pour la vendre, cette femme parut fort mécon-
tente des questions qui lui étaient adressées,
et dit avec colère en s'en allant : « Dans huit
» jours vous entendrez parler de moi ; je
» connais le bien et le mal ; les temples ont
» déjà été fermés, et ils le seront encore dans
» un mois ; » mais elle n'ajouta point qu'elle
savait ce qui se passait. La seconde femme se
présenta en l'absence du curé, pour demander
l'aumône ; une fille domestique la lui fit. Dans
la conversation, cette femme parla des nouvelles, disant, entre autres propos assez in-
cohérens, que tout allait mal aux Chambres,
qu'elle voyait cela tous les jours, parce qu'elle
n'en demeurait pas loin ; que les Seigneurs
recouvreraient leurs biens, et seraient plus en
état de faire la charité, mais que les Prêtres
ne rentreraient pas dans les leurs.

Aucune

Aucune indication précise n'ayant pu être
recueillie sur ces deux femmes, et leurs propos
ne paraissant se rattacher en aucune manière
au crime dont s'occupe la Cour, on a regardé
comme inutile de se livrer à de nouvelles
recherches.

N.º 164.

Le nommé Varu, dit Nanteuil, entrepre-
neur de diligences sur la route de Chantilly,
était indiqué comme ayant eu des relations
avec Louvel, et comme s'étant trouvé avec
lui, huit jours environ avant le crime ; on
annonçait en même temps que sa sœur avait
connaissance de ce fait. Varu et sa sœur ont
été entendus en même temps, l'un à Paris,
et l'autre à Senlis , et il est résulté de leurs
dépositions parfaitement concordantes, que
Varu ne connaissait aucunement Louvel; il a
seulement déclaré qu'il connaissait à Chantilly
un marchand de chapeaux nommé Louvet,
et que même il l'avait vu à peu près à l'époque du crime. Il est probable que cette ressemblance de nom aura induit en erreur les
auteurs du renseignement transmis à la Commission.

N.º 165.

Autres renseignemens donnés sur Louvel
par Labouzelle, son cousin germain, et maître
sellier des écuries du Roi.

N.º 166.

Un renseignement indiquait qu'un assez
grand nombre de personnes mal intentionnées
se réunissaient souvent dans la même maison;
qu'il s'y tenait les propos les plus condam-
nables, et que notamment le lendemain de
l'assassinat, il y avait eu un repas dans lequel
les convives avaient manifesté la joie la plus
indécente. Deux témoins, désignés comme
ayant connaissance de ces faits, ont été entendus, et ont déclaré avoir appris en effet
qu'à un dîner qui eut lieu, le 14, dans cette
maison, il s'était tenu de fort coupables propos, à l'occasion du fatal évènement du 13.
Un général étranger fut signalé comme s'étant
trouvé à ce dîner; on ajoutait qu'il assistait à
d'autres réunions nocturnes, dont l'objet semblait devoir exciter les soupçons de la Justice.
Cependant une femme Bois, dont les deux

témoins disaient avoir tiré ces renseignemens en la faisant boire outre mesure, et en recueillant ce qui, dans l'ivresse, pouvait lui échapper, a nié dans sa déclaration tous les propos imputés tant à elle qu'aux personnes qu'elle avait nommées.

Dans cet état, et ces propos, s'ils sont réels, ne se rattachant point au procès, et ne pouvant même donner lieu, attendu leur non-publicité, à aucune poursuite contre leurs auteurs, on a dû se borner à communiquer ces renseignemens à la police, et à signaler à sa surveillance la maison et les personnes indiquées par les témoins.

N.º 167.

Une note détaillée, reçue par la Commission, portait que, le vendredi 11 février, un blanchisseur de Gentilly avait annoncé à la fille Toinette, dans la voiture de laquelle il revenait de Paris, que l'on ne danserait pas le mardi-gras, parce que l'on devait assassiner la Famille royale, et que la révolution commencerait de suite. Le lendemain, le même homme entendant, disait-on, des ouvriers parler de leurs projets de réjouissances pour le carnaval, leur avait dit : « Vous êtes des

» imbécilles, vous ne savez pas ce qui se
» passera demain »; et il avait ajouté en insis-
tant : « Vous verrez, si ce que je vous dis
» n'est pas vrai. »

Pour vérifier ce renseignement dont la nature était grave, et dont l'origine paraissait
mériter de la confiance, un mandat d'amener
fut décerné contre le nommé Hacqueville,
désigné comme auteur de ces propos, et onze
témoins indiqués comme ayant eu connaissance des faits, furent appelés. De leurs déclarations, de celles d'Hacqueville, et des explications données dans les diverses confron-
tations qui ont eu lieu, il est résulté la preuve
que le renseignement reçu, quoique exact au
fond, ne l'était cependant pas dans toutes les
circonstances, et la Commission d'instruction
est demeurée convaincue que le propos d'Hacqueville, quelque extraordinaire qu'il doive
paraître, ne pouvait cependant être rattaché
en rien au procès, ni donner aucun soupçon
sur cet individu. Voici au surplus comment
l'instruction établit que les faits se sont passés :
Le samedi 12 février, et non le vendredi,
comme on l'avait d'abord annoncé, le nommé
Hacqueville, garçon jardinier, alla à Paris
avec sa femme, qui est blanchisseuse à Gentilly, et qui venait rapporter le linge de ses pra-

tiques; ils avaient pris, comme de coutume,
pour porter leurs paquets, la voiture d'un nour-
ricier de Gentilly, elle était conduite par sa
fille nommée Toinette. Au retour de Paris, la
fille Toinette s'occupant dans la voiture à préparer un tablier de bergère avec lequel elle
comptait se déguiser pendant les jours gras,
Hacqueville, pour la tourmenter, lui fit remarquer qu'il pleuvait, disant que cela empêcherait la danse; puis voyant qu'elle n'en
tenait pas compte, il finit par lui dire qu'il
était bien certain qu'on ne danserait pas, que
cela était défendu par une affiche, parce qu'il
y avait une conspiration. Spécifia-t-il alors
que c'était une conspiration contre la Famille
royale ? c'est ce que la suite des faits semblerait indiquer. Cependant la fille Toinette et
lui s'accordent à déclarer qu'il parla seulement d'une conspiration sans rien préciser.
Quoi qu'il en soit, ce propos n'avait eu aucune
autre suite. Lorsque le lundi 14, la fatale
nouvelle étant parvenue à Gentilly, et Hacqueville entendant la femme Nizet sa voisine s'en
entretenir avec ses ouvrières, il vint à elle et
lui dit : « Voyez quel malheur j'ai eu de dire
» à Toinette, samedi, qu'il y avait une
» conspiration contre la Famille royale ; c'est
» comme un pressentiment que j'ai eu. » La

fille Toinette passant dans ce moment, Hacqueville l'appela, et lui dit : « N'est-ce pas
» Toinette, que je t'ai dit samedi, qu'il y
» avait une conspiration contre la Famille
» royale ? » A quoi Toinette répondit, « que
» c'était vrai. » La femme Nizet s'était mise
alors en colère contre Hacqueville, lui disant
qu'il avait très-mal fait de dire une pareille
chose, et qu'il faisait plus mal encore de la
répéter. Cette scène du lundi avait été présentée d'une manière différente par l'auteur
du renseignement ; suivant lui, Hacqueville,
indépendamment du propos qu'il avait tenu
dans la voiture, à la fille Toinette, et qui remon-
terait au vendredi, en avait tenu un semblable aux ouvrières de la femme Nizet, le
samedi, et était ensuite venu le lundi leur
en faire des excuses, et les prier de n'en pas
parler; mais les explications précises, données
à cet égard par les témoins, établissent d'une
manière positive, que le propos d'Hacqueville,
dans la voiture de la fille Toinette, n'a été
tenu que le samedi ; que depuis il n'a rien dit
de semblable ; et que le lundi, loin de faire
à la femme Nizet et à ses ouvrières des excuses d'un propos qu'elles ne connaissaient
pas, il le leur avait présenté seulement comme
un triste et bizarre pressentiment. Telle est

aussi, Messieurs, l'impression qui est restée de ce propos à vos commissaires. La bonne foi évidente d'Hacqueville, et la bonne réputation dont il jouit, ne leur ont point permis de voir dans sa conversation avec la fille Toinette, autre chose qu'un propos en l'air, qui n'est devenu digne de remarque que par sa coïncidence singulière, il est vrai, mais certainement fortuite avec le fatal évènement du 13.

Dans cet état aucune poursuite ultérieure n'a dû être dirigée contre Hacqueville, mais un mandat d'amener ayant été décerné contre lui, et quoiqu'il n'ait pas été converti en mandat de dépôt, il y a nécessité pour la Cour, de statuer particulièrement sur cette affaire, et de décider s'il y a lieu à suivre contre Hacqueville, ou s'il sera définitivement rendu à la liberté.

N.º 168.

Une lettre de Dijon portait qu'un individu arrêté dans cette ville, pour cris séditieux, avait déclaré avoir été poussé à les proférer par un homme qui passait à Dijon, et qui lui avait dit : « Louvel a été chargé de M. le Duc » de Berri, et moi je suis chargé de S. A. R.

» Monsieur. » Le marquis d'Agrain, signataire
de cette lettre, a été entendu en vertu d'une
commission adressée au Juge d'instruction de
Dijon, et il a déclaré avoir recueilli cet *on dit*
dans la société à Châlons-sur-Saône, au milieu
de beaucoup d'autres nouvelles qui circulaient
alors, et sans y attacher d'abord assez d'importance pour s'en rappeler l'origine; ce n'était
que plus tard, sachant que ce bruit s'était
également répandu à Dijon, qu'il avait cru
devoir le mander à Paris; mais depuis il avait
appris que le fait n'était pas exactement tel
qu'il l'avait rapporté, et il paraissait seulement
que l'homme dont il est question, s'était vanté
que volontiers il en aurait fait autant que
Louvel; et c'est en effet, Messieurs, ce qui
résulte des renseignemens recueillis sur-le-
champ par la police judiciaire. Mais l'individu qui avait tenu ce propos n'a pu être saisi,
malgré les recherches dirigées contre lui par
la Justice. Dans cet état, aucun renseignement nouveau ne pouvant être obtenu, et ce
propos, quelque criminel qu'il soit, ne se
rattachant point d'une manière directe au
procès, on a dû en délaisser la poursuite aux
juges ordinaires.

N.º 169.

M. l'abbé de Conceyl avait été indiqué comme ayant reçu d'Avignon une lettre dans laquelle on lui mandait que, plusieurs jours avant la réception de la fatale nouvelle, on disait dans cette ville, que la Famille royale serait assassinée.

M. l'abbé de Conceyl appelé en témoignage, a représenté la lettre qu'il avait reçue; elle portait que la nouvelle du crime avait consterné la ville, mais sans causer aucune surprise : que depuis plusieurs jours il y avait des demi-mots, de petites jactances de la part de certaines personnes, et que l'on avait écrit au commandant de la garde nationale une lettre anonyme, pleine de menaces contre lui. Aucun fait n'étant précisé dans la lettre arrivée à Paris, et les indications vagues qu'elle contenait, ne paraissant pouvoir conduire à aucun résultat, ce renseignement n'a pas eu d'autre suite.

N.º 170.

La femme Larchevêque désignée comme ayant entendu annoncer par son maître, qu'il arriverait des évènemens qui feraient passer un triste carnaval, a été appelée ; elle a déclaré n'avoir aucune connaissance de ce fait.

N.º 171.

Cette cote a été réunie au N.º 92.

N.º 172.

Il résultait d'un procès-verbal dressé par l'un des commissaires de police de Tours, et transmis à M. le Procureur général que, le lundi 14 février, et avant que la mort de M. le Duc de Berri fût connue, le nommé Hamelot se trouvant chez la dame Schmidt, y avait dit « qu'il allait y avoir un coup ; qu'avant deux mois l'empereur arriverait; mais qu'il ne croyait pas qu'il pût régner. » Ces propos avaient été tenus en présence également d'un sieur Frey, qui n'avait pu être entendu, étant reparti pour Paris où il demeure; le sieur Frey fut appelé, et dans sa déposition, le fait imputé à Hamelot prit encore un caractère plus grave; ce témoin ayant déclaré avoir entendu le sieur Hamelot dire qu'avant trois mois, il y aurait du nouveau, que le Roi et les Princes seraient assassinés, et que, sous peu, il y aurait un coup qui surprendrait.

La nature de ces propos détermina la Commission à décerner contre Hamelot un mandat d'amener, en même temps qu'elle déléguait le Juge de Tours, pour instruire sur tous ces faits. Dans l'instruction qui eut lieu par suite de cette délégation, la dame Schmidt et sa mère persistèrent dans tout le contenu de leurs premières déclarations, et il fut constaté seulement que les propos du sieur Hamelot avaient été tenus à l'occasion et à la suite d'une sortie très-forte qu'il avait faite contre les impôts indirects. Du reste, ces deux témoins se sont accordés à affirmer que Hamelot n'avait aucunement dit que le Roi et les Princes dussent être assassinés. Il a été également établi que postérieurement à ces propos, et lorsqu'on lui avait parlé de la mort de M. le Duc de Berri, et de la coïncidence de cet évènement,

avec le coup qu'il avait annoncé , Hamelot
avait répondu , que ce n'était point de cela
qu'il avait entendu parler , et que celui qui
avait frappé le Prince était un scélérat. Tous
les témoins entendus dans l'instruction ,
ont d'ailleurs représenté Hamelot comme un
homme dont les paroles sont tout-à-fait déré-
glées , et qui se montre toujours dans ses discours opposé à tout gouvernement. Le mandat
d'amener ayant néanmoins reçu son exécution,
Hamelot a été interrogé à Paris , et dans ses
réponses il a expliqué l'annonce par lui faite ,
d'un coup qui surprendrait , en disant qu'il
entendait parler des suites possibles de la fer-
mentation qui régnait dans les esprits , et dont
les journaux portaient l'empreinte. Du reste ,
il a déclaré ne pas se souvenir précisément de
ce qu'il pouvait avoir dit. Dans cet état, la
circonstance la plus grave de ces propos, celle
qui était relative à l'assassinat du Roi et des
Princes, se trouvant détruite par la déclaration
formelle des témoins entendus à Tours; ces
propos n'ayant eu aucune publicité, ne se
rattachant au procès par aucun autre indice;
et enfin , l'âge déjà avancé d'Hamelot (il est
septuagénaire), ont déterminé la Commission
à ne point convertir en mandat de dépôt le
mandat d'amener , en vertu duquel il avait

été conduit à Paris. Aucun renseignement nouveau ne nous est parvenu depuis à la charge de cet individu ; vous n'en aurez pas moins , Messieurs , à statuer sur son sort définitif.

N.º 173.

Louvel a un frère consanguin établi à Fécamp, où il exerce l'état de jardinier. On a cherché à connaître sur-le-champ les relations qui existaient entre les deux frères. Ces renseignemens ont fait connaître que Jean-Pierre Louvel (c'est ainsi qu'il se nomme) habite la ville de Fécamp depuis plus de vingt ans; que depuis dix ans il n'avait pas vu son frère , et que leur correspondance était fort peu suivie , et entièrement relative à leurs affaires de famille. Cet homme est au surplus atteint d'une aliénation mentale, qui n'est pas continuelle , mais dont les accès se renouvellent assez pour l'empêcher souvent de vaquer à ses travaux. On n'a rien trouvé dans ses papiers qui puisse donner matière au plus léger soupçon contre lui.

N.º 174.

Une lettre parvenue à un noble Pair, et souscrite de la signature Prevost, signalait trois individus dont les noms étaient indiqués comme
ceux de chefs d'un complot tramé contre M. le
Duc de Berri. La lettre ne contenant aucune
autre indication, et la demeure du signataire
n'étant pas connue, on a dû se borner à communiquer ce renseignement à l'Autorité administrative ; mais elle n'a pu , malgré ses recherches, donner aucune lumière sur les individus signalés dans cette lettre, individus dont
l'existence même n'est aucunement constatée.
On voit assez que ce renseignement n'a pu
avoir de suite.

N.º 175.

Le nommé Pierre Boucley , ouvrier sellier
paraissait s'être vanté dans la commune d'Ancy-
le-Franc, où il se trouvait, d'avoir long-temps
travaillé dans le même atelier que Louvel.
Une instruction ayant eu lieu sur ce fait, en
vertu d'une commission adressée au Juge de

Tonnerre, Boucley, dans un premier interrogatoire avait déclaré ne point connaître Louvel,
et n'avoir jamais eu avec lui aucune relation.
La procédure en était restée là, lorsqu'il fut
rapporté au Juge d'instruction de Tonnerre,
que Boucley avait dit, dans une auberge
d'Ancy-le-Franc, et en présence de témoins
qui étaient indiqués, qu'il connaissait Louvel.
Ces témoins ont été entendus, et de leurs
dépositions, ainsi que de leur confrontation
avec Boucley, il est résulté que celui-ci avait
seulement dit qu'il était possible qu'il eût vu
Louvel parmi le grand nombre d'ouvriers selliers qu'il avait rencontrés, et que peut-être il
le reconnaîtrait s'il lui était représenté. Si Boucley était entré dans quelques détails sur Louvel, il paraît qu'il ne faisait que rapporter ce
qu'il en avait lu dans les journaux. Boucley,
dans son interrogatoire, avait dit qu'un nommé
Michel, ouvrier sellier à Paris, lui avait parlé
de Louvel comme l'ayant vu dans l'auberge
tenue dans cette ville par la femme Delau.
Cette femme a été entendue, et a déclaré ne
pas connaître Louvel, et ne pas savoir s'il
était ou non venu manger chez elle. Quant à
Michel, en déclarant aussi ne pas connaître
Louvel, il a nié le propos que Boucley lui
attribue ; et le peu d'importance de ce propos

a fait penser qu'une confrontation entre ces deux individus, dont l'un est absent de Paris, ne pouvait pas être d'une assez grande utilité pour motiver le déplacement de l'un ou de l'autre.

N.º 176.

La femme de chambre d'une dame Lespé-pérance, demeurant à Paris, était désignée comme ayant connaissance de faits importans et relatifs au procès.

Elle a déclaré ne pouvoir donner aucun renseignement, et ne pas deviner même ce qui avait pu donner occasion à la note dont elle était l'objet.

N.º 177.

Renseignemens recueillis sur Louvel, aux écuries du Roi. Plus de cent témoins ont été entendus. Il a été rendu compte dans la première partie de ce rapport de tout ce qui a pu présenter quelque intérêt dans tout ce qu'ils ont déclaré.

N.º 178.

N.º 178.

Il résulte d'une déposition reçue dans l'instruction, qu'un mois environ avant le 13 février, un homme d'une grande taille s'était présenté chez la dame Caron, parfumeuse, et avait dit, au moment où il sortait, et en regardant son enseigne qui porte le nom de S. A. R. Monsieur : « Monsieur, le Roi, M. le Duc d'Angoulême et M. le Duc de Berri, tout y passera, excepté Madame. » Aucune indication précise n'ayant été donnée sur cet homme, par la dame Caron, ce renseignement n'a pu avoir de suite.

N.º 179.

La maison d'un habitant d'un département voisin de la Capitale avait été signalée comme servant de réunion à des individus dangereux.

La note transmise à cet égard ne désignant aucun nom, n'indiquant aucun fait précis qui se rattachât au procès, la Commission a dû se borner à la renvoyer à l'Autorité administrative, pour qu'elle en fît l'usage qu'elle jugerait convenable.

N.º 180.

Dans les premiers jours de mars, une lettre adressée à Louvel, fut trouvée dans l'un des corridors de Ste-Pélagie ; le contenu de cette lettre semblait indiquer que son auteur avait eu des relations avec Louvel, et que celui-ci n'était que l'instrument d'un complot formé depuis long-temps ; elle était signée du nom de Branchedor ; on connut facilement quel en était l'auteur : c'était un nommé Bergon, connu en effet dans les prisons sous le nom de Branchedor, et qui, actuellement détenu par suite d'une condamnation à cinq années de prison pour vol, l'avait été précédemment et pendant deux ans dans les prisons de Melun par suite d'une condamnation correctionnelle, prononcée contre lui par la Cour prévôtale du département de Seine-et-Marne, pour dénonciation calomnieuse. Malgré la défiance que devait inspirer un pareil témoin, et malgré les circonstances évidemment préparées qui avaient amené les révélations qu'il paraissait fort disposé à faire, on crut devoir l'entendre. Il déclara

que, vers la fin de 1816, passant par Melun, à
son retour de Russie, où il avait été long-temps
prisonnier, il y était entré en conversation
avec des gendarmes qui crurent reconnaître
en lui de l'attachement pour Bonaparte, quoiqu'il n'en fût rien et qu'il n'en parlât que pour se
moquer d'eux ; qu'alors ces gendarmes l'avaient
conduit dans une maison où se trouvait un
général qu'il avait autrefois connu à l'armée ;
et que là, après fort peu de préparations, et
sur la seule recommandation de sa mauvaise
mine, on l'avait initié à un complot formé
pour la destruction de toute la Famille royale,
et qu'on lui avait indiqué Louvel comme étant
aussi du complot, et devant même lui donner, à
Versailles où on l'invitait à se rendre, des ins-
tructions ultérieures. Bergon ajoutait qu'ayant
révélé ce complot à l'Autorité, il avait été
victime du zèle qu'il avait mis à en dévoiler
les auteurs, et avait été condamné, comme
calomniateur, à deux ans de prison. Telle
était en résumé sa déclaration, qu'il accompagnait d'une infinité de détails, dont il serait
superflu de parler ici. Pour vérifier si cette
déclaration pouvait mériter quelque confiance,
la Commission se fit apporter la volumineuse
procédure faite à Melun, sur cette affaire.
Elle y reconnut, et ce premier point seul est

décisif, que dans ses nombreuses déclarations à
Melun, Bergon n'avait jamais parlé ni de Louvel
auquel il prétendait avoir été adressé, ni de Versailles où il avait dû se rendre, ni même d'un
complot précisément dirigé contre la Famille
royale, mais seulement d'un projet de révolution pour lequel on l'avait engagé à recruter.
L'instruction faite alors, établissait d'ailleurs
que Bergon en avait imposé sur la plus grande
partie des détails qu'il avait donnés, et que
ses révélations prétendues n'étaient qu'une
fable par lui imaginée, pour se venger d'un
général en retraite, adjoint au Maire d'une
commune voisine de Melun, et chez lequel
il s'était présenté afin d'en obtenir un billet
de logement qui lui avait été refusé. L'évidence de son imposture avait déterminé la
Cour prévôtale de Melun, devant laquelle
l'affaire avait été portée, à décharger de toute
poursuite les individus qu'il avait dénoncés, et
à le condamner lui-même, comme calomniateur, à deux ans de prison. Il a été facile de
juger que sa déclaration actuelle, en contradiction formelle sur plusieurs points avec ses
déclarations à Melun, et démentie dans les
détails qu'elle contient sur Louvel, par tous
les documens recueillis dans l'instruction, ne
méritait pas plus de confiance que ses pre-

mières révélations , et ne devait être considérée que comme une fable imaginée dans la
vue d'exciter quelque intérêt, et grossièrement
bâtie sur les renseignemens inexacts que les
journaux ont pu lui fournir, relativement à
Louvel,

N.º 181.

Cette cote a été réunie à la procédure
générale qui regarde particulièrement Louvel,
et les circonstances même de l'assassinat.

N.º 182.

Cette cote a été réunie à la procédure générale.

N.º 183.

M. L'abbé de Lanoue, présent à la confrontation de l'assassin avec le corps du Prince,
avait cru reconnaître Louvel pour un homme
qui, plusieurs années auparavant, avait voulu
l'assassiner lui-même. M. l'abbé de Lanoue

appelé comme témoin, a déclaré qu'en effet,
il y a environ trois ans , se trouvant en démêlé d'intérêt avec les actionnaires d'une
société d'accroissement et de survivance , qui
s'était alors établie à Paris , il s'était rendu un
jour à une des assemblées , et après y avoir
été maltraité, il avait remarqué dans l'escalier,
au moment où il sortait, un homme d'un aspect sinistre, et sur les intentions duquel on
lui avait inspiré des inquiétudes, ce qui l'avait
déterminé à éviter sa rencontre. Il a ajouté
qu'au moment de la confrontation du meurtrier avec le corps de S. A. R., son imagination
avait été frappée d'une certaine ressemblance
entre Louvel et l'homme dont il venait de parler, mais sans qu'il pût affirmer si cette impression, qui d'ailleurs n'avait rien de bien positif,
n'était pas l'effet du trouble où l'avait jeté la
scène déchirante à laquelle il assistait. Louvel ,
interrogé sur ce point , et sans qu'il pût connaître le but des demandes qui lui étaient
adressées, a déclaré n'avoir aucune connaissance des faits rapportés par M. l'abbé de Lanoue, et même n'avoir jamais été dans aucune
maison de la rue où ces faits s'étaient passés.

N.º 184.

Dans la nuit du 13 février, des boîtes ou pétards avaient été tirées dans plusieurs quartiers de Paris, et l'on en inférait qu'elles étaient le signal de quelque mouvement qui se liait au crime, et que les mesures de sûreté prises à l'instant même avaient déjoué. Des recherches très-multipliées ont été faites à cet égard, et n'ont absolument rien produit, si ce n'est l'indication d'un seul témoin qui avait entendu, du côté des boulevards du Temple, une explosion semblable à celle d'un fort pétard; mais d'après les explications données par ce témoin, et les détails dont elles sont appuyées, il est demeuré constant que c'était le lundi 14, vers les huit heures du soir, que cette explosion avait eu lieu, sans que l'on ait pu en savoir la cause, ni l'endroit d'où elle était partie. Le témoin a dit cependant qu'il croyait qu'elle venait de l'intérieur de quelque spectacle; il en a comparé le bruit à un pistolet fortement chargé.

N.º 185.

Le nommé Toussenel, marchand de vin, rue des Canettes, était indiqué comme ayant

entendu tenir, dans son cabaret, par des individus qui s'y réunissaient habituellement,
des propos extrêmement coupables , et qui
semblaient annoncer comme prochain le mas-
sacre des gens honnêtes et des royalistes. Cet
homme appelé comme témoin , a déclaré
n'avoir jamais entendu aucun propos de ce
genre. Les renseignemens recueillis par la
police, tant sur sa conduite et ses opinions ,
que sur les individus qui fréquentent son cabaret , viennent confirmer sa dénégation, et
établissent suffisamment que la note fournie
à son égard était inexacte.

N.º 186.

Dans le cours de l'année dernière , un
incendie terrible éclata dans l'atelier des mes-
sageries, situé auprès de la rue Hauteville ;
les dangers dont il menaçait le quartier , ne
furent prévenus que par l'activité des citoyens qui s'y portèrent en foule ; leur zèle
était encouragé par la présence d'un Prince
que l'on était sûr de rencontrer partout où
il y avait du bien à faire et des maux à sou-
lager. Un témoin avait déclaré que, vers cette
époque, le nommé Daniel , ancien militaire ,

aujourd'hui tenant un estaminet à Paris, était
venu chez lui, et que la conversation étant
tombée sur cet incendie, Daniel lui avait
raconté qu'il y avait vu M. le Duc de Berri, et
que ce Prince lui avait même alors adressé la
parole. Le témoin rapportait que Daniel, en
ajoutant ces mots : « Si je l'avais tenu dans
un coin...... » avait fait un geste meurtrier. Ce
propos atroce a été formellement nié par
Daniel dans ses interrogatoires ; et malgré la
confiance que paraissait mériter le témoin qui
en déposait, aucune autre preuve n'existant
à la charge de l'inculpé, aucun indice ne le
rattachant au meurtrier du Prince, et le propos
n'ayant point été tenu dans un lieu public, il
a été impossible de donner aucune autre suite
à cette affaire, et l'on a dû se borner à donner
connaissance du tout à l'Autorité, pour qu'elle
pût en faire l'objet d'une surveillance parti–
lière à l'égard de l'individu dont il s'agit.

N.º 187.

La dame de Terves demeurant à Angers,
avait, disait-on, répété que l'assassinat de
M. le Duc de Berri lui avait été annoncé, dès
le ı3 février, par une ouvrière en linge qui

travaillait chez elle. Madame de Terves a été entendue à Angers , en vertu d'une commission adressée au Juge de cette ville ; elle a déclaré qu'en effet , elle se rappelait avoir dit dans la conversation qu'elle croyait que ce crime était le résultat d'un complot, et qu'il pouvait même lui être échappé dans l'exaltation de sa douleur , de dire qu'elle en avait entendu parler à l'avance ; mais qu'elle n'avait, à cet égard, connaissance d'aucun fait précis, et que ce qu'elle pouvait en avoir dit , était sans aucune espèce de fondement. Les bons sentimens de ce témoin ne permettent pas de révoquer en doute la vérité de ses déclarations , et il a d'ailleurs été établi, par l'instruction , qu'aucune des ouvrières travaillant chez elle ne lui avait parlé à l'avance de ce fatal évènement.

Le bruit s'était aussi répandu à Angers que l'un des domestiques du Receveur général avait annoncé avoir appris l'assassinat dès la veille du jour où le courrier en avait apporté la nouvelle. Il a été vérifié que ce bruit était la suite d'une méprise, et que ce domestique n'avait réellement appris la mort de M. le Duc de Berri qu'en allant chercher à la poste les lettres de son maître.

N.º 188.

On avait trouvé dans la commune d'Offoy, près de Ham, quelque temps avant le crime du 13 février, une lettre dont le sens avait paru assez obscur à ceux qui l'avaient lue. Cette lettre avait été envoyée à son adresse. Depuis le crime, on pensa qu'elle pouvait avoir de l'importance, et donner quelques lumières sur cet affreux évènement. Le Maire d'Offoy, qui avait lu cette lettre, et plusieurs personnes qui en avaient eu connaissance ont été entendues. De leurs déclarations il résulte que cette lettre était adressée à l'homme d'affaires d'un grand propriétaire du pays, qu'il y était question de diverses marchandises, d'un cheval, d'un briquet, et finissait par ces mots : « Mon ami, ne t'ennuie pas, les affaires vont » bien. » Ces renseignemens prouvant l'inutilité de la connaissance plus exacte de cette lettre, supposé qu'elle pût être trouvée, il n'a été donné aucune autre suite à cette affaire.

N.º 189.

La femme ...... appelée dans l'instruction, a déclaré avoir entendu dire, que des Etudians en médecine se réunissaient dans la plaine de Montrouge, pour s'y occuper de politique; et que le lundi 14 février, un nombre d'élèves plus considérable qu'à l'ordinaire, s'était rassemblé sur les boulevards neufs, dans l'intention de se porter à la Chambre des Députés, si le nouveau projet de loi des élections était présenté.

Cette même femme a déclaré qu'un des brigadiers de gendarmerie, chargé de la garde de Louvel, lui avait inspiré, par ses relations et ses discours, de graves soupçons sur sa fidélité; et qu'une fois entre autres, depuis le crime, il était venu chez elle avec un homme qu'elle ne connaissait pas, mais qui avait tenu les propos les plus criminels sur les Princes et les Princesses de la Famille royale, annonçant qu'il fallait s'en défaire, et en indiquant les moyens. On a transmis ces renseignemens à l'Autorité administrative, pour qu'elle en pût faire l'objet de sa surveillance spéciale.

Cette femme avait aussi déclaré que son mari se trouvant, le 14 février au matin, chez un individu qu'elle désigna, il lui avait entendu dire, au moment où on venait de lui apprendre la mort du Prince , *que cela suivrait toute la ligne.* Mais il a été établi par la déposition du mari, que le propos qu'il avait entendu se rapportait à l'insurrection d'Espagne , sur laquelle les journaux contenaient quelques détails , et non à la mort du Prince, ni à aucun projet qui s'y rattachât. Dans cet état ce renseignement n'a dû avoir aucune suite.

N.º 190.

Cette cote a été réunie au N.º 189.

N.º 191.

Cette cote a été réunie au N.º 189.

N.º 192.

Cette cote a été réunie au N.º 189.

N.º 193.

Cette cote a été réunie au N.º 189.

N.º 194.

Peu de jours avant l'assassinat du Prince, le maître de poste de Ribecourt avait annoncé, disait-on, que de grands événemens allaient avoir lieu ; qu'il le savait, parce qu'il avait été long-temps au service d'un des premiers officiers de la maison de Bonaparte. M. Anthenor, de Caux, indiqué comme ayant recueilli ces propos de la bouche même du maître de poste, a déclaré qu'en effet, il avait passé à Ribecourt, au mois de décembre, et non à une époque rapprochée du jour du crime ; qu'il ne s'y était point arrêté, et n'avait pas même vu le maître de poste.

N.º 195.

Une dame Desvallées était indiquée comme ayant entendu, lors du mariage de M. le Duc

de Berri, des propos qui semblaient annoncer
que dès cette époque un complot avait été
formé contre la vie du Prince, et même qu'un
sellier en faisait partie.

Cette dame appelée, a déclaré n'avoir aucune connaissance de ce dont on lui parlait.

N.º 196.

Un renseignement envoyé de Villeneuve-
d'Agen, annonçait qu'un individu avait dit,
au moment où la mort de M. le Duc de Berri
fut connue, qu'il savait depuis quinze jours,
que cela devait arriver. L'instruction suivie
à ce sujet, en vertu d'une commission adressée
au Juge du lieu, a établi que l'auteur de ce
propos, qui avait ensuite subi quelques alté-
rations en circulant de bouche en bouche,
était le nommé Dibois fils, tailleur à Ville-
neuve-d'Agen. Le 19 février, la nouvelle de
l'assassinat s'était répandue dès le matin dans
toute la ville. Pendant le dîner, Dibois père
demanda à son fils s'il savait l'évènement.
Celui-ci trouvant étonnant que son père lui
fît cette question au sujet d'une nouvelle qui
était publique et qui faisait l'entretien de tout
le monde depuis le matin, lui dit, par forme

de plaisanterie : « Quoi ! vous ne le savez que d'à présent ? Pour moi, je le savais il y a trois semaines. » Le père prenant la chose au sérieux, répéta le propos que lui avait tenu son fils, et telle était l'origine du renseignement transmis à Paris. Cette explication, dont le caractère personnel et connu de Dibois fils, ne permet pas de suspecter la sincérité, a dû terminer l'instruction sur ce fait.

Le même renseignement indiquait qu'un autre individu, à l'occasion de l'attentat du 13 février, avait dit en parlant, de M. le Duc d'Angoulême : « Celui-là va en Espagne ; si cela est vrai, avant la fin du mois de mars, il y passera comme l'autre. » L'instruction a établi que l'auteur de ce propos était le nommé Cassé ; mais qu'il avait dit seulement et avec l'apparence au moins de la douleur, en parlant de la mort de M. le Duc de Berri : « On dit que M. le Duc d'Angoulême va en Espagne ; s'il ne prend pas des précautions, il pourrait lui en arriver autant. » Ce propos perdant ainsi toute la gravité qu'il pouvait avoir, il n'a dû être donné aucune suite à ce renseignement.

N.º 197.

Cette cote a été réunie au N.º 196.

N.º 198.

Un renseignement adressé à M. le Procureur
général, annonçait que le bruit de l'assassinat
de S. A. R. M. le duc d'Angoulême avait
couru dans les prisons de Nevers, quelque
temps avant le crime du 13 février. Une
commission fut adressée au Juge de Nevers,
pour rechercher quelle pouvait être l'origine
de ce bruit ; l'instruction a établi que le
nommé Ferreau, condamné par le Tribunal de
Château-Chinon, à trois ans de prison, pour
vol, avait effectivement annoncé à l'un des
détenus dans la prison de Nevers où il avait
été transféré vers la fin de janvier, que M. le
Duc d'Angoulême était mort, et qu'à cette
occasion il espérait obtenir sa grâce. Ferreau
interrogé sur ce fait, a déclaré tenir cette
nouvelle de l'avocat qui l'avait défendu à
Château-Chinon, et qui la lui avait présentée
comme pouvant donner aux condamnés quel-

21

que espoir de voir adoucir leur sort. L'avocat désigné a été entendu et confronté avec Ferreau. Il a nié le propos qui lui était imputé, et qui paraît, on doit le dire, assez invraisemblable. Malgré ses dénégations, Ferreau n'en a pas moins persisté à soutenir que c'était de lui qu'il tenait cette étrange nouvelle, et la Justice n'a pu éclaircir entièrement le doute qui peut subsister encore, malgré la différence que mettent nécessairement entre les deux déclarations contradictoires, le caractère et la position respective de leurs auteurs. Dans cet état et le propos, en le supposant vrai, ne se rattachant pas directement au procès, l'instruction sur ce point n'a pas eu d'autres suites.

N.º 199.

Il résultait d'une information faite par le Juge de paix du canton de Pacy-sur-Eure, que le nommé Marin se trouvant, le 2 mars, dans une auberge de cette ville, y avait dit entre autres phrases criminelles, « que celui qui avait poignardé le Duc de Berri avait bien fait, et que si le Roi n'avait pas accepté la Charte, il aurait de même été poignardé.» Il

paraissait résulter aussi de la même instruction, que l'aubergiste Pinat, dans la maison
duquel ces propos avaient été tenus, s'était
opposé violemment à l'arrestation de Marin
par la gendarmerie du pays. Une commission
adressée au Juge de paix pour vérifier ces faits,
n'a produit aucun renseignement nouveau
sur Marin. Les propos qui lui sont attribués
paraissent constans ; mais il n'a pas été possible de se saisir de sa personne, et un mandat
d'amener décerné contre lui, n'a pu encore
être exécuté. Quant à l'aubergiste Pinat, il
est résulté de l'instruction et des explications
qu'il a données, que s'il a eu en effet une dispute assez vive avec le brigadier de la gendarmerie, cette dispute et les voies de fait qui
semblent en avoir été la suite, n'ont eu lieu
que postérieurement au départ de Marin, et
lorsque son arrestation était déjà impossible,
ce qui exclut l'idée qu'il ait voulu favoriser
son évasion. Dans cet état, et l'affaire ne se
rattachant point au procès, il n'a dû y
être donné aucune autre suite. Cependant,
Messieurs, des mandats d'amener ayant été
décernés contre Pinat, qui a été rendu à la
liberté, et contre Marin, qu'on n'a pu arrêter,
vous aurez à prononcer sur leur sort définitif.

N.º 200.

Cette cote a été réunie au N.º 116.

N.º 201.

N. Bardoux, condamné aux travaux forcés à perpétuité, avait déclaré que, se trouvant dans les prisons de Soissons, il y avait fait connaissance d'un nommé Guillaume qui y était aussi détenu, et que celui-ci lui avait dit qu'un Anglais lui avait promis de faire sa fortune, s'il faisait périr le Roi. Les moyens d'exécution étaient assurés, et Guillaume proposait à Bardoux sa liberté, s'il voulait s'associer à ce complot; proposition que, lui Bardoux, et sa femme présente à l'entretien, avaient, disait-il, refusée avec indignation. Cette déclaration n'a paru à votre Commission devoir être considérée que comme une fable inventée par Bardoux, pour exciter quelque intérêt, ou dans la vue de se faciliter des moyens d'évasion, s'il obtenait qu'on le transférât à Paris; néanmoins, et pour constater l'imposture, elle a cru devoir faire ap-

peler devant elle la femme Bardoux; mais
cette femme n'ayant point été trouvée à
l'adresse indiquée par son mari, l'affaire n'a
pas eu de suite.

N.º 102.

Il résulte d'une déclaration faite devant le
Procureur du Roi, de Châlons-sur-Marne,
que, le 3 mars dernier, le nommé Thomas,
fourrier dans la légion des Vosges, se rendant
au dépôt de cette légion à Epinal, s'était présenté avec un billet de logement chez le sieur
Petit, menuisier à Châlons, et qu'après lui
avoir raconté dans la conversation que son
père avait un million de revenu ; que pour lui il
venait de Paris, que les affaires y allaient mal;
que ce n'était pas comme du temps *de l'autre*,
et que les militaires n'étaient pas si heureux ;
il avait dit, en parlant de l'assassinat de M. le
Duc de Berri, qu'il était la suite d'une vengeance particulière , et avait ajouté que
« dans quinze jours les Bourbons n'existeraient
plus. » Thomas interrogé à Paris , en vertu
d'un mandat d'amener, a déclaré qu'il ne se
souvenait aucunement de ce qu'il avait pu
dire chez le sieur Petit, à Châlons, s'étant

trouvé, pendant le peu de temps qu'il y était resté, dans un état d'ivresse qui lui avait complètement ôté l'usage de sa raison.

La gravité des propos, ce système de réponses qui paraissait indiquer de la part de Thomas l'impossibilité de se défendre autrement, ont déterminé la Commission à convertir en mandat de dépôt le mandat d'amener décerné contre lui. Mais aucun indice nouveau n'a été fourni à sa charge, et même les renseignemens pris sur son compte ne lui ont pas été défavorables.

La Cour aura à décider si elle doit retenir Thomas, ou bien le renvoyer devant les Juges ordinaires, à moins qu'elle ne pense que les propos coupables qu'il a tenus, mais qui paraissent en effet être le résultat de son ivresse, plutôt que l'expression de sa pensée, ne se rattachent point au procès, et n'ont aucun caractère de publicité qui les fasse rentrer dans la classe des délits prévus par la loi ; dans ce cas, la Cour ordonnerait la mise en liberté de Thomas.

N.º 203.

On imputait au nommé Osman d'avoir dit, en apprenant la mort de S. A. R. M. le Duc

de Berri : « Ce n'est pas cela qu'il fallait; on
ne s'arrêtera point à lui. » Les renseignemens
pris sur le compte de cet individu ne lui ayant
pas été défavorables, et les propos qui lui sont
imputés ne paraissant pas se rattacher directement au crime, et n'ayant d'ailleurs eu aucune publicité, votre Commission n'a pas cru
devoir se livrer à d'autres recherches.

N.º 204.

Le bruit s'était répandu à Dôle, que le
domestique d'un des adjoints au Maire de cette
ville, se trouvant à Dijon le 19 février, y avait
rencontré, dans une auberge, le domestique
d'un membre de la Chambre des Députés,
qui lui avait dit, en parlant de la mort de M. le
Duc de Berri, « que depuis huit jours il savait
que ce Prince devait être assassiné. » Pour
vérifier ce fait, le Procureur du Roi de
Besançon, auquel il avait été rapporté, crut
devoir faire appeler le domestique désigné
comme ayant entendu le propos. Il déclara
qu'effectivement il s'était trouvé à Dijon au
jour indiqué, avec un homme qu'il croyait
être au service d'un Député, et qu'il lui avait
dit qu'il conduisait à Paris les chevaux de son

maître, pour le cas où il serait obligé de monter à cheval. Il avait ajouté, dans la conversation qui avait eu lieu entre eux, pendant le dîner, qu'il s'était trouvé sept ou huit jours auparavant dans une maison où l'on avait parlé des affaires de l'état, de manière à lui faire croire qu'il pourrait arriver sous peu quelque évènement; mais que cet homme n'avait aucunement dit qu'il sût à l'avance que l'on avait formé le projet d'assassiner M. le Duc de Berri. Quoique la gravité apparente du propos se fût évanouie, en grande partie du moins, le Procureur du Roi ayant transmis ce document à la Cour, votre Commission, Messieurs, crut devoir en vérifier l'exactitude. L'instruction suivie en conséquence, tant à Paris qu'à Dijon, a établi que le domestique dont il s'agit, était le nommé Màréchal, et se trouvait au service, non du Député désigné, mais de son beau-frère; elle a établi de plus que les faits étaient absolument conformes au récit du domestique entendu à Besançon. Maréchal, qui d'abord avait nié qu'il eût tenu les discours qu'on lui prêtait, a fini par convenir, après de longues hésitations, qu'effectivement il avait pu tenir les propos qui lui étaient rappelés, et qu'ils étaient la suite d'une conversation qu'il avait entendue dans une maison où il avait été envoyé par ses maîtres, et dans laquelle on avait dit, que puisque l'on détruisait ce qui était construit, il arriverait du changement. Ce propos n'étant rattaché par aucun indice au procès, et pouvant très-bien se rapporter à l'espèce d'agitation que causait alors dans les esprits l'annonce d'un nouveau projet de loi sur les élections, il n'a été donné aucune autre suite à ce renseignement.

L'instruction avait aussi établi que Maréchal avait dit, en parlant du cruel évènement du 13 février, qu'il ne partageait pas la douleur publique, parce que M. le Duc de Berri avait voulu le faire fusiller. Quoique ce propos eût été tenu par lui dans l'ivresse, il a paru nécessaire de le faire expliquer sur ce point. Il a déclaré, à cet égard, qu'en 1815, au moment où il suivait avec le maître qu'il servait alors, la route de Lille où le Roi se rendait, un Seigneur (ce sont ces expressions), le voyant dépasser la ligne dans laquelle il devait se tenir, l'avait menacé de le faire fusiller s'il en sortait encore. Mais il est convenu qu'il était loin d'être sûr que ce fût de la bouche de S. A. R. que fût sortie cette menace. Il a soutenu, au surplus, n'avoir point dit en rapportant légèrement cette aventure, que cela l'empêchât de partager la douleur générale.

N.º 205.

Le 24 février, un individu inconnu, mais
que l'on a su depuis être le nommé Bourdin,
tailleur à Rouen, monta, auprès du village
de la Bouille, dans une voiture publique qui
m'ne de Rouen à Pont-Audemer. A peine la
voiture se fut-elle mise en marche, que cet
individu commença à parler de l'assassinat de
M. le Duc de Berri, disant, au milieu de contes
absurdes et d'infâmes propos, qu'il connaissait Louvel pour avoir servi avec lui dans les
chasseurs de l'ex-garde, qu'il était d'un caractère dur et féroce; mais que M. le Duc de
Berri n'avait eu que ce qu'il méritait, puisqu'il avait arraché la décoration à Louvel,
au moment où celui-ci s'adressait à lui pour
obtenir une pension. Il ajouta que tous les
Bourbons méritaient un sort pareil; que tant
que nous serions sous leur domination, la
France serait malheureuse; qu'enfin l'on était
bien mieux sous le règne de Bonaparte. Après
tous ces propos, il dit qu'il était assigné pour
paraître comme témoin devant la Cour des
Pairs, à l'occasion du procès qui s'y instrui-
sait ; qu'il devait être le lendemain, à huit

heures du soir, à Paris, et qu'il allait chercher au village de Bourneville un nommé
Loutrel, assigné comme lui, et qu'il voulait
déterminer à comparaître, de peur qu'il ne se
compromît en n'obéissant pas à l'assignation.
Après avoir plusieurs fois répété ces propos,
cet homme étant arrivé au chemin de Bourneville, descendit de la voiture et se rendit sur-
le-champ chez un sieur Berthelot, arpenteur-
géomètre. Berthelot n'étant pas chez lui, il
s'adressa à sa femme, et lui dit qu'il venait
prendre des renseignemens sur Loutrel qui avait
des biens dans le pays, et dont il était le créan-
cier. Il raconta ensuite qu'il allait à Paris pour
déposer dans l'affaire de Louvel, et répéta tous
les propos que déjà il avait tenus dans la diligence, ajoutant seulement, à ce qu'il paraît,
qu'au moment où S. A. R. avait arraché à
Louvel sa décoration, celui-ci était revenu vers
ses camarades et leur avait dit que le Prince
ne mourrait que de sa main. Cet homme, en
quittant Bourneville, avait repris la route de
Rouen, et avait encore répété à un voyageur
qui suivait le même chemin, qu'il allait à
Paris pour déposer dans l'affaire de Louvel,
mais sans répéter tout ce qu'auparavant il
avait dit à ce sujet-là. L'information ayant
indiqué Bourdin comme l'auteur de tous ces

propos, il fut confronté, en vertu d'une commission adressée au Juge de Pont-Audemer,
avec les témoins qui tous le reconnurent.
Conduit ensuite à Paris, en vertu d'un mandat
d'amener, il a borné sa défense à soutenir,
comme il l'avait déjà fait devant le Juge de
Pont-Audemer, qu'il était dans un état complet d'ivresse, lors des propos qu'il paraissait avoir tenus, ce qui fait, dit-il, qu'il ne
pouvait aucunement se les rappeler; et à cet
égard il a été complètement démenti par tous
les témoins qui du moins ne se sont pas aperçus qu'il fût en ce moment-là pris de vin.
Dans cet état, la gravité des propos qui lui
étaient imputés, a fait juger nécessaire de décerner contre lui un mandat de dépôt, jusqu'au moment où le complément de l'instruction mettrait à même de savoir s'ils se ratta-
chaient ou non au procès. Aujourd'hui que cette
instruction est complète, aucun renseignement, aucun indice même, n'a conduit à
penser que Bourdin puisse avoir participé à
un complot dont Louvel n'eût été que l'instrument; il paraît certain qu'ils ne se sont jamais
connus. Cependant, Messieurs, vous aurez à
décider si Bourdin doit rester au procès, s'il doit
être mis en liberté, ou plutôt s'il ne doit pas
être renvoyé devant les Tribunaux ordinaires,

pour y être jugé sur les propos qui lui sont
imputés, et qui semblent avoir le caractère de
publicité qui les rendrait criminels.

N.º 206.

Le bruit s'était répandu que Louvel, antérieurement au crime, avait déjà été arrêté
dans les environs de l'Elysée où il rôdait d'une
manière suspecte; que, renvoyé devant M. le
Préfet de police par le commissaire Bruzelin,
il avait été relâché sur l'exhibition de ses papiers qui se trouvaient en règle. Le commissaire de police Bruzelin a affirmé dans sa déposition, que jamais Louvel n'avait été arrêté
auprès de l'Elysée, et que le bruit qui courait
à cet égard n'avait aucun fondement.

N.º 207.

Un voyageur se trouvant, le dimanche 13
février, dans la voiture de Lagny, fut désigné
à la Commission pour avoir dit, à la suite de
beaucoup de mauvais propos : « On sera bien
étonné demain de ce qui se passera à Paris. »
La veuve Richard, indiquée comme ayant ouï

ce propos, a été appelée, et a déclaré qu'elle avait seulement entendu un voyageur dire : « C'est demain le grand jour, » mais qu'elle avait compris qu'il voulait parler de la présentation de la loi des élections, dont il paraît qu'il avait été question entre lui et les autres voyageurs auxquels il s'adressait.

N.º 208.

Il résulte d'une déclaration faite à Nantes par la demoiselle de Vieillechèze, que les Autorités locales présentent comme digne de quelque confiance, que le 2 mars, passant, vers sept heures et demie du soir, dans un endroit assez isolé de la ville de Nantes, elle entendit deux hommes sur lesquels elle n'a pu fournir aucune indication, s'entretenir du Gouvernement; s'étant arrêtée quelques instans sans être vue, pour écouter leur conversation, l'un d'eux dit à l'autre, entr'autres choses, que tout était prêt, que de toutes les provinces on se rendait à Paris pour ce grand coup, qu'il devait se porter avant un mois, qu'un coup de canon en serait le signal, que l'on mettrait le Roi dans une tour, et Madame dans une autre, que les Princes seraient assas-

sinés. Ils avaient ensuite donné d'autres détails sur le complot, son but et ses moyens
d'exécution. La déclaration de la demoiselle
de Vieillechèze était-elle conforme à la vérité?
c'est une question sur laquelle il paraît impossible d'obtenir aucune lumière. Le fait rapporté
par cette dame ne se rattachant point directement au procès, et l'Autorité administrative en
ayant été instruite avant qu'il fût connu de la
Commission, elle a cru ne devoir prendre aucune mesure.

N.° 209.

Dans le courant de l'année 1816, on inter-
cepta une lettre datée de Bruxelles adressée à
un maréchal de camp. Cette lettre semblait
annoncer un grand projet contre le Gouvernement; elle contenait une phrase en chiffres qui
fut interprétée ainsi : « Le Duc de Berri ne
» pourra pas éviter cette fois le coup qui doit
» éteindre les rejetons de cette famille si funeste
» à notre malheureuse France. » Cette lettre, à
l'époque où elle fut interceptée, avait donné lieu
à des poursuites contre cet officier général; mais
les explications par lui données, et surtout le
dépôt qu'il avait fait spontanément, à une épo-

que antérieure, d'une lettre à peu près du même genre qu'il avait aussi reçue de Bruxelles, donnèrent à croire qu'il était entièrement étranger aux manœuvres dont cette lettre, supposée peut-être pour lui nuire, semblait révéler l'existence; il fut en conséquence remis en liberté. Au moment du crime, l'affreuse prédiction contenue dans cette lettre, se trouvant réalisée d'une manière si déplorable, on examina s'il ne serait point à propos de soumettre à de nouvelles recherches l'officier auquel elle était adressée; mais les renseignemens pris sur son compte n'ayant rien présenté qui lui fût défavorable, et les raisons qui avaient autrefois décidé en sa faveur, subsistant avec la même force, on a jugé qu'il serait peu convenable de revenir sur la décision prise à cette époque, alors surtout que le long espace de temps écoulé depuis cette décision, rendait les recherches nécessairement plus difficiles, et empêchait d'en espérer aucun résultat, quand même à une autre époque elles auraient pu en avoir, ce dont l'instruction faite alors semblait toutefois exclure l'idée. Les renseignemens transmis par M. le Ministre de la guerre sur la conduite présente de ce général, lui étant favorables, il n'a été fait aucun acte d'instruction à l'occasion de la

lettre

lettre que nous venons de vous faire connaître.
Il est à remarquer que le chiffre pouvait être
lu par tout le monde, il consistait seulement
à substituer les signes 1, 2, 3, 4, 5, aux cinq
voyelles.

N.º 210.

On avait donné comme certain, que dans
les deux jours qui avaient précédé le crime,
il avait été vendu une quantité de rentes plus
considérable que celle qui se négocie ordinairement chaque jour, et l'on en concluait
que peut-être ces ventes avaient été faites par
des individus initiés dans un complot dont le
crime du 13 février n'aurait été que la suite.
Il est résulté des renseignemens pris à ce sujet,
que la quantité de rentes vendues pendant
ces deux jours, loin d'avoir excédé le montant
des négociations ordinaires, lui était au contraire demeurée inférieure. Seulement le montant des transferts opérés le 11 février, avait
été porté à une somme infiniment plus forte
que de coutume, à raison du transfert opéré
ce jour-là d'une rente de quatre millions,
donnée en garantie à la banque pour une opération de finances, et qu'elle avait rétrocédée
au trésor à la fin de cette opération.

22

N.º 211.

Divers renseignemens avaient porté à croire que Louvel avait été arrêté à Hières, en octobre 1814, au moment où il revenait de l'île d'Elbe, et qu'on avait saisi sur lui une grande quantité de lettres dans lesquelles l'arrivée de Bonaparte, pour le mois de mars suivant, était annoncée d'une manière assez claire. L'instruction détaillée, à la quelle ces renseignemens ont donné lieu, a fait connaître que Louvel n'avait point suivi cette route pour revenir de l'île d'Elbe, et l'on est même parvenu à découvrir l'individu qui, à cette époque, avait été arrêté à Hières, et auquel se rapportaient les détails que, par erreur, on avait appliqués à Louvel.

N.º 212.

La Commission reçut un renseignement qui annonçait qu'un sieur Leroy, connu par ses opinions antiroyales, et ancien commis du sieur Revel, négociant à Paris, s'était tué le lendemain de l'assassinat du Prince, et qu'avant sa mort il avait écrit au sieur Revel une lettre dans laquelle il semblait donner pour cause à son suicide un grand évènement sur lequel il avait compté, et qui ne s'était pas réalisé comme il le désirait. Le sieur Revel, entendu comme témoin, a déclaré que Leroy ne s'était tué que parce qu'il avait enlevé à lui Revel une somme d'environ quinze cents francs qu'il lui avait confiée; c'est aussi cette cause qu'indique la lettre que Leroy écrivit, avant sa mort, au sieur Revel, et qui se trouve jointe aux pièces. A la vérité, il annonçait en même temps dans cette lettre, que le désir de voir quelles seraient les suites du crime du 13 février, avait retardé de quelques jours son suicide, qui n'eut lieu que le 21 ou le 22; mais rien dans cette lettre ni dans les circonstances de sa mort, ne peut se rattacher au procès.

N.º 213.

Le 1.er mars, un placard infâme sur la mort de M. le Duc de Berri, fut affiché en plusieurs endroits de la ville d'Alençon; les premiers renseignemens transmis à ce sujet avaient donné l'espoir d'en découvrir l'auteur.

Pour y parvenir, une instruction a eu lieu, en vertu d'une commission adressée au Juge de cette ville; mais les documens qu'elle a fournis ont constaté qu'il n'existait aucun indice propre à mettre la Justice sur les traces des coupables.

N.º 214.

Un sieur Querru, entendu dans l'instruction, a déclaré que le jour de la translation à Saint-Denis, des dépouilles mortelles de M. le Duc de Berri, retournant, vers huit ou neuf heures du soir, aux Termes où il est jardinier, il s'était arrêté un instant dans l'avenue des Champs - Élysées, lorsqu'il aperçut sept ou huit hommes en groupe, et causant assez haut; il entendit l'un d'eux dire : « Il faut commencer par le Roi : Non, reprit un autre; il faut commencer par le Duc d'Angoulême; un troisième reprit : Il faut laisser cela pour le jour de sa fête. Mais un quatrième observa que ce serait trop long. » A ce moment Querru ayant fait un peu de bruit, excita leur attention; et l'un d'eux, qui avait des moustaches et portait une décoration, vint à lui, le maltraita de paroles et le menaça de sa canne, s'il ne s'en allait. Querru ajoute qu'ayant aussitôt gagné la route, et voyant venir à lui une grosse voiture, il s'était mis à crier après eux, ce qui les avait forcés à se disperser. Cette déclaration faite par Querru, à plusieurs personnes et de la même manière avant son audition comme témoin, n'a pu être vérifiée, faute d'indication sur les individus par lui signalés ; et l'on a dû se borner à en informer la police, pour qu'elle en fît l'objet de sa surveillance.

N.º 215.

Le sieur Morizi, médecin italien, momentanément reçu à l'hôpital Saint-Louis où il a subi l'amputation d'une jambe, avait annoncé avoir des révélations importantes à faire relativement au procès qui nous occupe. Votre Commission, Messieurs, s'étant transportée à l'hôpital Saint-Louis pour les recevoir, il a déclaré, mais sans préciser aucun fait, qu'il avait eu occasion de connaître, à Londres, le sieur de Monbreuil et un nommé Gallerande son ami, tous deux ennemis déclarés des Bourbons ; qu'ils avaient quitté l'Angleterre vers le mois de juillet dernier, et qu'il avait retrouvé depuis Gallerande à Paris , ce qui lui avait donné dès lors à penser que peut-être il se tramait quelque complot auquel ces deux individus pouvaient n'être pas étrangers , conjecture qu'avait encore confirmée l'attentat du 13 février. Le sieur Morizi n'a point au surplus dissimulé qu'un de ses motifs en annonçant ainsi qu'il avait des révélations à faire, était d'attirer sur sa misère un intérêt que semblaient au surplus lui mériter ses longs malheurs, ses connaissances étendues, la singularité de ses aventures, et la force d'ame qu'il paraît avoir mise à supporter les souffrances inouïes dont l'accablait, depuis quatre ans , une luxation éprouvée en Perse, en suivant les chasses du Grand-Scha. Il a exigé , contre l'avis des hommes de l'art , qu'on lui fît l'amputation de sa jambe , ce qui paraît l'avoir délivré de tous ses maux.

Les Autorités administratives ont été instruites de la déclaration du sieur Morizi.

N.º 216.

Une veuve Dumas-Lefèvre, indiquée comme pouvant donner des renseignemens utiles au procès, a rapporté dans une déclaration dont les détails présentent un tissu continuel d'invraisemblances grossières, qu'un Juif nommé Jacob et sur lequel elle n'a pu d'ailleurs donner aucune indication précise, lui avait dit en 1816, que les Princes ne régneraient pas long-temps, et seraient assassinés, en commençant par le Duc de Berri. Déjà, et à une époque antérieure, cette femme avait cherché à exciter l'intérêt d'un noble Pair, par une déclaration à peu près semblable, et avait même réussi à faire diriger contre Jacob des recherches qui furent alors infructueuses; tout annonce que sa déclaration nouvelle n'a pas d'autre motif, et n'aurait pas eu d'autre résultat, lors même que l'on eût pu retrouver Jacob qui, d'après un autre témoin également entendu à ce sujet, ne serait plus en France, si toutefois il existe réellement un individu de ce nom, auquel se rapporte ce renseignement.

N.º 217.

M. de B......, propriétaire à Châlons-sur-Saône, avait dit dans un lieu public de cette ville, qu'il avait vu, deux mois avant le crime, une lettre de Paris, dans laquelle on annonçait qu'il existait une conspiration contre la Famille royale, et qu'elle devait être massacrée, ainsi que deux mille personnes; il avait même offert de produire cette lettre. Mais depuis il avait déclaré devant le Maire qui lui en demandait la représentation, que cette lettre n'existait plus; telle était l'analyse d'un renseignement transmis à M. le Procureur général.

L'instruction faite à Châlons, en vertu d'une commission adressée au Juge du lieu, a établi la parfaite exactitude de ce renseignement; mais il en est résulté aussi que le sieur de B......, dont le dévouement à la cause royale ne saurait être révoqué en doute, avait, dans la chaleur d'une discussion animée, donné à la lettre citée par lui plus d'importance que le vague de ses expressions ne devait y en faire attacher, qu'il ne se rappelait aucunement par qui cette lettre lui avait été communiquée, et que s'il avait ensuite déclaré qu'elle n'existait plus, c'est qu'il le croyait ainsi, mais sans en avoir cependant la certitude. Toute recherche ulté- rieure sur ce point devenant dès lors impos- sible, et aucun résultat ne pouvant d'ailleurs en être espéré, l'affaire n'a pas eu d'autres suites.

N.º 218.

Un garçon perruquier mangeant habituel- lement, disait-on, dans la même auberge que Louvel, avait été signalé à la Commission, comme ayant perdu au jeu, le 2 mars, une somme importante, dont l'existence entre ses mains ne paraissait pas naturelle. Les rensei- gnemens pris à ce sujet ont fait connaître que la somme qu'il avait perdue, et qu'il soutient n'être pas aussi considérable qu'on l'avait cru d'abord, provenait de la succession de sa femme décédée peu de jours auparavant. Il en est résulté aussi qu'il n'avait absolument aucune relation avec Louvel.

N.º 219.

Une note envoyée à la Commission portait que des rassemblemens armés avaient été vus, pendant la nuit du crime, dans les Champs-Elysées, auprès du palais de l'Elysée-Bourbon, et que l'on avait entendu l'un des hommes qui en faisaient partie dire, en parlant des soldats suisses : « Tirerons-nous sur ces écrevisses? » A quoi un autre avait répondu : « Il n'est pas » encore temps ; attendons que le coup soit » fait. »

L'instruction suivie sur ce point a établi que le fait auquel ce renseignement avait rapport, s'était passé, non dans la nuit même du crime, mais dans une de celles qui l'ont suivie. Voici comment le rapporte le nommé Zwincke, marchand oiseleur, demeurant dans l'allée des Veuves, seul témoin qui paraisse en avoir une connaissance personnelle. Il déclare qu'étant sorti vers huit heures du soir, pour faire promener dans les Champs-Elysées des chiens qu'il élève pour les vendre, il avait fait le tour des allées nouvellement percées, et étant arrivé à peu de distance du jardin du palais de l'Elysée, il aperçut, dans le fossé qui borde l'un des jardins voisins et derrière la palissade de ce fossé, au moins trois hommes qui paraissaient vouloir s'y cacher. Au moment où il passait à leur portée, l'un d'eux disait : « C'est » un bonnet blanc. — Non, dit un autre, ce » n'en est pas un. » Le premier reprit : « Sau-

» tez sur l'écrevisse. » A ce moment, la peur s'empara de Zwincke ; il s'éloigna, et crut sentir, en s'en allant, comme des coups de pierres qui frappaient sur ses vêtemens et atteignaient ses chiens, ce qui, dit-il, lui donna lieu de penser que ces hommes avaient des fusils à vent, quoique d'ailleurs en passant il ne se fût pas aperçu qu'ils fussent armés. Il avertit, dit-il, la sentinelle suisse de prendre garde à elle, et courut rendre compte de ce qu'il avait vu au poste du palais. Sa frayeur parut extrême, et il eut beaucoup de peine à s'en remettre. Sur son rapport, on fit une patrouille, mais on ne trouva rien. Les sentinelles voisines n'avaient rien aperçu non plus ; et il n'est pas sûr que Zwincke leur ait parlé comme il l'a déclaré. Il paraît néanmoins qu'on entendit aux Champs-Elysées, dans la nuit du 14 au 15 février, vers deux heures du matin, des cris séditieux, sans qu'on ait pu en découvrir les auteurs. Dans cet état, le fait ainsi replacé à une date postérieure au jour du crime, ne présentant plus une aussi grande importance, et la déclaration de Zwincke, outre qu'elle ne donne aucune indication propre à diriger les recherches, ne pouvant d'ailleurs inspirer une confiance complète, à cause de l'état de frayeur où l'avait mis ce qu'il avait entendu ou cru entendre, votre Commission, Messieurs, n'a pas pensé devoir donner d'autre suite à ce renseignement.

N.º 220.

Le 26 février, vers quatre heures du soir, un poignard fut trouvé à terre près de la barrière du Trône et à côté du bureau de l'octroi. Les employés qui avaient trouvé ce poignard ont été entendus; ils n'ont pu indiquer que deux des personnes qui avaient passé vers ce moment à la barrière, mais ils n'ont point dit que le poignard appartînt à aucune d'elles. Ces deux personnes ont cependant été appelées, et il a été vérifié, ce que leur caractère et leur position devait d'avance faire supposer, que le poignard n'avait jamais été en leur possession. Une diligence avait passé peu de temps auparavant, mais on ne connaît point le nom de tous les voyageurs qu'elle renfermait. Un seul d'entr'eux, dont on sait le nom, est descendu un instant pour aller dans les bureaux de l'octroi, mais son absence de Paris a empêché qu'on ne pût l'entendre. Dans cet état, votre Commission, Messieurs, n'a pas cru devoir se livrer à de nouvelles recherches, elle ne pouvait en espérer aucune lumière pour le procès actuel, ni découvrir l'origine et la destination de ce poignard trouvé le 26 février, à une époque déjà éloignée du jour du crime, ce qui semble exclure l'idée que le possesseur de cette arme fût en rapport avec l'assassin de M. le Duc de Berri.

N.º 221.

Le bruit s'était répandu à Beziers, qu'un sieur Baumier avait annoncé, dès le 17 février, l'assassinat de M. le Duc de Berri, dont la nouvelle n'était cependant parvenue dans cette ville que le 18. Une instruction a eu lieu à la diligence du Procureur du Roi, et plusieurs témoins entendus affirmaient la vérité du fait imputé à Baumier; il semblait, par les circonstances que l'on réunissait, qu'il était impossible que ces témoins pussent se tromper. On croyait avoir une certitude judiciaire, et cependant, en poursuivant avec soin et avec persévérance l'instruction, il a été parfaitement établi que Baumier avait seulement parlé, d'après les journaux, de la maladie du Roi d'Angleterre, alors Prince de Galles, ou de celle du Duc de Kent, auquel on avait tiré

quatre-vingts onces de sang, et que les médecins, disait-il, désespéraient de sauver. Ce qu'il
avait dit à ce sujet avait été incomplètement
entendu et mal compris par l'un des témoins
qui, apprenant ensuite l'assassinat de M. le
Duc de Berri, avait cru que la conversation
de Baumier avait trait à ce cruel évènement,
et l'avait rapportée dans ce sens à d'autres personnes. Ce fait, Messieurs, est un de ceux qui
prouve le plus avec combien de défiance il
faut porter un jugement sur des paroles que
l'on n'a point entendues, qui peuvent paraître
coupables, mais dont la criminalité est souvent détruite par ce qui les précède, par ce
qui les suit et par le ton qu'y mettait celui
qui les prononçait.

N.º 222.

La fille Normand, âgée de onze ans, avait
raconté à la jeune Louise Breton, que son
père connaissait Louvel; qu'ils avaient même
demeuré ensemble à Fontainebleau; qu'il le
voyait encore très-fréquemment, et que Louvel
n'avait pas l'âge que les journaux paraissaient
lui donner, mais tout au plus vingt-six ou
vingt-sept ans. Louise Breton ayant rapporté

ces détails à ses parens, ils l'engagèrent à en reparler encore à la fille Normand, afin d'en tirer des renseignemens plus précis sur les relations de son père avec Louvel. En conséquence, Louise Breton, dans les occasions fréquentes qu'elle avait de se trouver avec la petite Normand, ayant ramené plusieurs fois la conversation sur ce sujet, celle-ci lui fit entendre que son père avait su, à Fontainebleau, le projet formé par Louvel d'assassiner M. le Duc de Berri; que cela les avait brouillés, mais qu'ils s'étaient raccommodés depuis; qu'étant appelée en témoignage, son père lui avait fait apprendre par cœur ce qu'elle devait dire, et qu'il avait fait apprendre les mêmes choses, mais avec quelques variantes, pour qu'on n'eût pas l'air de s'entendre, à des hussards qui fréquentaient sa maison, et qui étaient aussi appelés comme témoins. Elle ajoutait à cela beaucoup de détails sur les habitudes de Louvel, sur son séjour, tant à Fontainebleau qu'à Versailles, et sur les complices qu'il pouvait avoir. Après chaque entretien, Louise Breton rapportait à ses parens, qui le mettaient par écrit, ce que lui avait raconté la petite Normand. Ces notes ainsi recueillies ayant été transmises à la Commission, les deux jeunes filles et leurs parens furent mandés. La petite

Normand n'hésita pas à convenir que dans
tout ce qu'elle avait dit, rien n'était vrai, si
ce n'est que son père avait connu, à Fontainebleau, un ouvrier sellier du nom de Louvel;
mais que le surplus des choses qu'elle avait
racontées à Louise Breton, avaient été ou ima-
ginées par elle, pour avoir l'air d'être bien
instruite, et pour satisfaire aux questions qui
lui étaient faites, ou rapportées d'après ce
qu'elle avait vu dans le journal de Paris, qu'elle
lit ordinairement, sa mère étant employée
comme plieuse dans les ateliers de l'administration de ce journal. Son père fut également
entendu comme témoin, sa sincérité ne paraît
pas pouvoir être révoquée en doute; il a déclaré ne connaître aucunement Louis-Pierre
Louvel, mais avoir en effet connu, à Fontainebleau, le jeune Louvel, alors ouvrier sellier
et aujourd'hui chasseur dans la garde royale.
L'instruction ayant ainsi établi que les confidences de la fille Normand à Louise Breton
n'avaient pas plus de vérité qu'elles n'avaient
de vraisemblance, l'instruction sur ce point
a été terminée.

N.º 223.

N.º 223.

Divers renseignemens présentaient le sieur Guillet , étranger , autrefois général , et qui depuis très-long-temps n'est plus au service de France , comme réunissant chez lui des individus malintentionnés. On assurait que cet ancien officier, malade au moment de l'attentat du 13 février, avait plusieurs fois, dans le cours de sa maladie, manifesté une vive impatience d'être guéri, afin , disait-il, de se trouver au coup qui se préparait. Un témoin très-croyable , étranger à sa société , mais que le hasard avait conduit chez lui, a déclaré qu'effectivement il avait entendu le sieur Guillet, un peu avant le malheur qui met la France en deuil , manifester le désir d'être bientôt délivré d'une attaque de goutte qui le retenait dans son lit, parce que , disait-il , on aurait besoin de lui. La femme qui le servait avait aussi parlé dans le même sens à ceux qui venaient le voir. Le lendemain du crime , plusieurs individus qui se trouvaient chez lui , avaient dit qu'il était fâcheux que la mort du Prince fût arrivée par un coup de poignard ; qu'il eût mieux valu qu'il eût suc-

combé en combattant. Le même jour, la fille
domestique, en parlant de l'assassinat, disait
que le Prince avait dégradé un colonel, et que
sa mort était la suite d'une vengeance particulière.

Tous ces propos, dont l'ensemble paraissait
très-défavorable au sieur Guillet, et devait
nécessairement attirer sur lui l'attention de
la Justice, n'étaient, à la vérité, rapportés
que par un seul témoin ; mais l'effroi qu'il avait
de déposer, et les inquiétudes qu'on lui avait
inspirées à ce sujet, des menaces même qui lui
furent faites, et qui paraissaient venir de gens
qui voyaient le sieur Guillet ; tout cela donna
à penser qu'il avait, en déposant, usé plutôt
de réticence, qu'exagéré ce qu'il avait entendu. On sut aussi que le sieur Guillet
avait été instruit des soupçons qui s'étaient
élevés contre lui ; et le sieur Vincent, agent
de police, fut indiqué comme ayant seul pu
les lui faire connaître par suite des relations
assez fréquentes qui paraissaient exister entr'eux.

Cette circonstance augmentant encore la
gravité des soupçons qui s'élevaient contre le
sieur Guillet, il parut nécessaire de prendre
des mesures promptes et simultanées à l'égard
de ces deux individus. En conséquence, une

descente fut faite chez eux, le même jour et
à la même heure, par deux Juges d'instruction , commis à cet effet.

La perquisition qui eut lieu chez Vincent
ne produisit rien , si ce n'est la saisie parmi
les papiers de son fils, d'une chanson manus-
crite sur la violette ; et d'une gravure repré-
sentant Bonaparte à l'île - d'Elbe , méditant
son retour en France. On ne trouva chez lui
absolument aucun papier remarquable , soit,
comme il l'a prétendu , qu'il n'en eût aucun ,
soit plutôt qu'ayant été averti des soupçons
dont il était devenu l'objet , il eût fait disparaître tout ce qui pouvait ou le compromettre, ou indiquer du moins ses opinions
et ses relations.

La perquisition faite chez le sieur Guillet
amena la saisie d'une quantité considérable
de papiers , parmi lesquels , après examen
fait, il n'a été rien trouvé qui parût avoir
quelque relation avec le crime du 13 février ;
plusieurs de ces papiers toutefois indiquaient
assez quelle était l'opinion politique de cet
ancien officier. On y remarquait en effet une
assez grande quantité de chansons et de pièces
de vers contre le gouvernement du Roi. La
plupart , cependant, nous devons le dire,
n'ont été trouvées qu'entre les mains des do-

mestiques de sa maison , et ne paraissaient pas avoir appartenu au sieur Guillet. Les interrogatoires qu'il a subis, ainsi que les renseignemens obtenus par l'instruction , n'ont rien fourni de plus à sa charge.

Il a en été de même à l'égard de Vincent; il a indiqué , comme seule cause de ses relations avec le sieur Guillet, le désir d'observer , par suite de son emploi , ce qui se passait dans sa maison , qu'on lui avait signalée comme suspecte ; et quoique la procédure fasse soupçonner que leurs relations pouvaient être d'une nature toute opposée , aucun fait , aucun indice même ne les rattachant au procès , on a dû se borner à transmettre à la police les renseignemens que cette instruction avait fournis , mais sans lui donner d'autre suite. Cependant , Messieurs , comme des mandats d'amener ont été décernés contre le sieur Guillet et contre le sieur Vincent , vous êtes appelés à prononcer sur leur liberté définitive. Le sieur Vincent, Messieurs, n'est plus employé à la police générale.

N.º 224.

Une lettre anonyme adressée au Procureur du Roi de Paris , contenant des menaces

contre lui , au sujet du procès de Louvel ,
avait été transmise à la Commission ; mais
l'impossibilité d'en découvrir les auteurs , l'a
déterminée à ne faire aucune recherche judiciaire à ce sujet.

N.º 225.

Une déposition reçue par suite d'un renseignement envoyé à M. le Procureur général,
semblait établir qu'à l'époque du 13 février,
et particulièrement le lendemain , des réunions nombreuses avaient eu lieu dans une
maison , rue de Vaugirard , N.º .... L'Autorité administrative informée de ces renseignemens, en a fait l'objet de recherches spéciales
dont le résultat a été de constater que jamais
aucune réunion suspecte n'avait eu lieu dans
cette maison , soit le 14 février , soit à toute
autre époque.

N.º 226.

Une déclaration reçue dans l'instruction,
et tout-à-fait digne de foi, établissait que,
dans le cours du mois de janvier, une per-

sonne qui a été indiquée, avait dit, en parlant
du Roi : « On a trouvé un assassin pour le bon
Henri IV, et on n'en trouvera pas un pour
celui-ci. » Comme il résultait en même temps
de cette déclaration, et des renseignemens
obtenus d'ailleurs, que l'auteur de cet horrible propos était un vieillard plus qu'octo-
génaire, dont les bons sentimens ne sont pas
douteux, mais dont la tête est depuis long-
temps affaiblie par l'âge, votre Commission,
Messieurs, a pensé qu'on ne devait pas donner
de suite ultérieure à ce renseignement, qui
d'ailleurs n'avait pas un trait direct au procès.

N.º 227.

Il résulte d'une instruction faite à Gap, en
vertu d'une commission adressée au Juge du
lieu, qu'assez long-temps avant l'assassinat
de M. le Duc de Berri, le bruit s'était répandu
dans le département des Hautes-Alpes, qu'une
révolution se préparait, et que l'on en voulait
aux jours du Roi. Ces bruits, quoique vagues
et ne s'appuyant sur aucun fait précis, avaient
pris une telle consistance, qu'un sieur Dumas,
domicilié dans l'arrondissement de Gap, avait
cru devoir écrire à son frère, à Valence, pour

savoir de lui, si de pareilles nouvelles s'étaient
répandues dans la ville qu'il habitait. Sa lettre
arriva à Valence en même temps à peu près
que la nouvelle du crime du 13 février, et son
frère, dans sa réponse datée du 24 du même
mois, et jointe aux pièces, lui donna les détails de l'attentat affreux qui semblait réaliser
en partie les bruits funestes qui faisaient
l'objet de son inquiétude. Aucun renseignement précis n'a pu d'ailleurs être obtenu sur
l'origine de ces bruits, ni sur les individus qui
les répandaient.

N.º 228.

Le 13 février, un voyageur passant à
Avranches, avait dit que le carnaval ferait
grand bruit à Paris, et qu'il y arriverait de
grands évènemens ; ce propos avait, disait-
on, été répété le lundi dans le marché de
St-James.

L'instruction qui a eu lieu sur ce fait, en
vertu d'une commission adressée au Juge
d'Avranches, a fait connaître l'individu par
lequel ce propos avait été primitivement rapporté; il a déclaré que le lundi 14, ou le mardi
15 février, il avait entendu dire, sans pouvoir

se rappeler par qui, ni en quel lieu, que le
dimanche précédent, on avait dit dans le
village de la Croix-Avranchin, que cette
année, il y aurait à Paris un mauvais carnaval
pour quelqu'un, sans qu'on lui eût désigné,
en aucune manière, l'auteur de ce propos,
les circonstances dans lesquelles il avait été
tenu, ni la personne à laquelle il se rapportait.
Ce défaut absolu d'indication, et le vague du
propos en lui-même ne donnant aucun espoir
de tirer quelque lumière des recherches ultérieures, l'instruction sur ce point n'a pas eu
d'autre suite.

N.º 229.

Le nommé Varinois, ouvrier bourrelier,
arrêté dans les premiers jours de mars, comme
inculpé de propos séditieux, et à l'égard duquel il a été déclaré n'y avoir lieu à suivre
par la Justice ordinaire, était porteur, au
moment de son arrestation, d'un carnet que
l'on crut renfermer des notes qu'il pouvait
être utile de connaître. Varinois ayant été
appelé, a représenté le petit agenda dont il
s'agit, et auquel il paraît n'avoir attaché aucune importance, puisqu'il l'avait conservé,

quoique depuis son arrestation il lui fût possible de le faire disparaître. Il a déclaré de
plus, que ce carnet trouvé par lui dans la
rue, contenait déjà une partie des indications que l'on pouvait y remarquer, ce que
votre Commission, Messieurs, a reconnu être
parfaitement exact. Quant aux noms qui s'y
trouvaient écrits de sa main, soit au crayon,
soit à l'encre, c'étaient ceux de diverses personnes dont il avait eu occasion de connaître
les adresses dans l'exercice de son état de
bourrelier ou de cocher, car il exerce ces deux
professions.

La franchise de ses explications ne paraissant pas douteuse, les indications contenues
sur son carnet n'ayant présenté aucun intérêt,
l'instruction sur ce point n'a pas dû être
poussée plus loin.

N.º 230.

Un ancien militaire nommé Demmery, employé, depuis son congé, aux écuries de M.
le Duc de Berri, d'où il avait ensuite été renvoyé, était parti de Paris, le 15 février, avec
un passe-port daté du 14, et s'était rendu à
Sermaize, dans les environs de Vitri-le-Fran-

çais. Son arrivée dans un pays où il n'était point connu, l'époque de son départ de Paris, et d'autres circonstances encore, avaient inspiré quelques soupçons sur cet homme et sur les motifs qui l'avaient déterminé à quitter Paris. En conséquence, une commission fut adressée au Juge du lieu pour recueillir sur son compte tous les renseignemens possibles. Il est résulté de l'instruction qui a été faite et des explications données par Demmery, que son voyage ne se rattachait en rien au malheur du 13 février, et n'avait d'autre cause que la position gênée où il se trouvait à Paris, et l'espérance de vivre moins chèrement à Sermaize, où demeurait un de ses parens.

N.º 231.

On assurait qu'antérieurement à l'assassinat de M. le Duc de Berri, un officier se trouvant dans une voiture publique des environs de Paris, y avoit dit que lui et plusieurs autres personnes étaient mandées à Paris pour un coup qui se préparait. Le Marquis de M..... indiqué par l'instruction comme ayant connaissance de ce fait, a déclaré qu'un commissaire des guerres de sa connaissance lui avait

rapporté que, revenant de Ruel, quelques jours
après l'assassinat, et non auparavant, il avait
rencontré sur la route qu'il suivait à pied, une
petite voiture dans laquelle il avait pris place
à côté d'un militaire qui s'y trouvait déjà.
Le cocher ayant donné au commissaire des
guerres qu'il connaissait, le titre de mon Général, le militaire qui était dans cette voiture lui montra beaucoup d'égards, et avait
fini par lui dire que sans doute il avait reçu
sa convocation, que tous ses camarades de
son département avaient reçu la leur, que la
scène serait peut-être un peu vive, mais qu'aucun d'eux n'y manquerait. Le commissaire
des guerres ayant informé de ces détails M. le
Préfet de police; et ce fait, quand même il
eût été possible de le vérifier par les voies
judiciaires, ne se rattachant point au procès,
et ne pouvant servir qu'à diriger la surveillance générale de l'Autorité administrative,
votre Commission, Messieurs, n'a pas cru devoir donner de suite à l'instruction commencée.

N.º 232.

Une note remise à la Commission signalait
un officier en retraite, demeurant rue......

comme ayant reçu chez lui de très-grand
matin, le 14 février, plusieurs individus dont
la joie et les chants avaient indigné tous les
habitans de la maison. Le propriétaire de cette
maison a déclaré qu'en effet cet officier, sur lequel au surplus il n'a été recueilli aucun renseignement défavorable, avait reçu, le lundi
14 février, comme cela lui arrivait souvent,
quelques personnes à déjeûner, et qu'on les
avait entendu rire d'une manière qui, dans de
pareilles circonstances, avait paru bien incon-
venante à tous leurs voisins, sans cependant
que l'on eût su le motif de ces rires immo-
dérés. Ce fait ne se trouvant en résultat environné d'aucune circonstance qui pût l'incriminer, on n'a donné aucune suite à cette
affaire.

N.º 233.

Il semblait résulter de divers renseignemens
et des dépositions recueillis dans l'instruction,
que, le lundi 14 février, le nommé Genève,
maçon, demeurant à Vitri, près de Paris, avait
dit à sa femme, en parlant de l'assassinat de
M. le Duc de Berri, qu'il l'avait su, le dimanche, dans un cabaret où il était entré.

C'était ainsi, du moins, que la femme Genève l'avait elle-même rapporté, à Paris, à une personne qui en a déposé. Genève et sa femme ont été entendus, et il est résulté des explications évidemment sincères qu'ils ont données, que le lundi 14, lorsque la femme Genève était revenue de Paris où elle avait couché le dimanche, son mari était déjà sorti de chez lui pour aller à son travail ; il ne rentra que fort tard, et un peu pris de vin, ce qui fit qu'il n'eut le soir aucune conversation avec sa femme. Dans la nuit, celle-ci lui ayant demandé s'il avait connaissance de l'assassinat du Prince, il répondit qu'il l'avait appris la veille en déjeûnant au cabaret, voulant ainsi exprimer qu'il l'avait su le lundi matin. Sa femme, sans trop y réfléchir, et se croyant encore au lundi soir, comprit qu'il avait connu l'attentat le dimanche, et le raconta dans ce sens au témoin qui en a déposé : mais depuis, sur ce qu'on lui fit faire la remarque que cela paraissait impossible, elle s'en était expliquée avec son mari, et l'erreur avait été reconnue. Le fait se trouvant ainsi parfaitement éclairci, il n'a pas eu d'autre suite.

N.º 234.

Le 11 mars, le sieur.... se présenta au château des Tuileries, pour faire connaître un
complot qui se tramait alors, et dont l'exécution était fixée au 14 de ce mois. Renvoyé
devant la Commission, il fut sur-le-champ
entendu ; il déclara qu'un individu dont il
indiqua le nom et la demeure, avait dit en
sa présence, qu'un nommé Renaut avait annoncé que, réduit au désespoir, et voulant
se venger avant de mourir, il se réunirait,
le 14, avec cinquante de ses camarades, et
qu'armés de pistolets ils tireraient sur les royalistes ; ajoutant que s'il eût connu Louvel, il
lui aurait payé à boire. Quelque invraisemblable que dût paraître ce fait, la Commission
a dû en instruire sur-le-champ l'Autorité administrative ; mais le 14 mars s'étant passé tran-
quillement sans qu'aucun autre indice révélât
l'existence du complot signalé, et le renseignement donné par le témoin ne se rattachant
point au procès, votre Commission, Messieurs,
n'a pas cru devoir y donner de suite. Il paraît
même que l'auteur très-peu recommandable
de ce renseignement ayant perdu une place

qu'il avait dans l'administration des impôts indirects, avait espéré se donner ainsi un titre pour être replacé.

N.º 235.

Un individu passant à Montpellier, antérieurement au crime, et se dirigeant sur l'Espagne, dit à son passage, qu'avant peu les Bourbons d'Espagne et les Bourbons de France n'existeraient plus. Les recherches faites pour retrouver la trace de cet homme, n'ont produit aucun résultat, et l'on est seulement parvenu à savoir qu'il se nommait Saraville, mais rien n'indique ce qu'il est ensuite devenu.

N.º 236.

Le nommé Colçon, tailleur à Ceret, avait dit, le 19 février, au moment où l'on venait d'apprendre la nouvelle de l'assassinat de M. le Duc de Berri, qu'il le savait depuis trois jours. Une instruction a été suivie, à la diligence du Procureur du Roi, pour vérifier si cet homme avait réellement eu connaissance du crime à l'avance, et d'où cette connaissance

lui était venue. Il en est résulté que, trois jours
auparavant, Colçon passant dans la rue, avait
entendu parler, dans un groupe d'hommes à
lui inconnus, d'une mort qui avait fait cesser
la danse dans un cabaret. Le rapport de cet
évènement avec la mort du Prince, lui avait
fait croire, au premier moment où il l'apprit,
que c'était de cette mort que l'on avait voulu
parler trois jours avant, sans qu'il eût d'ailleurs, a-t-il ajouté, aucun motif de le penser.

N.º 237.

On assurait que le nommé Chignart avait
dit, le 7 mars : « Il y a encore trois Louvel;
nous n'avons qu'à mettre la main dessus, et
dans dix jours il n'y aura plus de Bourbons. »
Le nommé Anversin, désigné comme ayant
entendu ce propos, avait été appelé, et allait
être interrogé, lorsque l'on apprit que ces
individus étaient tous deux agens de police,
et que cherchant, sans se connaître, à péné-
trer réciproquement leur opinion, ils avaient,
par un zèle malentendu, et dans l'intention
répréhensible de s'exciter l'un l'autre, tenu
chacun des propos extrêmement condam-
nables en eux-mêmes, mais qui, dans cette
circonstance,

circonstance, ne devaient mériter en aucune
façon l'attention de la Justice.

N.º 238.

Renseignemens obtenus à Metz sur le séjour de Louvel dans cette ville, en 1813 et
1814.

N.º 239.

Renseignemens obtenus sur le séjour de
Louvel à Épinal.

N.º 240.

Un renseignement envoyé à la Commission,
mais dont on n'a pu vérifier l'authenticité,
portait qu'un Général actuellement hors du
Royaume avait répondu à quelqu'un qui le
pressait de solliciter l'autorisation nécessaire
pour rentrer en France, qu'il lui était impossible de prendre un parti à cet égard avant
le mois de mars. On n'a pu savoir quel
évènement attendu pour cette époque ce Gé-

néral avait en vue en tenant ce propos, si
réellement il a été tenu.

N.º 241.

Une instruction faite à la diligence du Procureur du Roi d'Orléans , semblait établir
que le mardi 8 février, le nommé Toutain,
fagotier à St-Cyr-en-Val, se trouvant avec
le nommé Sidaine dans une voiture qu'ils
conduisaient au bois pour en rapporter des
fagots, avait dit sans autre préparation : « On
annonce que le Duc de Berri est tué ; » et que
sur l'observation de Sidaine, que c'était un
conte, la conversation avait changé d'objet.
Toutain a nié formellement avoir tenu ce
propos ; il a déclaré n'avoir appris la mort
de M. le Duc de Berri que le mardi 14 février,
dans la soirée, et n'en avoir aucunement entendu parler auparavant. Le mercredi 15 février au matin, il se rendit, s'il faut l'en
croire, chez un sieur Darlon, propriétaire à
St-Cyr-en-Val, et dit à son frère et à son
fils, en présence de Sidaine, la nouvelle qu'il
avait apprise la veille au soir. C'est, suivant lui,
la seule fois que Sidaine ait pu l'entendre parler de cet évènement.

Malgré ces explications, Sidaine ayant persisté dans sa déclaration, relativement au
propos attribué par lui à Toutain, le Tribunal
d'Orléans crut devoir renvoyer l'affaire à la
Cour des Pairs ; en conséquence, Toutain fut de
nouveau entendu par la Commission ; il a persisté dans ses déclarations premières, avec une
apparence de franchise à laquelle il est difficile
de ne pas ajouter foi ; il a paru probable que,
par erreur, on mettait à un jour antérieur
au 13 février la nouvelle donnée par Toutain
de la mort de M. le Duc de Berri, et que réellement il ne l'avait sue que le mercredi suivant. Toutain du reste est un homme dépourvu
de toute intelligence.

L'impossibilité d'espérer aucun résultat de
recherches ultérieures, ainsi que les bons
renseignemens recueillis sur Toutain, ont déterminé la Commission à ordonner provisoirement sa mise en liberté. Vous aurez,
Messieurs, à juger si elle doit lui être définitivement rendue.

N.º 242.

Peu de temps après que l'assassinat du 13
février fut connu dans le département de

l'Aveyron, une femme Courtiol, habitant à
St-Geniez, raconta à plusieurs personnes et
déclara même dans une déposition judiciaire,
qu'au mois de décembre dernier se trouvant
à Paris, elle avait eu connaissance d'un complot auquel Louvel était dès lors initié. Ce
complot avait pour but l'assassinat de toute
la Famille royale. Malgré l'invraisemblance
extrême de son récit, le fait déclaré par elle
étant, s'il eût été vrai, de la plus haute importance, on ne dut rien négliger pour parvenir à le vérifier. Une commission ayant été
adressée au Juge d'Espalion, pour entendre
de nouveau la femme Courtiol, elle déclara,
à peu de choses près, comme elle l'avait fait
devant le Juge de paix de St-Geniez, que, se
trouvant dans le courant du mois de décembre à Paris, où elle était venu solliciter inu-
tilement la grâce de son frère condamné pour
meurtre aux travaux forcés à perpétuité, elle
s'était rendue, vers dix heures du soir, aux
Tuileries, pour y voir le docteur Alibert, et
le remercier de quelques démarches qu'il avait
bien voulu faire pour elle. Il n'était pas chez
lui ; en l'attendant, elle se promena dans un
corridor qui donne entrée à l'appartement qu'il
habite. Elle n'avait été, disait-elle, aperçue
par aucune des personnes en assez grand

nombre qui passaient dans ce corridor, lorsqu'un individu maigre, brun, d'une taille ordinaire, et vêtu d'une redingote bleue, arriva par l'extrémité du corridor, opposée à
celle où elle se trouvait, et lui ordonna de
sortir. Elle obéit, mais rentra peu d'instans
après par l'autre côté; et de peur d'être aperçue, elle alla s'asseoir sur les marches d'un
petit escalier conduisant aux combles du château. Il y avait à peine un quart d'heure qu'elle
y était, lorsqu'elle vit arriver, d'un côté du
corridor, deux individus, et de l'autre, un
troisième qui, s'étant réunis à peu de distance
de l'endroit où elle se trouvait, se mirent à
parler entre eux, quelquefois à voix basse,
mais le plus souvent assez haut pour être entendus par elle d'un complot qui devait s'exécuter sous quatre mois, et par l'effet duquel
devaient périr tous les membres de la Famille
royale, qui, suivant elle, furent tous successivement nommés par les trois interlocuteurs.
Au moment où ces individus allaient se sé-
parer, l'un d'eux adressant la parole à un autre
qui déjà s'en allait, lui avait dit : « Louvel,
écoute, arrête, attends un moment. » Après
leur départ, la femme Courtiol voyant que le
docteur Alibert n'arrivait pas, se retira ; et
le lendemain, elle raconta toute cette aven-

ture au nommé Lasmayoux, cordonnier, chez lequel elle demeurait. Tel était le récit fait par la femme Courtiol devant le Juge d'Espalion ; elle y ajoutait qu'elle reconnaîtrait sans doute Louvel, s'il lui était représenté, se croyant sûre d'avance qu'il était l'homme qui l'avait abordée et renvoyée du corridor. L'absurdité de ce récit et la défiance extrême que devaient inspirer les renseignemens pris sur le caractère et sur les mœurs de cette femme auprès des témoins respectables qu'elle avait indiqués comme devant répondre d'elle, auraient suffi sans doute, Messieurs, pour autoriser votre Commission à rejeter sa déclaration comme une fable inventée dans l'intérêt de se procurer les moyens de venir aux frais de l'état, à Paris, où ces renseignemens indiquent qu'elle a besoin de faire prochainement un voyage. Mais on a voulu cependant constater la fausseté de cette déclaration dans les points qui paraissaient susceptibles d'une vérification. Le seul qui présentât ce caractère était le récit qu'elle annonçait avoir fait à Lasmayoux de toute son aventure, le lendemain du jour où elle s'était passée. Lasmayoux entendu comme témoin, a déclaré que jamais la femme Courtiol ne lui avait parlé de rien de semblable.

M. Alibert et M. Clausel de Coussergue ont

été entendus comme témoins, et le dernier surtout, qui connaît davantage la femme Courtiol, a déclaré que cette femme, condamnée pour vol, avait une fort mauvaise réputation, et ne méritait aucune confiance.

Dans ces circonstances, et son imposture prouvée en ce qui regarde Lasmayoux, devant donner la mesure de la confiance due au surplus de son récit, il n'a été fait aucune recherche ultérieure.

N.º 243.

Le Procureur du Roi de Mantes avait cru devoir transmettre à la Commission un renseignement relatif à des propos criminels tenus à l'occasion de la mort de S. A. R. M. le Duc de Berri. Mais, ces propos ne se rattachant en rien au procès, la Commission a dû en délaisser la poursuite aux Juges ordinaires.

N.º 244.

Dans une lettre datée du 18 février, et adressée à S. A. R. M. le Duc d'Angoulême, le nommé Gérard, forçat au bagne de Lorient,

annonçait qu'il avait à révéler d'importans
secrets ; que déjà et antérieurement au crime
de Louvel, il avait demandé au Ministre de
le faire conduire à Paris, et qu'il n'avait pas
été écouté, quoiqu'il eût annoncé, assurait-
il, que déjà les poignards s'aiguisaient; qu'ainsi
l'on avait perdu l'occasion de prévenir un
cruel et irréparable malheur, mais qu'il était
temps encore d'en empêcher d'autres, et qu'il
donnerait des notions précieuses sur un complot qui, jusqu'à ce jour, n'avait pas reçu son
entière exécution. Il annonçait au surplus que
ses révélations ne pouvaient avoir lieu qu'à
Paris. Il y fut transféré par ordre du Gouvernement. Dans le voyage, il annonça à l'officier de gendarmerie chargé de sa garde,
que si on l'eût fait venir plutôt, il aurait
épargné à la France le malheur qui la plonge
dans le deuil, mais que du moins il sauverait
le reste de la Famille; qu'au surplus, la res-
ponsabilité toute entière en était aux Autorités
qui avaient été instruites à temps, de l'importance de ses révélations ; qu'il avait paru
pour la dernière fois devant le Sous-Préfet
de Lorient, le 10 février, et qu'il lui avait dit
que s'il le faisait partir en poste sur-le-champ,
il arriverait à Paris le 13, avant deux heures,
et qu'on aurait encore le tems de prévenir de

grands crimes. Arrivé à Paris, Gerard fut sur-
le-champ interrogé avec le plus grand soin,
par le Ministre d'état, Préfet de police. Dans
cet interrogatoire, il déclara qu'il avait eu
connaissance au bagne, d'un complot formé
pour assassiner M. le Duc d'Angoulême et M.
le Duc de Berri, en commençant par ce dernier. C'était d'après cette connaissance, qu'il
s'était déterminé à écrire, dès le 31 décembre,
au Ministre de la Justice, au Ministre de l'intérieur, et au Procureur général près la Cour
royale de Paris, pour demander à être transféré dans cette ville, seul lieu où il pût
faire ses révélations, le mauvais esprit des
Autorités de Lorient, et les cruautés dont il
serait la victime, s'il parlait, l'empêchant de
rien dire au bagne. Il répéta qu'ayant été
conduit chez le Sous-Préfet, le 10 février, il
lui avait dit qu'il serait temps encore de le
faire partir pour Paris, si on l'envoyait en
poste ; mais du reste, qu'en lui parlant beaucoup de l'importance de ses révélations, il ne
lui avait indiqué leur objet que d'une manière
inexacte, et lui avait dit qu'on en voulait aux
jours de M. le Duc de Cazes, pensant que
cette considération déterminerait plus sûrement l'Autorité à le faire transférer à Paris.
Ses révélations devant M. le Préfet de police

n'ont pas été beaucoup plus précises ; il a
prétendu seulement avoir eu connaissance
d'un complot, mais sans avoir connu les
conspirateurs, et cela par un nommé Boutié,
forçat, alors détenu dans le même bagne, et
aujourd'hui libéré. Il a prétendu avoir vu
dans les mains de cet homme une lettre signée
des initiales A. L. , ce qui lui avait fait soupçonner depuis , qu'il était en relation directe
avec Louvel : il a au surplus donné beaucoup
de détails sur ses rapports avec ce Boutié , et
sur les différentes tentatives qu'il avait faites
pour faire connaître ce qu'il savait au Gouvernement. La Commission ayant été instruite
des déclarations de Gerard et des bruits qui
couraient à ce sujet, demanda qu'il fût mis à
sa disposition. Dans ses interrogatoires, Gerard
ayant persisté, à quelques variations près, dans
les déclarations qu'il avait déjà faites , le Juge
de Lorient fut commis pour vérifier ceux des
faits qui ne pouvaient l'être que sur les lieux ,
et l'information a établi la fausseté de la plupart de ceux qui étaient susceptibles de vérification. Elle a prouvé , par exemple , que
par suite des dispositions intérieures du bagne
et de la surveillance particulière à laquelle
Gerard était soumis , il était impossible qu'il
eût eu avec Boutié , à l'époque indiquée par

lui , une conversation suivie , et très-impro-
bable même qu'il ait pu y avoir aucune communication entre ces deux individus qui paraissaient d'ailleurs être alors très-mal ensemble. Il était faux qu'il eût demandé au
Sous-Préfet de l'envoyer sur - le - champ en
poste , en annonçant qu'il connaissait une
conspiration imminente dont on aurait encore
le temps de prévenir le développement , si ,
pour le faire partir, on ne perdait pas un moment. Parmi les choses qu'il avait dites à ce
fonctionnaire , il n'y avait rien d'ailleurs qui
se rapportât à un complot contre la Famille
royale , ni qui indiquât même Boutié comme
lui ayant fait aucune confidence. D'un autre
côté , Boutié a été entendu à Paris ; il a formellement nié les faits à lui imputés par
Gerard ; enfin , l'instruction a fait connaître
que ce forçat , déjà signalé à la Justice
sous quinze noms différens , avant sa dernière condamnation , n'était occupé , depuis
son entrée au bagne , qu'à chercher les
moyens de faire des dupes , en écrivant sans
cesse des lettres dans lesquelles il tâche d'inspirer de l'intérêt par des mensonges grossiers
et toujours différens ; que déjà plusieurs fois
il a tenté de s'évader, et qu'une fois même il
y a réussi ; qu'enfin, sa profonde immoralité

doit empêcher d'avoir dans ses déclarations
la moindre confiance. Gerard, avant son entrée au bagne, et depuis, est signalé comme
un des hommes les plus pervers et les plus
corrompus qui existent. Dans cet état il a paru
suffisamment établi qu'en annonçant avoir
d'importantes révélations à faire, il ne cherchait qu'un prétexte pour obtenir d'être transféré à Paris, afin de s'évader, si cela lui était
possible. Ces révélations n'ayant rien de réel,
il a été remis à la disposition de M. le Préfet
de police, et depuis il a été reconduit au
bagne.

N.º 245.

Un témoin entendu dans l'instruction a déclaré tenir de la femme d'un nommé Jannon,
détenu à Ste-Pélagie, que son mari qu'elle
était allé voir à sa prison, dans les premiers
jours de février, lui avait dit que s'il arrivait
dans la semaine quelque chose qui occasionât
du trouble, il l'engageait à ne pas sortir de
chez elle.

Ce propos qui n'avait alors fait aucune impression sur le témoin, lui revint à la mémoire
après l'assassinat; mais Jannon n'étant plus à

Ste-Pélagie, et sa demeure, ainsi que celle de
sa femme, n'ayant pu jusqu'à ce moment être
découverte, il n'a point été interrogé par la
Commission, et l'on n'a pu constater le motif
qu'il avait pour engager sa femme à ne pas
sortir de chez elle.

N.º 246.

Un sieur Daix, courrier de la malle, a déclaré que sur la route de Limoges et aux environs de cette ville, il avait entendu quelqu'un
dire, en parlant de la mort de M. le Duc de
Berri, que ce Prince avait été assassiné par un
officier auquel il avait arraché les épaulettes. Le
sieur Daix n'a pu donner aucun renseignement
sur l'auteur de cette calomnie qui, dans une
intention criminelle, paraît avoir été répétée
dans plusieurs lieux différens.

N.º 247.

Une lettre anonyme désignait comme complice de Louvel le nommé Paulmier que
l'instruction présente au contraire, ainsi que
la notoriété publique l'avait fait connaître,

comme ayant concouru de tout son pouvoir
et fort utilement à l'arrestation du prévenu.
L'absurdité palpable d'un pareil renseignement dispensait d'y donner aucune suite.

N.º 248.

Le 15 mars, une lettre signée seulement de
plusieurs initiales et adressée à Louvel, fut
trouvée dans une des boîtes de la petite poste.
L'écriture déguisée de cette lettre et les indications ridicules qu'elle contenait, ne pouvant
être que le résultat d'un artifice grossier ou
d'une indigne et misérable plaisanterie, on
s'est borné à la renvoyer à la police, afin
qu'elle fît rechercher quel pouvait en être
l'auteur ; mais ses recherches à cet égard ont
été, comme on devait s'y attendre, absolument infructueuses.

N.º 249.

Il résultait d'un renseignement transmis à
la Commission et de la déclaration d'un témoin, que le nommé Samuel Dentz, ouvrier
relieur, avait dit, le lundi 14 février, en en-

tendant parler chez son maître de l'assassinat
de S. A. R. M. le Duc de Berri, qu'il le savait
de la veille. Le témoin qui rapportait ce
propos semblait y attacher l'idée que Dentz
avait pu avoir connaissance d'un complot
dont ce crime était le résultat, et la chaleur
qu'il mettait à soutenir cette conjecture a
rendu nécessaire une instruction assez détaillée
sur ce point. Il en est résulté que Dentz avait
appris la nouvelle de l'assassinat, le soir même
du dimanche, n'étant rentré chez lui que vers
minuit, et que c'était de cette circonstance
qu'il avait entendu parler, en disant, le
lundi 14, qu'il savait la nouvelle dès la veille.

Le fait se trouvant ainsi parfaitement éclairci,
l'instruction sur ce point n'a pas dû être poussée plus loin.

N.º 250.

Louvel avait rapporté à l'un des officiers de
paix chargés de sa garde, que depuis le moment où il avait conçu son affreux projet,
il avait plusieurs fois eu le désir de l'abandonner ; que dans cette vue il avait cherché
à se lier plus intimement avec l'un des cochers
du Roi, dont apparemment les bons sentimens

lui étaient connus. Il ajoutait que cet homme lui avait souvent parlé de l'armée de Condé, et que les récits qu'il lui en faisait n'avaient eu d'autre effet que de l'affermir dans son dessein, au lieu de le lui faire abandonner. Ce cocher a été entendu, et a déclaré qu'en effet, depuis dix mois qu'il habitait aux écuries du Roi, il avait eu assez fréquemment l'occasion de voir Louvel, dont cependant il avait ignoré le nom jusqu'au moment du crime; qu'il lui avait souvent entendu dire qu'il était théophilantrope; que plusieurs fois il l'avait exhorté à revenir à la religion, et qu'il lui avait même prêté un livre de piété, mais que jamais il n'avait été question entre eux de politique.

N.º 251.

Une note remise à la Commission annonçait que Louvel avait passé à Florence, et y avait travaillé de son état peu de temps avant le mois de mars 1815. Les réponses de Louvel aux questions qui lui ont été adressées à ce sujet, et la précision avec laquelle a été fixé son itinéraire depuis le moment où il quitta l'île d'Elbe, en novembre 1814, jusqu'à son arrivée à Paris, ont montré la fausseté de ce renseignement.

N.º 252.

N.º 252.

La femme Belliète, dont rien ne peut faire
suspecter la véracité, a déclaré que, dans les
premiers jours de mars, passant, vers dix heures
du soir, dans le passage Ste-Marie, elle remarqua deux personnes qui la précédaient de
quelques pas, et qui, dans une conversation
fort animée, parlaient d'un homme dont le
nom, autant qu'elle peut se le rappeler, était
Gevrier ou Fevrier; ils disaient qu'on pouvait
compter sur lui comme sur Louvel. Ces individus ayant aperçu la femme Belliète, s'é-
taient retournés ; elle avait alors rebroussé
chemin, et elle avait été suivie par l'un d'eux
qui était vêtu d'une redingote, et portait des
moustaches. Pour l'éviter, la femme Belliète
accosta un homme et une femme qui passaient en ce moment, et qui lui permirent de
les accompagner. L'importance de ce renseignement fait regretter que l'on n'ait pu l'éclaircir ; mais le défaut d'indication a mis, Messieurs, votre Commission dans l'impuissance
absolue d'agir, et l'on a dû se borner à transmettre à la police la déclaration de la femme
Belliète, pour faire surveiller le nommé Ge-

25

vrier ou Fevrier, s'il existe un homme de ce nom qui y soit connu.

N.º 253.

Cette cote a été réunie au N.º 144.

N.º 254.

On assurait qu'au moment où la nouvelle du crime du 13 février était parvenue à Casaubon, deux hommes étaient venus chez un sieur Laborde – Lancelot, et l'ayant trouvé consterné de cette nouvelle qu'ils ignoraient encore, lui avaient demandé la cause de sa douleur; le sieur Laborde-Lancelot leur ayant appris que M. le Duc de Berri avait été assassiné, ils avaient répondu : « Nous savions qu'il devait l'être lui ou le Roi. » Il est résulté de l'information faite en vertu d'une commission adressée au Juge de paix de Nogaro, que le propos avait effectivement été tenu au sieur Laborde-Lancelot, à peu près dans les termes rapportés, mais que l'auteur de ce propos était un homme extrêmement borné, qui avait dénaturé, en l'appliquant au Roi et en le reportant à une autre époque, la nouvelle de

l'assassinat qu'il avait apprise la veille au soir
de l'un de ses voisins qui, lui-même, ne l'avait
connue que par la lecture du journal.

N.º 255.

Un individu, dont on ignorait le nom, paraissait avoir dit, avant le 12 février, et à deux
reprises différentes, à la femme Monnet, marchande à Orléans, au sujet des préparatifs
qu'elle faisait pour les jours gras, que le carnaval serait bien triste, qu'un évènement im-
prévu l'empêcherait de vendre ses masques,
et qu'il n'y aurait pas de mardi-gras. Une instruction ayant eu lieu à Orléans, la femme
Monnet déclara qu'il lui avait été dit seulement et une seule fois que le carnaval serait fort
triste, parce que l'on allait précisément, à
cette époque, s'occuper d'objets qui, d'après
ce qu'en disaient les journaux, pouvaient causer de l'agitation. Du reste, la femme Monnet
s'était refusée à nommer l'auteur de ce propos, prétendant qu'elle ne savait pas qui il
était. Dans cet état, le Tribunal d'Orléans avait
renvoyé l'affaire devant la Cour des Pairs,
lorsque un sieur Ratoré, marchand de papier
à Orléans, écrivit au Procureur du Roi pour

se déclarer l'auteur du propos, et en donner
l'explication ; sa lettre ayant été transmise à
M. le Procureur général, avec l'instruction
première, une commission fut adressée au Juge
d'Orléans, pour constater judiciairement les
explications données par le sieur Ratoré. Il
est résulté de sa déposition et de sa confrontation avec la femme Monnet, qu'effectivement
il avait tenu le propos rapporté par elle à
peu près dans les termes qu'indiquait sa déclaration, mais il a donné pour motif de sa
conduite en cette circonstance le désir qu'il
avait d'empêcher la femme Monnet de faire des
achats trop considérables de marchandises qui
ne se vendent que pendant le carnaval, et de
prévenir ainsi des demandes de fonds, qu'elle
était assez dans l'habitude de lui faire, et que
la difficulté d'obtenir son remboursement lui
rendait incommodes. Il paraît au surplus que,
si la femme Monnet avait déclaré ne pas connaître le nom de l'auteur du propos, c'était
par un ménagement malentendu et répréhensible, pour le sieur Ratoré, dont la loyauté
s'est fait un devoir de venir sur-le-champ
éclairer la Justice dès qu'il a été instruit de
ses recherches à ce sujet. D'après ces explications, le propos n'ayant plus aucune importance, l'affaire n'a pas eu d'autre suite.

N.º 256.

On a classé sous ce numéro divers renseigne-mens relatifs à d'atroces calomnies répandues contre la mémoire de S. A. R., tant en France qu'en pays étranger, et qui avaient pour but de faire penser que l'attentat du 13 février était le résultat d'une vengeance particulière. Ces renseignemens ne se rattachant point di-rectement au procès, la Commision a dû laisser aux Juges des lieux le soin de rechercher et de punir les auteurs de ces bruits criminels.

N.º 257.

Renseignemens donnés par le nommé Langlois, sur le séjour de Louvel à l'île d'Elbe.

N.º 258.

On assurait qu'au bal donné par LL. AA. RR. M. le Duc et M.me la Duchesse de Berri, le 29 janvier dernier, S. A. R. Monsieur, ayant demandé au lieutenant - colonel de la douzième légion de la garde nationale, comment se conduisait sa légion, et quel était son esprit ; M. de Grisenoy, qui avait entendu cette conversation, avait dit au lieutenant-colonel, après le départ du Prince : « Faites bien attention à ce que S. A. R. vous a dit, car nous sommes instruits qu'avant peu il doit y avoir un grand mouvement, et qu'il commencera par votre quartier. » Pour vérifier ce que ce fait pouvait avoir de réel, M. de Grisenoy a été appelé ; il a déclaré qu'effectivement il avait causé à ce bal avec le lieutenant-colonel de la 12.ᵉ légion, et qu'il lui avait parlé d'un bruit vague qui s'était alors répandu, qu'il devait y avoir un mouvement à Paris, et qu'il commencerait par le faubourg Saint-Marceau, mais sans que ce qu'il avait dit, fût la suite d'aucune conversation qui aurait eu lieu entre S. A. R. Monsieur et ce lieutenant-colonel. M. de Grisenoy n'a pu, du reste, indiquer l'origine de ces bruits, qu'il avait recueillis dans la société.

D'après ces explications, aucune suite n'a dû être donnée à ce renseignement.

N.º 259.

Une note transmise à la Commission contenait divers détails sur le séjour de Louvel à l'île d'Elbe. L'instruction a fait connaître que ces détails étaient inexacts sur presque tous les points.

N.º 259 (*bis*).

Il résultait d'une déposition reçue dans l'instruction, que dans la journée du dimanche 13 février, un individu, que l'on avait soupçonné pouvoir être Louvel, s'était présenté à l'hôtel d'Espagne, rue de Richelieu, afin d'y louer une chambre pour la nuit seulement; il n'avait point reparu.

La portière de l'hôtel d'Espagne, à laquelle Louvel a été représenté, a déclaré être certaine qu'il n'était pas l'individu dont elle avait entendu parler dans sa déposition.

N.º 260.

Un élève du petit séminaire de Versailles, nommé Gentil, âgé de treize ans, a déclaré que, le dimanche 19 mars, se trouvant aux vêpres dans l'église de Notre-Dame à Versailles, il entendit deux hommes qui se trouvaient près de lui, sans néanmoins qu'ils pussent l'apercevoir, à cause du dossier d'un banc qui le cachait ; leur conversation attira son attention. L'un d'eux disait à l'autre : « Comment se porte Pierre ? — Bien, répondit son compagnon, excepté que sa camisole le gêne beaucoup. — Quand doit-on faire l'affaire à l'autre, reprit le premier ? — Le vingt-cinq. — Combien sont-ils ? — Ils sont quinze, et nous deux faisons dix-sept. — Et l'instrument est-il prêt ? — Il est à trois tranchans. — Est-on sûr de favoriser sa fuite ? — On a une chaise de poste qui doit se trouver prête. »

Pendant le cours de cette conversation, le jeune Gentil avait parlé au jeune Bardonnet qui se trouvait près de lui, des propos qu'il entendait ; et celui-ci ayant alors écouté, avait seulement entendu qu'à la fin de la conversation, il avait été question de *poste*, sans qu'il eût pu saisir le sens de la phrase dans laquelle ce mot se trouvait placé. Tous deux, dans leurs déclarations, ont dit qu'ils avaient remarqué, à divers momens de l'office, les deux interlocuteurs de manière à pouvoir les reconnaître, et que souvent ces deux hommes interrompant leur conversation, s'unissaient aux chants de l'église. Quelque extraordinaire que puisse paraître la déclaration du jeune Gentil, on doit dire que son air de bonne foi ne permet pas de croire qu'il en impose. Tout au plus pourrait-on penser que l'imagination de cet enfant, qui est fort royaliste, se serait montée en entendant quelques mots qui pouvaient avoir du rapport au crime, de manière à lui faire croire qu'il en avait entendu bien davantage. Cette supposition, qui cependant ne peut être présentée que comme une con-jecture, pourrait être appuyée par un fait honorable pour le caractère de cet enfant, et qui atteste combien sont vives les impressions qu'il éprouve. La procédure constate en effet, que le jour où l'on apprit, à Versailles, la mort de M. le Duc de Berri, le jeune Gentil ne voulut prendre aucune récréation, et se trouva indisposé au point qu'on fut obligé de le re-conduire, pour quelques jours, chez ses parens. L'instruction semble indiquer, sans pourtant que ce fait soit bien constant, que dans sa maladie, il avait eu quelques momens de délire, et il est établi que, pendant ce temps, il lisait les journaux, et y avait vu, entre autres choses que, dans sa prison, Louvel était vêtu d'une camisole. Les détails qu'il avait ainsi recueillis, se seront-ils confondus dans sa tête avec ce qu'il avait pu entendre, ou sa déclaration présente-t-elle le récit exact de ce qu'il a entendu? c'est une question sur laquelle l'instruction n'a pu fournir aucune lumière, les indications données, tant par Gentil que par son camarade Bardonnet, n'ayant pas suffi pour faire retrouver, du moins jusqu'à ce jour, les deux individus par eux signalés.

N.º 261.

Un parent de Louvel, portant le même nom que lui, exerce, dans la commune d'Arnouville, près d'Yvetot, la profession de cordonnier; les informations prises sur son compte paraissant éloigner l'idée qu'il eût pu prendre aucune part au crime, et l'Autorité locale annonçant d'ailleurs qu'il était l'objet d'une surveillance spéciale, il n'a été pris à son égard aucune mesure.

N.º 262.

Une instruction suivie devant le Tribunal de Montmédy, et transmise à M. le Procu-

reur général, établissait que le nommé Louis
Robas avait dit à plusieurs reprises, dans
un lieu public, en parlant de l'assassinat de
S. A. R.: « Il n'y a pas un si grand mal ;
» celui qui l'a fait a bien fait, parce que le
» Duc de Berri ne devait pas dégrader d'an-
» ciens militaires ; on a commencé par le
» plus jeune, mais les autres peut-être..... »
(il n'acheva pas sa phrase).

Ces propos, quelque criminels qu'ils soient,
n'établissant pas de complicité entre leur auteur et Louvel, la procédure a été renvoyée
au Juge du lieu pour être procédé contre
Louis Robas, conformément à la loi.

N.º 263.

Il paraît résulter d'une information faite à
Draguignan, que le nommé Isnard, cardeur
de laine, en apprenant, le 19 février, l'assassinat de M. le Duc de Berri, dit : « Cela n'est pas
étonnant ; nous le savions depuis trois mois. »
Mais il résulte en même temps de cette information qu'Isnard vit d'une manière fort retirée, n'a aucune relation qui puisse donner
des soupçons sur son compte, ne s'occupe que
de son travail, et se trouve dans un état de

misère qui paraît avoir beaucoup affaibli ses
facultés mentales. Dans cet état, et les Magistrats du pays ayant pensé que le propos d'Isnard ne devait être attribué qu'à l'affaiblisse-
ment connu de son esprit, la Commission a
dû partager leur opinion, et ne donner aucune autre suite à cette affaire.

N.º 264.

Il résulte d'une information faite à Mulhau-
sen que, le 19 février, des inconnus, dans le
dessein d'insulter à la douleur publique, atta-
chèrent des crêpes de deuil au cou de plusieurs
animaux qu'ils lancèrent ensuite dans la ville.
Cette atroce moquerie ne se rattachant pas
directement au procès, on a délaissé à la Justice ordinaire à en poursuivre les auteurs.

N.º 265.

Il existe, à Paris, un oncle de Louvel, gé-
rant d'une maison de commerce dans la rue
St-Martin, et paraissant animé des meilleurs
sentimens. Gravement malade au moment du
crime, il n'a appris, qu'après deux mois d'une

convalescence pénible, le cruel malheur de sa
famille. N'ayant eu d'ailleurs que peu de relations avec Louvel, il n'a pu donner des renseignemens utiles sur son compte, et sa déclaration ne présente d'autre intérêt que celui
que mérite l'expression touchante d'une douleur vraie et profondément sentie.

N.º 266.

Le sieur Maury, se trouvant à la foire de
Salers, dans le département du Cantal, le jeudi
17 février, y avait entendu dire, par un homme
à côté duquel il passait et qui conversait avec
d'autres : « Les nouvelles sont mauvaises; on
assure qu'il y a un Prince assassiné. » Ce propos paraissant tirer quelque intérêt de la circonstance que la nouvelle de la mort de M.
le Duc de Berri n'était parvenue dans ce pays
que le 19 février, il a été l'objet d'une commission adressée au Juge de Mauriac, et par
suite de laquelle sa réalité a été constatée.
Mais son auteur n'étant point connu, on n'a
pu savoir si c'était un propos vague et semé
par un de ces individus qui trop souvent trou-
blent, par leurs récits mensongers, la sécurité
des campagnes, ou si, dès le 17 février, la

nouvelle, sans se répandre généralement, n'était point parvenue dans ce pays par quelque voie extraordinaire et plus prompte que la correspondance ordinaire, ce qui n'est pas absolument impossible, Salers ne se trouvant pas à plus de 120 lieues environ de Paris, et la circonstance de la foire ayant dû y amener de loin un grand nombre d'étrangers.

N.º 267.

Quelque temps après le 13 février, une commande d'une douzaine environ d'instrumens aigus et ressemblant à des poignards, avait été faite à un serrurier de Paris, avec promesse de lui en faire fabriquer trois ou quatre mille, si les premiers se trouvaient propres à l'usage auquel ils étaient destinés. Il a été vérifié que les instrumens commandés, quoique ressemblant assez pour la forme à une lame de poignard, n'étaient aucunement susceptibles d'être emmanchés pour servir à cet usage, et étaient destinés à entrer dans la composition d'une machine à peigner la laine, nouvellement imaginée par un des chefs d'atelier de M. Ternaux.

Ce fait, qui pendant quelques jours a occupé un grand nombre d'esprits à Paris, a été parfaitement éclairci.

N.º 268.

Un renseignement annonçait qu'un individu sur lequel aucune indication précise n'était donnée, avait déclaré, en présence de plusieurs témoins, qu'il lui avait été offert une somme de 10,000 fr. pour entrer dans un complot dont le but était d'assassiner toute la Famille royale, le jour des Rois. Un ecclésiastique indiqué comme pouvant donner des notions sur ce fait, a déclaré qu'une personne à lui inconnue était venu lui demander si elle avait pu, sans blesser sa conscience, révéler à la police une confidence à elle faite par un individu qui peut-être avait des relations avec Louvel, et qui lui avait dit qu'on devait tuer la Famille royale à la fête du Roi, et qu'il aurait 10,000 fr. si le coup réussissait. L'ecclésiastique lui ayant répondu qu'en le faisant, il n'avait fait que remplir un devoir étroitement commandé par la religion et par la morale, la conversation en était restée là. Dans cet état, aucune indication ne mettant la Justice sur la trace de cet individu, il n'a pù être fait aucune recherche ultérieure, la police générale ou particulière de Paris n'ayant jusqu'à ce jour reçu aucune révélation qui puisse se rapporter à celle dont il est parlé dans ce renseignement.

N.º 269.

Une note reçue par la Commission, semblait indiquer qu'en 1815, Louvel, alors maréchal des logis dans un régiment du train d'artillerie, avait séjourné pendant quelque temps à Laurière, dans le département de la Haute-Vienne, où il s'était fait remarquer par les coupables propos qu'il tenait contre le Roi et la Famille royale ; l'ensemble de l'instruction a parfaitement établi que ce renseignement n'était pas applicable à Louis-Pierre Louvel.

N.º 270.

Le 20 mars, vers midi, le nommé Delbosq, étudiant en médecine, âgé de vingt-trois ans, se présenta à Saint-Denis, dans le cabaret de la femme Hyam, et la pria de lui indiquer le chemin du cimetière. Cette femme étant sortie

sur

sur sa porte pour le lui montrer, Delbosq voulut
qu'elle l'y conduisît elle-même ; mais elle s'y
refusa , et l'engagea à prendre un enfant qui
l'y mènerait; Delbosq ne le voulut point , et
prit seul le chemin qui lui avait été indiqué.
A peine avait-il fait quelques pas qu'il se retourna , tira un pistolet de sa poche, et coucha
en joue la cabaretière , après quoi il continua
son chemin. Quelques voisins présens à cette
scène , ou avertis par la femme Hyam, le suivirent. Le premier qui le rejoignit, le trouva
assis dans un fossé, tenant un livre à la main.
Delbosq le voyant s'approcher , se releva , le
mit en joue avec un pistolet qu'il avait tiré
de sa poche , et tira son coup , qui heureuse-
ment ne partit point , l'amorce seule ayant
brûlé. Delbosq fut arrêté à l'instant , et bientôt
après le bruit se répandit qu'il avait voulu attenter à la vie de S. A. R. Monsieur , qui , ce
jour même, était venu chercher quelque consolation à sa douleur , en arrosant de ses
larmes le tombeau de son auguste Fils. On
assurait même que l'individu arrêté avait dit
en apprenant que le Prince était déjà reparti :
« Je suis venu trois heures trop tard. » Ce fait,
tel que le bruit public le présentait , avait une
trop haute importance pour qu'on ne cherchât
pas à l'éclaircir entièrement. L'instruction

26

faite sur ce point devant le Tribunal de Paris, a constaté, de la manière la plus positive, que le fait n'avait été accompagné d'aucune circonstance autre que celles qui ont été rapportées plus haut, et que Delbosq était atteint d'une aliénation mentale qui était seule cause de ce que sa conduite, à St-Denis, avait d'extraordinaire et d'alarmant. Ses interrogatoires établissent à chaque ligne cette vérité : elle ressort également des lettres écrites par lui, tant au Roi auquel il demandait sans aucun motif de le faire conduire aux Tuileries, qu'au Juge d'instruction, auprès duquel il réclama prompte justice, afin de terminer son entreprise, qu'il n'indiquait pas ; enfin, un rapport du docteur Pariset constate qu'il est atteint de l'espèce d'aliénation connue par les médecins, sous le nom de mélancolie ou monomanie. Delbosq est du même département que le Président de Cardonnel, membre de la Chambre des Députés, et ce magistrat qui connaît sa famille, a aussi une connaissance particulière de la maladie mentale dont est atteint le jeune Delbosq.

D'après ces explications, que l'importance donnée à ce fait dans le monde, rendait nécessaires, l'interdiction de Delbosq était la seule mesure qui pût être prise ; elle a été pro-

voquée par le Procureur du Roi, et se poursuit
actuellement dans les formes ordinaires.

N.º 271.

Deux lettres, l'une signée Langlois, l'autre
Lelaurrain, colonel d'artillerie., avaient été
adressées au Procureur du Roi d'Epernay, et
avaient pour objet de faire peser sur la tête
d'un officier public de cet arrondissement le
soupçon d'avoir fourni une somme d'argent
pour faciliter un complot contre la Famille
royale. L'instruction ayant constaté qu'il
n'existait aux endroits d'où ces lettres étaient
datées, aucun individu portant les noms dont
elles étaient souscrites, on a dû penser que
les signatures en étaient fausses, et qu'elles
avaient été méchamment fabriquées dans l'intention de nuire à l'officier public qu'elles in-
culpaient, et contre lequel il n'existe d'ailleurs
aucun renseignement défavorable. Cette considération a déterminé à ne faire sur ce point
aucune recherche ultérieure.

N.º 272.

Le sieur Leseyeux, maire de Saint-Loup, département de la Mayenne, avait déclaré devant le Préfet de ce département que, quinze jours avant le crime, le sieur Morice, son adjoint, avait dit à plusieurs personnes de la commune, que M. le Duc de Berri serait assassiné pendant les jours gras; que le Roi avalerait un bouillon qui ferait son affaire, et que LL. AA. RR. Monsieur et M. le Duc d'Angoulême recevraient chacun un coup de fusil qui ferait la leur. Le sieur Leseyeux déclarait de plus qu'ayant interrogé le sieur Morice sur l'origine de ces bruits funestes, celui-ci avait dit les tenir d'un sieur Bergère qui les tenait lui-même du vicaire de Sablé, nommé l'abbé Trumeau. La gravité de ces propos et l'importance que leur donnait le bon témoignage rendu par le sieur Leseyeux sur le caractère et les sentimens des trois hommes qui paraissaient les avoir répandus, rendaient indispensable la vérification de tous ces faits.

Une commission ayant en conséquence été adressée au Juge du lieu, le sieur Leseyeux a d'abord été entendu de nouveau, et a persisté dans tout le contenu de sa première déclaration. Le sieur Morice, entendu à son tour, déclara qu'il avait réellement recueilli de la bouche du sieur Bergère les propos consignés dans la déclaration du sieur Leseyeux; qu'il en avait parlé à quelques personnes de la commune, qu'il indiqua; et que depuis l'assassinat de M. le Duc de Berri, ayant revu le sieur Bergère, et lui ayant demandé s'il soutiendrait encore tenir de l'abbé Trumeau les propos qu'il lui avait rapportés, le sieur Bergère lui avait assuré qu'il le soutiendrait. Le sieur Bergère ayant alors été appelé, déclara que, quelques jours avant la mort du Prince, il avait effectivement dit au sieur Morice qui était venu le voir, et avec qui il avait causé des affaires du temps, que l'abbé Trumeau, son beau-frère, lui avait dit qu'à en juger par ce que disaient les journaux, il y avait en France et dans les Chambres bien de la division, ce qui pouvait amener de grands malheurs; qu'il avait également dit dans la suite de sa conversation avec le sieur Morice, qu'il y avait plusieurs partis; que l'un voulait la royauté, et l'autre la république; que ce dernier, pour arriver à son but, assassinerait les Princes, et empoisonnerait le

Roi, s'il en était besoin. Mais il soutint n'avoir
pas tenu les propos à lui attribués, tels qu'ils
sont rapportés par le sieur Morice, et ne lui
avoir point dit, depuis le crime, qu'il soutiendrait ce qu'il avait avancé. Une confrontation
ayant eu lieu entre ces deux témoins, le sieur
Bergère persista avec force dans ses déclarations. Le sieur Morice au contraire convint
que sa mémoire fatiguée par les évènemens
de la révolution, pouvait ne lui retracer qu'un
souvenir infidèle ; qu'il était possible que le
sieur Bergère ne lui eût dit que ce qu'il venait
de déclarer, et qu'il pouvait aussi avoir fait
confusion en disant qu'il avait demandé depuis
au sieur Bergère s'il soutiendrait ce qu'il avait
avancé, se rappelant actuellement que c'était
à lui - même que cette question avait été
adressée par une personne qu'il désigna, et
qui a déposé de la vérité de ce fait. La
déclaration de l'abbé Trumeau a été entièrement conforme à celle du sieur Bergère. D'un
autre côté, les témoins que le sieur Morice
avait désignés comme leur ayant rapporté les
propos tenus par Bergère, ont déclaré qu'à
son retour de Sablé, où avait eu lieu la conversation entre lui et Bergère, il leur avait
bien parlé d'évènemens qui se préparaient, et
de malheurs qui étaient à craindre ; mais ne

leur avait aucunement précisé la nature de
ces malheurs, et que c'était seulement après
la nouvelle de l'assassinat du 13 février, qu'il
avait dit à l'un d'eux que c'était là le coup
qu'il craignait; et que le projet était de donner
un bouillon au Roi, un coup de fusil à
Monsieur, un autre au Duc d'Angoulême,
et de poignarder M. le duc de Berri, qui
malheureusement avait déjà subi son sort.
Dans ces circonstances, il a paru suffisamment
établi que la conversation du sieur Morice
avec le sieur Bergère s'était bornée à ce que
ce dernier en a rapporté, et que ce n'était
qu'après le funeste évènement, que le sieur
Morice, dont la mémoire paraît un peu affaiblie, avait ajouté à cette conversation des
circonstances qui seules y donnaient de l'importance. En conséquence, il n'a été donné
aucune autre suite à cette affaire.

N.º 273.

Un italien nommé Toffelli, demeurant depuis quelques mois à Amiens, avait fait, vers
le 13 février, un voyage à Paris; certaines circonstances, et les motifs donnés à ce voyage,
avaient inspiré quelques soupçons. Des ren-

seignemens ont été pris, et il en est résulté
que ce voyage n'avait pour but que des affaires domestiques, et que rien absolument
n'indiquait de la part de cet individu des intentions secrètes qui dussent appeler sur lui
l'attention de la Justice.

N.º 274.

Le nommé Levaillant-d'Hautecourt, détenu
à Bicètre, par suite d'une condamnation, à
cinq années d'emprisonnement, pour escroquerie, ayant annoncé avoir des révélations
importantes à faire, a été entendu, en vertu
d'une commission, par l'un des Juges d'instruction de Paris, et a déclaré qu'étant à la
Force, il y avait appris, par d'autres détenus
qui s'y trouvaient avec lui, que l'on organisait
à Grenoble une conspiration qui devait éclater dans les premiers jours d'avril, et qui avait
pour but de rappeler au Trône le fils de Bonaparte. On lui a même, s'il faut l'en croire,
proposé un emploi dans l'armée, s'il voulait
s'associer à ce projet. Il indiqua de plus, comme
pouvant faire des révélations utiles, un autre
détenu nommé Viel, qui, de son côté, déclara
qu'au mois de mai mil huit cent seize, étant

allé à l'Opéra , où étaient le Roi et la Famille royale, il s'était trouvé dans les corridors à côté d'un homme qui regardait par un carreau la Famille royale, et de dessous l'habit duquel était tombé un poignard garni en nacre et en argent; ajoutant que, quelque temps après, il avait retrouvé cet homme en habit de la garde royale, dans la salle des Maréchaux.

L'invraisemblance des faits , ainsi que le caractère des auteurs de ces révélations, ont empêché d'y ajouter aucune foi. D'ailleurs ne contenant aucune indication précise, et ne se rattachant en rien au procès, on n'a pas cru devoir y donner de suite.

N.º 275.

Dans une lettre adressée à M. le Procureur général, N. Baudouin, condamné à douze ans de travaux forcés comme faussaire, annonçait avoir d'importans secrets à révéler. Il a déclaré au Juge d'instruction commis pour l'entendre, que ces révélations étaient uniquement relatives à un vol commis au préjudice de sa famille.

N.º 276.

Cette cote a été réunie au N.º 102.

N.º 277.

N. Leraut, flétri d'une condamnation in-
famante et détenu à Bicètre, avait annoncé
avoir des révélations à faire, et demandait à
être transféré à Paris, pour y être entendu.
La multiplicité des demandes de ce genre, et
la juste défiance que doivent inspirer de pareilles déclarations, auraient suffi pour décider
la Commission à ne donner aucune suite à ce
renseignement ; mais sa détermination, à cet
égard, a encore été fortifiée par la connaissance qu'elle a eue que la lettre de Leraut
n'avait été fabriquée que pour trouver le moyen
de s'évader.

N.º 278.

Le nommé Watteville, détenu dans les prisons de Rouen par suite d'une condamnation
aux travaux forcés à perpétuité, pour faux

commis en récidive, avait annoncé avoir à faire des révélations importantes. Entendu à Rouen, d'abord par le Procureur général de la Cour royale de cette ville, et plus tard, Messieurs, par le Juge d'instruction délégué par votre Commission, Watteville déclara qu'en 1816, se trouvant en relation d'affaires avec le nommé Margot, serrurier à Rouen, il avait vu plusieurs fois avec lui et chez lui un ouvrier sellier-carrossier, nommé Louvel; qu'en 1817, Margot ayant fait de mauvaises affaires, et s'étant retiré à Paris, il y était venu pour réclamer de lui le payement d'une créance qni se trouvait exigible; qu'après de nombreuses recherches, il l'avait enfin rencontré dans la rue de l'Arbre-Sec; qu'alors Margot l'avait conduit au café Montansier, où ils avaient pris un cabinet particulier; que Louvel était venu les y joindre; que Margot, après lui avoir donné sur sa créance un à-compte de 400 fr. dont Louvel avait même fourni une partie, lui avait confié que cet argent leur était donné, à lui et à Louvel, pour assassiner le Roi et tous les Princes, en commençant par M. le Duc de Berri, et que les fonds étaient fournis par une personne qui lui fut désignée; que depuis cette entrevue, Margot lui avait écrit, à Rouen, plusieurs

lettres dans lesquelles il était question en termes
fort clairs de l'assassinat du Prince. Sur ce dernier fait qui était le seul susceptible de vérification, parce que Watteville annonçait l'endroit
où devaient se trouver les lettres, et la personne
qui les lui avait remises, il a été complètement
démenti par l'instruction qui a établi qu'il
n'avait reçu aucune lettre de Paris aux époques indiquées, et qu'il ne s'en trouvait aucune de ce genre dans ses papiers. Cependant,
et malgré l'extrême défiance que devaient inspirer ses déclarations, comme il assurait qu'à
Paris il nommerait et ferait arrêter la personne désignée, pour avoir fourni les fonds
destinés à acheter les assassins, et qu'il se re-
fusait à l'indiquer à Rouen, il a été transféré
à Paris par ordre de l'Autorité administrative.
Dans ses interrogatoires devant la Commission, il n'a fait que répéter avec quelques
contradictions nouvelles et quelques invraisemblances de plus, la fable qu'il avait débitée
à Rouen; et, pour satisfaire à ce qu'il avait
promis, il a nommé, comme étant à la tête
du complot, une personne dont le nom se
rattache par de pénibles souvenirs aux plus
désastreuses époques de la révolution, mais
dont la conduite présente ne paraît pas avoir
donné prise à aucun soupçon du genre de ceux

que la déclaration de Watteville, si elle pouvait mériter quelque foi, serait de nature à
faire planer sur elle. Dans cet état, l'adresse
de Margot, si toutefois cet homme existe,
n'étant pas connue, les renseignemens donnés
par Watteville sur la personne de Louvel étant
loin d'être assez exacts pour faire croire qu'il
l'ait jamais vu, et son récit n'étant d'ailleurs
dans ses détails qu'un tissu d'invraisemblances
grossières, votre Commission, Messieurs, n'a
pas cru devoir donner d'autre suite à cette
affaire.

Louvel a nié connaître et Margot et Watteville; on se rappelle d'ailleurs qu'il était à
Paris au moment où Watteville prétend l'avoir
vu à Rouen.

N.º 279.

N. Papet, détenu au bagne de Toulon,
par suite d'une condamnation aux travaux
forcés, pour crime de faux, annonçait dans
une lettre du 25 mars, adressée au Procureur
général près la Cour royale de Grenoble, qu'il
avait à faire d'importantes révélations, tant à
l'égard de l'attentat commis sur la personne
de S. A. R. M. le Duc de Berri, que sur un
complot ourdi contre le Roi lui-même; il

annonçait en même temps qu'il ne s'expliquerait qu'à Grenoble. Il y fut transféré par
ordre du Gouvernement, mais les renseignemens par lui donnés ont été tellement vagues
et d'une si grande invraisemblance, qu'il n'a
dû y être donné aucune suite.

N.º 280.

Le 22 mars, le nommé Doming, détenu
dans les prisons d'Agen, comme prévenu de
vol, et déjà condamné à quatre ans de prison
pour cris séditieux, annonça, dans une lettre
au Préfet de Lot-et-Garonne, qu'ayant aussi
des révélations importantes à faire, il ne
pouvait les confier qu'à lui seul. Ce fonctionnaire l'ayant fait amener devant lui, Doming
déclara qu'il ne voulait plus faire ses révélations qu'à Paris où il demandait à être conduit. Le Préfet ne put, malgré tous ses efforts,
l'amener à une détermination contraire; seulement dans la conversation il laissa entendre
qu'il avait rencontré à Montauban, trois mois
auparavant, *des Seigneurs* qui lui avaient
proposé d'entrer dans un complot formé pour
assassiner M. le Duc de Berri ; que *ces Seigneurs* allaient à Paris, et que c'était par cette

raison qu'il voulait ne faire ces révélations
que dans cette ville, afin d'être confronté
avec eux. Le Préfet pensa que cette demande
n'avait au contraire de sa part d'autre but
que de chercher à s'évader dans le voyage;
c'est dans ce sens qu'il en a rendu compte au
Gouvernement ; et la Commission à laquelle
ce renseignement a été transmis, éclairée
par l'expérience de plusieurs affaires semblables, et par la crainte de voir se multiplier
à l'infini les demandes de ce genre, faites
par des condamnés, a pensé également qu'il
n'y avait aucune suite à donner à cette affaire.

N.º 281.

Un ancien militaire nommé Voisin, aujour-
d'hui cordonnier à Villeneuve-St-George, a
déclaré qu'au mois de septembre dernier, il
était allé dans la forêt de Senart où chassait
M. le Duc de Berri, pour lui présenter un
placet; qu'ayant été écarté par les gardes, il
s'en allait fort mécontent, lorsqu'il rencontra
dans le bois un homme qui, sur le récit qu'il
lui fit de sa mésaventure, lui dit, en s'expri-
mant sur le compte du Prince, dans les ter-

mes les plus grossiers , « qu'avant un an , on se déferait de lui. » Depuis le crime, Voisin s'était figuré que cet homme pouvait bien être Louvel; mais les indications qu'il a données sur sa taille et sur ses vêtemens , ne permettent pas de le penser. Louvel, interrogé sur ce point, a déclaré que jamais il n'avait suivi la chasse du Prince dans la forêt de Senart.

N.º 282.

Dans les premiers jours d'avril, M. le comte de ....., officier à demi-solde, demeurant à Longwi, écrivit à M. le Directeur général de la police une lettre dans laquelle il lui annonçait avoir des renseignemens de la plus grande importance à donner, relativement à un individu qui se tenait caché aux environs de Longwi, et qui paraissait n'être pas étranger au crime de Louvel. M. le comte de.... ajoutait que, dans la crainte de compromettre le secret qu'exigeait cette affaire et de se compromettre peut-être lui-même par des déclarations faites dans le pays, il désirait ne donner qu'à Paris les renseignemens que le hasard lui avait procurés, afin que sur-le-champ on pût prendre les mesures nécessaires pour en faire usage

usage. Cet officier vint à Paris sur l'ordre du Ministre de la guerre. Arrivé le 25 avril, il déclara devant la Commission, que quatre jours au plus après la mort de M. le Duc de Berri, un individu de Paris, que l'on disait ancien négociant et fort riche, était arrivé en poste à Longwi, et qu'il était descendu chez un brasseur nommé Lahaye, dont la femme avait autrefois été à son service à Paris. A peine y était-il arrivé, que les portes de la maison habituellement ouvertes à tout venant s'étaient fermées, aucun buveur n'y avait plus été admis. L'étranger, confiné dans une chambre éloignée de la rue, ne s'était pas montré une seule fois dans la ville, et dans l'intérieur enfin de la maison les communications avec lui étaient si difficiles, que la mère même de son hôte avait eu beaucoup de peine à le voir. Au bout de trois jours il avait quitté Longwi et s'était retiré à Aubange, petit village peu éloigné de Longwi, mais situé hors de France et sur le territoire du royaume des Pays-Bas. Depuis ce moment, la maison du brasseur s'était r'ouverte comme à l'ordinaire, et Lahaye allait souvent visiter l'étranger dans sa nouvelle demeure et lui porter ce dont il avait besoin ; mais celui-ci ne venait jamais à Longwi, où il avait cependant laissé sa voiture. Cette arrivée clandestine, ce départ précipité et l'espèce de mystère qui paraissait envelopper les démarches de l'étranger, avaient excité les soupçons de quelques voisins de la maison où il était descendu. On avait questionné, sur les motifs de ce voyage assez extraordinaire, la mère de Lahaye, qui paraissait plus disposée à parler que ses enfans, par cela même qu'elle n'était pas initiée dans tout le secret. Elle avait d'abord répondu que le dessein de l'étranger était d'établir dans le pays une manufacture de toile à voiles ; puis elle avait fini par faire entendre qu'il avait quitté Paris à cause de la malheureuse affaire du 13 février ; puis enfin, dans une dernière entrevue, craignant de s'être trop avancée, elle avait déclaré que si l'étranger avait songé à s'éloigner de Paris, ce n'était pas qu'il fût un des meurtriers du Prince, mais seulement parce qu'il avait prêté quelques centaines de mille francs pour faire commettre ce crime horrible. Tous ces détails sur l'étranger et ces demi-confidences de la femme Lahaye, n'étaient pas attestés par M. le comte de...... comme en ayant en tous points une connaissance personnelle ; mais il les tenait, assurait-il, de personnes dignes de toute confiance. Dans cet état, les soupçons que devait inspirer ce récit, déterminèrent la Commission à décerner contre l'inconnu, et d'après les indications fournies sur sa personne, un mandat d'amener dont la prompte et secrète exécution était le seul moyen d'arriver au résultat que ces indices paraissaient faire attendre. Des mesures furent prises pour que l'arrestation pût avoir lieu sur le territoire étranger. L'officier de paix Pascal fut dépêché à Lahaye. Après y avoir obtenu les autorisations nécessaires pour exécuter le mandat dont il était chargé, il se transporta le 9 mai à Aubange, accompagné du procureur royal criminel du grand duché de Luxembourg. A leur arrivée dans l'auberge indiquée comme étant la demeure de l'individu qu'ils cherchaient, ils ne le trouvèrent point ; mais après quelques heures d'attente, l'étranger, quoique prévenu par un habitant du pays des recherches dont il était l'objet, se présenta et offrit de satisfaire volontairement au mandat décerné contre lui. Il a en conséquence été conduit à Paris, après perquisition faite à sa demeure, sans que l'on y ait rien trouvé qui pût éveiller le plus léger soupçon. Arrivé à Paris, il a été interrogé par la Commission, et a déclaré s'appeler Jean-Baptiste Layet, âgé de soixante ans, ancien négociant. Dans ses réponses, dont la parfaite sincérité ne saurait être révoquée en doute, il a exposé qu'ayant voulu rendre service à des hommes qui avaient abusé de sa confiance et de sa simplicité, il s'était trouvé compromis dans une banqueroute pour une somme assez importante; qu'une plainte ayant été rendue par lui contre ceux dont il avait été la dupe, elle avait été suivie d'une autre plainte rendue par eux contre lui-même. Que le tracas de cette affaire qui était fort embrouillée, lui avait extrêmement fatigué la tête, qu'il était sur le point de tomber malade, et que les médecins lui ayant conseillé de changer d'air, il avait résolu d'aller passer quelque temps à Longwi, où il savait qu'était établie une femme qui autrefois avait été à son service, ce qui lui promettait de ne pas rester isolé dans cette ville. Il était donc parti de Paris le 29 février, ainsi que le constate son passeport visé le 28 ; arrivé à Longwi dans les premiers jours de mars, il était descendu chez la femme Lahaye, dont le mari était brasseur. Cette femme lui avait donné sa chambre et son lit, et s'était reléguée avec son mari dans une petite pièce où ils couchaient sur un matelas placé à terre. Pour lui, voyant que sa présence devait être fort incommode à ses

hôtes, et malgré les instances qu'ils lui faisaient pour qu'il restât avec eux, il avait
exigé qu'ils lui cherchassent dans les environs
un lieu où, sans s'éloigner beaucoup, il pût
trouver quelque société, un bon air et un
logement commode. Lahaye et sa femme lui
ayant indiqué Aubange qui n'est qu'à une
demi-heure du chemin de Longwi, il était
allé y demeurer. Du reste, il a affirmé que,
pendant son court séjour à Longwi, il s'était
plusieurs fois promené dans la ville ; que les
portes de la maison de Lahaye n'avaient point
été fermées ; que les buveurs avaient continué
d'y venir, et que c'était même dans la chambre
occupée par lui qu'ils se réunissaient ; que la
mère de Lahaye avait été très à portée de le
voir, et que s'il n'avait pas eu avec elle de
longues conversations, c'est que, par ses habitudes et son peu d'éducation, elle n'en était
guère susceptible. Il a au surplus déclaré que
le voyage qu'on lui avait fait faire ne l'avait
aucunement contrarié ; qu'il n'avait qu'à se
louer des égards que l'on avait eus pour lui,
et qu'il était toujours disposé, comme tout
honnête homme doit l'être, à rendre compte
à la Justice de sa conduite. Le sieur Layet a
invoqué, à l'appui de ces déclarations, le témoignage des personnes les plus recomman-

dables par leur position comme par leurs
bons sentimens connus. Dans cet état, Messieurs, votre Commission n'a pas cru devoir
attendre le retour des informations faites à
Longwi par le Juge des lieux, qu'elle avait
délégué pour instruire sur tous ces faits. Per-
suadée que les renseignemens donnés à M. le
comte de...... et par lui transmis à M. le
Directeur général de la police, ne sont rien
autre chose que des conjectures hasardées sur
des faits dénaturés dans les conversations
d'une petite ville ; elle n'a donc pas hésité à
mettre le sieur Layet en liberté aussitôt après
son interrogatoire ; mais comme il a été décerné contre lui un mandat d'amener, vous
aurez à statuer sur sa liberté, qui n'est encore
que provisoire.

N.° 283.

Le dimanche 13 février, une mascarade
indécente eut lieu à Châlons-sur-Saône : on
la représenta comme ayant eu pour objet de
tourner en ridicule la religion et la fidélité.
Quelques personnes avaient cru y trouver un
caractère plus grave encore, et paraissaient
en indiquer certaines circonstances comme

constituant une espèce d'annonce de l'affreux
évènement qui le même jour devait arriver
à Paris. Mais les renseignemens pris à ce sujet
ont établi que cette mascarade qui peut-être
pouvait révéler des sentimens peu français
dans ses auteurs, du moins ne se rattachait
en rien au crime du 13 février.

N.º 284.

On a classé sous ce numéro un placard
attaché, à ce qu'il paraît, le 4 avril, à la
porte du nommé Martin, cultivateur à Gal-
lardon. Dans cet écrit où il est lui-même
menacé, on lui reproche de n'avoir pas commis le plus grand des crimes au moment où
il fut admis à l'honneur de parler au Roi.
Les renseignemens transmis à la Commission
indiquent que de semblables placards ont déjà
été affichés deux fois au même endroit, à des
époques antérieures au 13 février ; mais les
auteurs de ces écrits criminels étant inconnus,
les poursuites judiciaires ont été jusqu'ici infructueuses.

N.º 285.

Une lettre signée Lauras et adressée à M. le Garde des sceaux, lui dénonçait, comme complice de l'assassinat de M. le Duc de Berri, le Juge de paix d'un des cantons voisins de Lyon. Les recherches infructueuses faites pour découvrir le signataire de cette lettre, le peu de précision et l'invraisemblance de cette accusation, ainsi que les bons renseignemens recueillis sur le compte de l'officier dénoncé, établissent suffisamment que cette lettre est l'ouvrage de la calomnie. Il n'a été donné aucune suite à ce renseignement.

N.º 286.

Dans le courant du mois de mars, le nommé Rousseau, ancien officier de paix, se présenta chez M. le baron Monnier, et lui annonça qu'il croyait avoir découvert les traces d'une conspiration dont le crime de Louvel était le résultat; il demandait qu'on lui donnât, pour l'accompagner dans ses recherches ultérieures, un homme dans lequel on eût une entière confiance. Un employé sûr ayant été désigné

pour cet objet, Rousseau le conduisit, le
22 mars, chez un restaurateur de la Rapée,
où ils trouvèrent deux individus, les nommés
Chenou et Bethz, qui les attendaient pour
déjeûner, ainsi que Rousseau en était convenu
avec eux. Rousseau ayant présenté l'employé
qui l'accompagnait comme un homme devant
lequel on pouvait tout dire, la conversation
ne tarda pas à s'engager ; Chenou qui parlait
beaucoup, mais sans que ses discours eussent
une grande suite, répéta ce qu'il avait précédemment dit à Rousseau, qu'il était l'un des
conspirateurs qui avaient résolu la mort de
M. le Duc de Berri ; qu'ils étaient en assez
grand nombre ; que cinq d'entre eux se trouvaient à l'Opéra au moment du crime ; que
Louvel était l'un des cinq, mais que ce n'était
pas lui qui avait frappé le Prince, et qu'il
n'avait été arrêté que parce qu'il avait pris
la fuite ; que le meurtrier était un nommé
Rocourt, qui avait quitté la France sur-le-
champ avec plusieurs autres conjurés ; que
cinq ou six cents personnes étaient rassemblées
dans le voisinage de l'Opéra, pour appuyer
l'exécution du complot dont la Famille royale
toute entière devait être la victime ; que le
projet n'était point abandonné, et que l'on
était sûr d'une partie de la force militaire.

A tous ces discours de Chenou , Rousseau répondait, en approuvant le projet , qu'il connaissait quelqu'un qui fournirait les fonds nécessaires pour cette entreprise ; mais qu'il fallait lui donner des preuves de tout ce qu'on avançait ; on promit d'en donner d'irrécusables , et la conversation en resta là. Le 24 mars , un nouveau déjeûner eut lieu chez le suisse du Louvre. La conversation fut la même ou à peu près , et l'on offrit de produire, comme preuve du complot, une lettre signée Decazes , et envoyée, disait-on , dans un paquet adressé au Roi. Bethz qui , dans ces différentes entrevues , se tenait assez sur la réserve , fut cependant l'entremetteur de la communication promise ; il reçut de Rousseau une somme de cinquante francs que Chenou disait être nécessaire pour avoir la lettre , et le lendemain, il remit en effet à Rousseau une lettre souscrite du nom de Decazes, sans que l'on eût cherché à imiter l'écriture ni la signature. Cette lettre paraissait indiquer que son auteur était à la tête du complot. Ces entrevues ayant encore continué pendant quelque temps , on crut devoir s'assurer de Chenou et de Bethz. Tous deux furent interrogés ; Chenou commença par nier qu'il eût tenu aucun des propos qui lui étaient imputés ; cependant à

la fin d'un second interrogatoire dans lequel
il avait commencé par tout dénier de la manière la plus formelle, il déclara, au moment
de signer, que tous les propos rapportés par
Rousseau avaient été réellement tenus par
lui-même, et voici comment il les expliqua :
N'ayant aucun moyen d'existence, il avait
formé le projet d'entrer dans l'administration
de la police, et pensant que le plus sûr moyen
d'y parvenir était de se rendre utile par quelque découverte importante, il avait cherché
à se lier avec des individus qu'il soupçonnait
avoir de criminelles intentions. Dans ces diverses tentatives, ayant cru reconnaître que
Bethz n'était rien moins que l'ami des Bourbons, il avait imaginé de se faire passer auprès de lui pour un des complices de Louvel,
et Bethz lui ayant ensuite présenté Rousseau comme un homme qui partageait ses
opinions, il avait cherché à connaître leurs
projets en leur faisant confidence de la conspiration dans laquelle il disait être entré.
C'était pour donner plus de force à ce qu'il
disait, qu'il avait fait fabriquer par un jeune
homme, de l'inexpérience duquel il avait
abusé, la lettre signée Decazes, qu'il avait
ensuite remise à Rousseau. Bethz, de son
côté, a déclaré dans l'instruction que, fatigué

des propos séditieux que Chenou lui tenait sans cesse , et voulant s'en débarrasser , il s'était décidé à mettre en rapport avec lui Rousseau , qu'il savait avoir été, et qu'il croyait être encore employé dans la police , afin que celui-ci pût en instruire, s'il y avait lieu , l'Autorité.

L'instruction ayant positivement établi que toute cette affaire s'était en effet passée, ainsi que ces deux individus le déclaraient, il n'a dû être donné aucune suite judiciaire à cette misérable intrigue ; et l'on a remis à la disposition de l'Autorité administrative les deux individus qu'elle avait fait arrêter.

N.º 287.

Une lettre anonyme écrite en anglais , et adressée à M. le Procureur général, contenait des détails très-étendus sur la rencontre de son auteur avec deux complices de Louvel, qui revenaient d'Angleterre où ils s'étaient retirés après le crime. L'invraisemblance, l'absurdité de tous ces détails , et le défaut absolu d'indications nécessaires pour les vérifier, ont empêché de donner aucune suite à ce renseignement qui, consigné d'ailleurs dans

une lettre non signée, ne pouvait par cela
même inspirer une grande confiance.

N.º 288.

Le sieur...., étudiant en médecine, écrivit,
le 9 mars, au Ministre de l'Intérieur, une lettre
dans laquelle, en parlant de la lettre du nommé
Lucet, communiquée par ce Ministre à la
Chambre des Députés, il assurait que souvent
des propos non moins affreux avaient été tenus
en sa présence avant la mort de M. le Duc de
Berri. Entendu comme témoin et interpellé
de déclarer quelle était la nature des propos
signalés par lui dans sa lettre, et quels en
étaient les auteurs, il a attesté que ces propos n'avaient aucun but déterminé, et ne paraissaient être que le résultat d'un mauvais
esprit, et non l'indice d'un crime projeté et
résolu d'avance; il n'a pu d'ailleurs désigner
les personnes qui les avaient tenus, ne s'étant
trouvé avec elles que par hasard, et sans qu'aucune relation intime l'eût mis à même de les
connaître particulièrement. Son seul but, s'il
faut l'en croire, a été, en écrivant au Ministre, de signaler à sa surveillance la perversité d'esprit qu'il avait cru remarquer dans

certaines classes de la société, et surtout parmi les jeunes gens.

N.º 289.

Un commissionnaire au Mont-de-piété ayant trouvé sur ses registres un engagement fait au nom de Louvel, avait cru devoir en donner connaissance aux Magistrats; mais il a été vérifié que la signature portée au registre était entièrement différente de celle du prévenu Louvel, et que l'engagement avait sans doute été fait par un autre individu du même nom.

N.º 290.

On a classé sous ce numéro une note transmise à la Commission, et contenant, contre un nommé M....., sur lequel d'ailleurs aucune indication précise n'était donnée, des accusations d'une invraisemblance tellement absurde, que la Commission n'a point cru devoir en vérifier le contenu. Cet individu se trouvant d'ailleurs, s'il faut en croire l'auteur de la note, sous la main de la Justice.

N.º 291.

Un sieur St-Geniez déclara devant le Procureur du Roi de Pontoise, qu'il avait entendu
deux personnes à lui inconnues tenir entre
elles, en langue étrangère, une conversation
extrêmement invraisemblable, mais qui se
rattachait assez directement au procès pour
que l'on crût devoir vérifier ce récit, malgré
les justes soupçons que devaient faire concevoir les détails absurdes dont il était environné. Une commission fut adressée, à cet
effet, au Juge de Pontoise, mais elle n'a pu
recevoir son exécution, le sieur St-Geniez ayant
dans l'intervalle quitté son domicile, sans que
l'on ait découvert où il s'est retiré.

N.º 292.

Le bruit avait couru que Louvel s'était
présenté, le 29 janvier, à la porte de M. le
comte Grefulhe, et qu'il avait cherché à pé-
nétrer dans les appartemens où se donnait un
bal masqué auquel LL. AA. RR. M. le Duc
et M.me la Duchesse de Berri assistèrent. Pour
vérifier ce fait, qui était rapporté de plusieurs

manières différentes, on a entendu le portier
de l'hôtel de M. le comte Grefuhle; il a déclaré que le jour de ce bal, beaucoup de curieux
se pressant à la porte extérieure de l'hôtel,
pour voir descendre de voiture les personnes
en costume qui s'y rendaient, et ayant été
obligé de les faire écarter par un gendarme,
afin que le passage restât libre, il avait cru
remarquer qu'un des hommes qui se trouvait
dans la foule faisait plus de résistance que les
autres pour s'éloigner. Après l'évènement du
13 février, il avait pensé que cet homme, sur
lequel d'ailleurs il n'avait aucun autre renseignement, pouvait bien être l'assassin du Prince,
et il en avait parlé dans ce sens à plusieurs
personnes, mais les indications qu'il a données
sur le vêtement de cet homme, établissent
que ce n'était pas Louvel ; celui-ci a déclaré
n'avoir pas même eu connaissance qu'il ait été
donné ce jour-là un bal chez M. le C.te Grefuhle.

N.º 293.

On assurait qu'un nommé Dupille, se trouvant, le 13 février, vers neuf heures du soir,
à Gonesse, y avait dit que M. le Duc de Berri
n'avait pas long-temps à vivre. Il est résulté
de l'instruction, que les propos tenus alors par
Dupille,

Dupille, qui était dans un état complet
d'ivresse, avaient un tout autre objet que celui
qu'on leur avait attribué, et qu'il n'était surtout question ni de M. le Duc de Berri, ni
d'aucun autre membre de la Famille royale.

N.º 294.

Un sieur Cronney, à la suite d'une plainte en
escroquerie par lui rendue, contre le nommé
Chottin, avait déclaré que cet individu s'était
vanté en sa présence d'avoir obtenu de M. le
Duc de Berri une somme de 60 francs, à titre
de secours, et avait ajouté qu'il se félicitait de
les avoir reçus avant l'évènement qu'il savait
d'avance.

Ces deux individus ont été séparément entendus. Cronney, dans sa déclaration, a con-
sidérablement atténué le propos par lui imputé à Chottin; celui-ci l'a formellement nié,
et votre Commission, Messieurs, a été amenée
à croire que la déclaration première de Cronney
avait été dictée par le ressentiment de la fraude
qu'il croyait avoir à reprocher à Chottin.

Dans cet état, il n'a été donné aucune autre
suite à ce renseignement.

En terminant notre rapport, nous croyons, Messieurs, devoir ramener votre attention sur tous les individus autres que Louvel, contre lesquels il a été décerné, soit des mandats de dépôt, soit seulement des mandats d'amener; car, vous le savez, Messieurs, ceux de ces individus qui sont restés libres ne jouissent que d'une liberté provisoire, que votre arrêt seul peut rendre définitive. Vous devez donc statuer particulièrement sur leur sort.

(N.º 2.) Androphile Mauvais annonça, le 13 février, qu'au moment de la crise, que lors de l'évènement, il défendrait M.me la Duchesse de Berri. Cet ancien officier a été arrêté. Faisait-il partie d'une association dont le but aurait été de tuer nos Princes, et notamment M. le Duc de Berri ? peut-il être présumé complice du meurtrier ? c'est là, Messieurs, ce que vous avez à décider ; et si vous pensiez que rien ne rattache Mauvais, et son propos du 13 au matin, à l'exécrable attentat du soir, vous ordonnerez sa mise en liberté, ou plutôt son renvoi devant les Tribunaux ordinaires, qui auront à examiner si Androphile Mauvais n'aurait pas connu un complot formé contre la sûreté de l'état ; et s'il ne serait pas dans le cas d'être puni pour ne l'avoir pas révélé dans les vingt-quatre heures.

(N.º 29.) Pierre-Charles Molus répandit le bruit que M. le Duc de Berri avait reçu un coup de fusil dans son chapeau ; que des régimens français avaient refusé d'obéir à ses ordres ; ce bruit fut semé par lui de Paris à Saint-Quentin , et dans les villages voisins du lieu qu'il habite. Il est sous les liens d'un mandat de dépôt. Le regarderez - vous comme complice de Louvel , et alors convertirezvous son mandat de dépôt en ordonnance de prise de corps , ou bien ordonnerez - vous la mise en liberté de Pierre Charles Molus ?

(N.º 92.) Alexis Duval , sous-officier des vétérans , en garnison à Châlons , paraissait avoir dit, en apprenant la mort de M. le Duc de Berri, qu'il savait depuis long-temps que ce crime serait commis. Un témoin a affirmé ce fait. Cependant il paraît résulter de l'instruction dont nous vous avons rendu compte, que Duval , sur la foi d'un tiers , avait seulement dit, quelques jours avant le 13 février, qu'il y aurait sous peu du nouveau à Paris, sans que sa pensée s'arrêtât sur la mort possible de M. le Duc de Berri. Duval est en état de mandat de dépôt. Vous avez , Messieurs, à juger si vous devez ordonner sa mise en liberté, ou le renvoyer devant les Tribunaux ordinaires pour y être jugé sur d'autres propos coupables , qu'il est accusé d'avoir tenus.

(N.º 202.) François Thomas, fourrier dans la légion des Vosges, dit à Châlons, chez son hôte, le 3 mars , que M. le Duc de Berri avait été tué par suite d'une vengeance parti- culière, et qu'avant quinze jours, les Bourbons n'existeraient plus. Il paraît qu'il était ivre ; il est sous les liens d'un mandat de dépôt ; les renseignemens obtenus sur son compte ne lui sont pas défavorables ; vous avez aussi à pro- noncer sur son sort.

(N.º 205.) Jean-Baptiste Bourdin, tailleur à Rouen , se trouvant dans une voiture pu- blique , après les discours les plus séditieux et les plus coupables sur M. le Duc de Berri , se donna pour connaître beaucoup Louvel; il le loua de son crime, et appela par ses vœux, des crimes semblables. Il s'est dit ivre ; cepen- dant ceux qui l'ont entendu ne se sont point aperçus qu'il fût alors dans un état d'ivresse. Il est aussi en prison en état de mandat de dépôt : le regarderez-vous comme complice de Louvel? le renverrez-vous devant ses Juges ordinaires pour être jugé sur les propos cri- minels qu'il a tenus dans un lieu public ; ou bien ordonnerez-vous sa mise en liberté?

Androphile Mauvais, Pierre-Charles Molus, Alexis Duval , François Thomas et Jean-

Baptiste Bourdin, sont les seuls individus qui soient aujourd'hui arrêtés.

Je vais, Messieurs, avec encore plus de rapidité, s'il est possible, vous rappeler le nom de tous ceux contre lesquels il y a eu mandat d'amener, et le fait qui l'a motivé.

Dubois et sa femme, chez qui Louvel mangeait habituellement, furent arrêtés et interrogés dans la nuit du 13 au 14 février; ils furent aussitôt mis en liberté.

(N.º 62.) René-Jacques Juglet, qui demeure dans le département de l'Orne, avait annoncé, le 14 février, qu'il y aurait du nouveau, que l'on se déferait des Princes, et qu'il serait volontiers le bourreau du canton. Ces propos ont été tenus dans une maison particulière. Il y a eu contre lui mandat d'amener.

(N.º 63.) Edme-Jean-François-Catherine Giroux, ex-gendarme, qui, à Pontoise, avait dit, le 9 février, que sous peu de jours il y aurait de grands changemens, a aussi été amené devant la Commission d'instruction; il lui a paru que ce que Giroux avait dit, n'était que le résultat de ce que répétaient différens journaux dont il avait entendu la lecture.

(N.º 67.) Jacques Renard, écrivain public à Versailles, était accusé d'avoir dit, dans les premiers jours de février, qu'il y aurait du changement, que ce serait l'affaire d'une nuit ; que le Roi s'y prêtait ; que le Prince Eugène régnerait sur la France. Votre Commission , Messieurs, ayant interrogé le sieur Renard, a cru à la sincérité de ses dénégations ; il a été mis en liberté.

(N.º 167.) Jean - François Hacqueville , blanchisseur à Gentilly , avait, le samedi 12, annoncé qu'il serait défendu de se masquer pendant le carnaval, et qu'une conspiration suspendrait la joie publique. On a reconnu l'entière innocence de ce propos, qui du reste avait pu un instant paraître très-grave.

(N.º 172.) Pierre Hamelot, de Tours, était accusé d'avoir dit, le 14 février, qu'avant trois mois il y aurait du nouveau ; que le Roi et les Princes seraient assassinés, et que sous peu il arriverait un coup qui surprendrait. Il a paru certain que le sieur Hamelot n'avait parlé, sur la foi des journaux, que de la probabilité d'un mouvement quelconque.

(N.º 199.) Marin , dans une auberge de Passy-sur-Eure , avait osé louer Louvel, et dire que le Roi eût éprouvé un sort pareil à celui de son auguste Neveu , s'il n'eût pas accepté la Charte. Emmery Pinat avait été présenté comme ayant empêché l'arrestation de Marin. Il a prouvé la faussseté de cette accusation ; il paraît cependant coupable de voies de fait contre un gendarme ; on n'a pu exécuter contre Marin, le mandat d'amener décerné contre lui.

(N.º 223.) Pierre - Joseph Guillet paraissait avoir eu connaissance, avant le 13 février, soit du projet de l'horrible attentat de ce jour, soit de tout autre grand évènement qui devait avoir lieu à cette époque. Jean - Baptiste Vincent était aussi indiqué, comme ayant participé avec le sieur Guillet aux complots auxquels celui-ci ne paraissait pas étranger. Ils ont été interrogés, et le mandat d'amener décerné contre eux n'a point été suivi du mandat de dépôt.

(N.º 241.) Pierre Toutain, bûcheron près d'Orléans, fut signalé comme ayant annoncé, le 8 février, à un sieur Sidaine la mort de M. le Duc de Berri. Il a soutenu n'avoir connu cet évènement que le 14. Sidaine a pu errer sur le jour où Toutain lui a parlé ; on a rendu de bons témoignages de Toutain.

(N.º 282.) Jean - Baptiste Layet avait été désigné à la Commission d'instruction, comme ayant fui Paris le 14 février, en donnant pour cause de sa fuite la part qu'il avait prise à l'attentat du 13 février. Le mystère qui

environnait le sieur Layet avait pu donner
quelque consistance à cette opinion, mais il
a dissipé par ses réponses les nuages qui
s'étaient élevés sur lui, et il paraît avoir
vivement partagé la douleur générale de la
France. Il a été mis provisoirement en liberté ;
vous n'en devez pas moins, Messieurs, prononcer sur son sort.

Telle est, Messieurs, la fidèle analyse de
la volumineuse instruction qui a eu lieu dans
cette affaire. Plus de mille témoins entendus,
trois mois d'un travail sans relâche, garantissent à la France, que votre Commission
n'a rien négligé pour arriver à l'entière connaissance de la vérité.

Cependant il existe encore dans la procédure une liasse de renseignemens entièrement
étrangers au procès, et sur lesquels il n'a été
fait aucun acte d'instruction. Nous ne croyons
pas, Messieurs, devoir vous en parler. Ces
renseignemens sont pour la plupart l'indica-
cation de propos coupables tenus par des gens
de la lie du peuple, qui, dans leur brutale
ignorance, ont applaudi au crime de Louvel.
Quelque pénible, sans doute, qu'il puisse être
de voir des Français approuver un si exécrable
assassinat, il est doux cependant de remarquer que le nombre en est si petit, qu'il est

presque inaperçu au milieu de la nation. Le
zèle des Magistrats, des Administrateurs, de la
France entière ne nous a rien laissé ignorer; une
investigation laborieuse a éclairé les sentimens
de tous les citoyens, et recueilli l'expression
de tout ce qui s'éloignait de l'affliction générale,
et nous devons hautement le proclamer; quelques voix criminelles, quelques cris impuissans ont été tellement couverts, ou effacés
par les pleurs et par l'indignation de tous ceux
qui les ont entendus, par le deuil des Français
de tous les états et de tous les rangs, que si
nos Princes ont pu accepter quelques consolations, ils ont dû surtout les trouver dans
l'unanimité de nos larmes. Qu'ils se reposent
à jamais sur notre amour. En fondant en
France la liberté, ils ont donné au trône une
base inébranlable. Oui, la liberté et la légi-
timité réunies ne peuvent plus être séparées;
la gloire des Rois ne s'appuyera plus désormais
sur les succès passagers des combats, mais sur
l'amour, sur le bonheur et sur la reconnaissance des peuples.

Ce rapport terminé, on a lu à la Cour
des Pairs tous les interrogatoires de Louvel
et les déclarations de ses deux sœurs ; mais
il m'a paru inutile de les faire imprimer ici.
On n'a pas besoin de les connaître en détail
pour avoir une idée juste de ce douloureux
procès. Leur examen attentif a bien, il est vrai,
fortifié ma profonde conviction que Louvel n'a
pas eu de complices dans l'affreuse conception, dans l'exécution de son crime ; mais
je me reprocherais de reproduire encore les
blasphèmes de ses réponses et ses sacriléges
outrages à la Majesté royale ; ils ont été assez
connus par les débats publics, et d'ailleurs
j'en ai extrait tout ce qu'il était utile d'en
savoir pour suivre l'entier développement de
cette instruction.

J'ai rempli ma pénible tâche : je crois avoir
servi mon Roi et mon pays en faisant connaître
toutes les circonstances de l'exécrable attentat
qui priva la France du Prince qui promettait
des neveux au Roi martyr, à ce Roi qui voulut
nous conserver et nous rendre nos antiques
libertés, garanties désormais par l'auguste
Législateur dont l'esprit élevé concilia si bien
tous les intérêts de son peuple et satisfit à
toutes les exigences du siècle. Ah ! gardons-

les ces précieuses franchises, le plus solide appui de cette illustre Maison si française, si nationale, à laquelle nos pères durent pendant tant de siècles leur félicité et leur gloire, et qui, en affermissant la nouvelle alliance qui l'unit aux Français, doit agrandir encore nos destinées et celles de nos arrière-petits-fils.

Au moment où l'on imprime ces dernières lignes, le canon se fait entendre. Il n'est pas mort tout entier celui que nous pleurons; un Prince nous est né : qu'il vive et se confie à notre amour! qu'il vive ce royal Enfant salué de tant de cris d'alégresse à son entrée dans le monde! La nature entoure son berceau de mille périls, écartons du moins ceux que nos discordes pourraient y ajouter encore. Que les Français, divisés si long-temps, se réunissent autour de ce précieux rejeton que tant de vertus, que tant d'adversités environnent. Un rayon de joie est descendu sur son illustre Famille; respectons un bonheur auquel, hélas! elle n'est pas accoutumée. Qu'il vive ce royal Enfant destiné à essuyer tant de larmes et à consoler l'infortune de son auguste Mère! qu'il vive pour nous rendre les vertus et la noble franchise de son Père, qu'il vive enfin pour aimer et défendre nos institutions généreuses ! fort et puissant par elles, qu'il recueille le fruit de l'immortel ouvrage du Monarque vénéré, l'orgueil et l'amour de son peuple ! Ah ! sans doute, long-temps nous jetterons des regards douloureux sur le passé ; mais jouissons aujourd'hui du présent si riche pour nous d'espérances et de bonheur.

FIN.

www.ingramcontent.com/pod-product-compliance
Lightning Source LLC
Chambersburg PA
CBHW060954280326
41935CB00009B/722